Autorin

Marina Bohlmann-Modersohn war nach ihrem Sprachenstudium an der Sorbonne für die Pariser Redaktion des SPIEGEL tätig. Langjährige Arbeitsaufenthalte führten sie nach London, München und Hamburg. Sie ist mit einem Enkel Otto Modersohns verheiratet, hat zwei Söhne und lebt als freie Autorin bei Bremen.

Impressum

Herausgeber: Gesellschaft-Otto-Modersohn-Museum e.V.

1. Auflage, 3.000 Expl.

Satz und Gestaltung: plaindesigns.com, Bremen
(Typographie: Stempel Garamond OSF)

Herstellung: Zertani, Bremen

ISBN: 3-929250-05-5

Titelfoto:
Otto Modersohn, 1895

MARINA
BOHLMANN-MODERSOHN

OTTO MODERSOHN

Leben und Werk

Inhalt

Otto Modersohns Geburtshaus in Soest

1. Kapitel

Die ungewisse, mit Sehnsucht erwartete Laufbahn als Maler.

Soest, Münster, Düsseldorf 1865-1887

„Kennst Du die alte Stadt Soest in Westfalen? Wenn nicht, dann lohnt es sich, sie kennenzulernen. Wenn Du mit der Bahn vorüber fährst, dann siehst Du an den vielen Türmen, daß es einst eine volkreiche und bedeutende Stadt gewesen sein muß, die alte Hansestadt Soest."

Otto Modersohns fünf Jahre jüngerer Bruder Ernst, der spätere Theologe, erinnert sich. Seine autobiographischen Aufzeichnungen sind die einzige Quelle, die einen Einblick in die Kinder- und Jugendjahre des Malers gibt. „Da ragen die beiden Türme der Wiesenkirche auf, die genau den beiden Türmen des Kölner Doms nachgebildet sind, nur kleiner in den Maßen. Da hebt die alte Petrikirche ihren spitzen Turmhelm in den Himmel, während unmittelbar daneben der katholische St.-Patrokli-Dom seinen breiten Turm erhebt. Und so steht ein Turm am anderen, der schiefe Turm der Thomäkirche und der plumpe Turm der Paulikirche und das kleine Zwiebeltürmchen der Kirche Maria zur Höhe, in dem einst meine Eltern vor dem Traualtar standen."

Der Vater, Wilhelm Modersohn (1832-1918), war der Sohn eines Gerbers aus dem westfälischen Lippstadt. Die Mutter, Luise Heidebrink (1833-1905), stammte aus Soest. Das Paar hatte 1858 geheiratet und fünf Kinder bekommen: Wilhelm (1859-1935), Laura (1861-1946), Adolf (1863-1867), Otto (1865-1943), der mit vier Jahren an einer Atemwegsinfektion starb, und Ernst (1870-1948).

Nach mehreren Umzügen innerhalb der Stadt lässt sich die Familie im „Stiefernberg" nieder, einer kleinen Straße nahe den alten Wallanlagen. Spitzgiebelige Fachwerkhäuser mit kunstvollem Balken- und Schnitzwerk reihen sich aneinander, Wachtürme und Tore, wie der von Otto Modersohn später häufig gezeichnete Kattenturm und das Osthofentor, zahlreiche Kirchen, verwinkelte Gassen und Kreuzwege verleihen Soest ein mittelalterliches Gepräge. Hinter efeubewachsenen Mauern verbergen sich vornehme Patrizierhäuser und weitläufige Gärten. Inmitten der Stadt liegt der Große Teich, an dem sich die Wäscherinnen treffen, um ihr Leinen zu waschen und zu bleichen. Wenn es zu dämmern beginnt, entzündet der Nachtwächter die Petroleumlampen in den vielen kleinen Straßen.

Soest hat sich von den Wirren der vergangenen Kriege weitgehend erholt, wirtschaftlich geht es nach einer langen Phase der Stagnation endlich wieder bergauf. Kleine und mittlere Industriebetriebe beginnen sich anzusiedeln und durch den intensiven Ausbau des Eisenbahnnetzes und die Erweiterung des Bahnhofs wird die Stadt zu einem wichtigen Verkehrsknotenpunkt.

Vielleicht mag die zukunftsträchtige Entwicklung dieses Wirtschaftszweiges den jungen Wilhelm Modersohn in seinem Entschluß bestärkt haben, nicht, wie ursprünglich geplant, Theologe, sondern Bauingenieur zu werden und sich auf die Konstruktion von Bahnhöfen zu spezialisieren. Bei seiner Berufswahl müssen aber vor allem gesundheitliche Gründe ausschlaggebend gewesen sein. Schon als Kind hatte er unter einer empfindlichen Lunge gelitten und war oft krank gewesen. Deshalb hatte der Hausarzt zu einer Arbeit geraten, bei der er sich häufig im Freien aufhalten würde.

Wilhelm und Luise Modersohn waren fromme Menschen. In seinem Elternhaus sei es friedlich und liebevoll zugegangen, betont der jüngste Sohn Ernst. Besonders die Mutter muß eine tief religiöse Frau gewesen sein, aufopfernd und selbstlos. Ihr rotblondes Haar war in der Mitte streng gescheitelt und zu einem Zopf geflochten, der ihr wie ein Kranz um den Hinterkopf lag. Abend für Abend betete sie mit den Kindern und erzählte ihnen nicht nur zur Advents- und Weihnachtszeit Geschichten aus der Bibel. Jeden Sonntag ging sie mit ihnen in die Kirche und oft stand sie abends lange am Fenster, um den Turmbläsern zuzuhören oder zu beobachten, wie die Strassenlaternen mit dem Wind kämpften. Das Bild ihrer andachtsvollen Mutter muß sich den Kindern tief eingeprägt haben.

Trotz des wirtschaftlichen Aufschwungs und der damit verbundenen Veränderung der sozialen Strukturen war das Leben in dem

Soest, St. Maria zur Wiese „Wiesenkirche“

Otto Modersohns Vater
Wilhelm Modersohn (1832-1918)
Foto um 1875

Otto Modersohns Mutter
Luise Modersohn, geb. Heidebrink
(1833 – 1905)
Foto um 1885

rund 13 000 Einwohner zählenden Soest zu jener Zeit noch überwiegend von der Landwirtschaft geprägt. Die meisten Tagelöhner, kleine Post- und Bahnbeamte waren zugleich auch Ackerbauern, die auf einem gepachteten Stück Land mit Hilfe von Frau und Kindern Obst und Gemüse pflanzten oder Grünfutter für ein Schwein und eine Ziege anbauten. Auch die Modersohns hatten ein Stück Land vor den Toren der Stadt gepachtet. Für den kleinen Otto und seine Geschwister war es jedes Mal ein Fest, wenn die Mutter mit ihnen zum Arbeiten dort hinausfuhr und sie spielen konnten.

Im Frühjahr 1874 ist Otto Modersohn neun Jahre alt. In diesem Jahr entscheidet sich der Vater, ein beruflich interessantes Angebot in Münster anzunehmen und mit seiner Familie nach dort überzusiedeln. Die Westfälische Feuersozietät stellt ihn als Bausachverständigen ein, eine Position, die finanzielle Vorteile verspricht. Modersohns lassen sich zunächst in der Neubrückenstraße nieder, ziehen kurz darauf in die Engelstraße um und wohnen schließlich, ab 1885, in der Friedensstraße. Das Haus hat einen Garten mit Obstbäumen, den die Kinder lieben. Otto

Modersohn wird später notieren, daß er sich in diesem Garten den „Kopf warm an Weltgeschichte, Sagen und Märchen“ gelesen habe. Seine Affinität zur Sage und zum Märchen wird zeitlebens anhalten und ihn zu jenen geheimnisvoll-poetischen Kompositionen mit den uralten Fabelgestalten inspirieren, die um 1900 entstehen und zum Merkwürdigsten und Unbekanntesten seiner Kunst gehören.

Zahlreiche kleinformatige Aquarelle, die Otto Modersohn als Jugendlicher malt, haben die ihn unmittelbar umgebende Landschaft zum Thema. „Nebliger Septemberabend“ beispielsweise stellt den Blick aus seinem Zimmer in der Friedensstraße auf die Felder hinter dem Elternhaus und die Stadt Münster mit ihren zahlreichen Kirchtürmen dar.

In der Ludgerikirche befindet sich unterhalb der Ludgerusstatue eine wohl um 1602 von den Vorfahren der Modersohns gestiftete Inschrift mit dem Hauszeichen der Familie, die auf ihre Münsteraner Wurzeln verweist. Zur Zeit der Wiedertäuferunruhen waren verschiedene Mitglieder der Familie Ratsherren aus den Gilden. Überliefert ist, daß die dritte Frau des Wiedertäuferkönigs Johann von Leyden Margarete Modersonin hieß. Ein Zweig der Familie zog später nach Lippstadt und wurde evangelisch.

Im katholischen Münster beobachten die protestantisch erzogenen Modersohn-Kinder Szenen, die sie erstaunen: farbenprächtige Prozessionen und Menschen, die sich in der Kirche bekreuzigen und zur Jungfrau Maria beten. Alles, was ihre katholischen Spielkameraden über die Hölle, den Teufel, die Todsünde und das Fegefeuer erzählen, fasziniert sie.

Festlicher Höhepunkt des Jahres und selbst noch für den jungen Kunststudenten immer wieder ein Ereignis waren die Weihnachtsfeiertage im Elternhaus:

Das Wetter war das richtige Weihnachtswetter, alles glitzerte im prächtigen Schnee. Köstlich war der Gang mit meiner Mutter, die ich wegen Glatteises führte, am Abend vor Weihnachten, um verschiedene Sachen für den Baum etc. einzukaufen (...) Nach Tisch wurden wie seit langer Zeit üblich die Sachen angebunden (...) Ich reparierte und vergoldete den Weihnachtsengel; trotzdem wollten sie mir aber doch vorwerfen, daß ich nichts täte (...) Am

Nachmittage vor Weihnachtsabend schmückten Ernst und ich den Baum (...) In der Dämmerung holte ich mit Ernst das Blumenkörbchen für Laura.
Weihnachten 1887

Ich kaufte mit Mama einen Weihnachtsbaum auf dem Domplatz (...) Die Bescherung war sehr schön, wenn auch die helle Freude der Kinder längst vorbei ist. Ich bekam allerlei Schönes. Zigarren, Briefpapier, Regenschirm, goldenen Ring, Manschetten, Taschentücher, von Ernst „Weihnachtsabend" von Dickens und ein Bändchen „Storm", aber am meisten Freude machten mir die 3 Daheimheftchen mit den Rembrandtillustrationen (...) Am 1. Weihnachtstag ging ich (im Zylinder) mit Ernst zur Kirche. Am Abend war großer Zauber, mit Bescherung auf dem Bohlweg. Die ganzen Winkhäuser kamen (...) Ich machte an einem der folgenden Tage eine wundervolle Tour mit Ernst.
Dezember 1888

Den Sylvesterabend verbrachten wir bei Punsch und Berlinerpfannkuchen ganz vergnügt: Mitternacht wurde nicht erwartet. Am Nachmittage war die übliche Neujahrskartenfabrikation.
Sylvester 1887/88

Ein inniges Familienleben, religiös geprägt, kulturell aufgeschlossen, aber auch sehr ernst mit einem starken Hang zu materieller Bescheidenheit. Pflicht, Ordnung und Leistungswille, die Grundprinzipien der wilhelminischen Ära, gelten als hohe Werte. Für geistige Anregung sorgen die christlichen Zeitschriften „Gartenlaube" und „Daheim". Die darin abgebildeten Stiche und Zeichnungen von Gemälden großer Maler und die vielen Artikel über Kunst werden besonders für den jungen Otto Modersohn zur beliebten Lektüre.

An der Stellung des Vaters als Familienoberhaupt wurde nicht gezweifelt. Hatten sich die Jungen beim Klettern versehentlich ein Loch in die Hose gerissen, mußten sie mit einer geflickten Hose in die Schule gehen. Fiel das Zeugnis schlechter aus als erwartet, folgte eine Strafe. „Erst die Pflicht und dann das Vergnügen", lautete die väterliche Lektion. Als ausgesprochen großzügig erwies sich Wilhelm Modersohn trotz seines vergleichsweise bescheidenen Einkommens allerdings in Hinblick auf die berufliche Ausbildung seiner vier Kinder und die Finanzierung ihres Studiums. Der älteste Sohn Wilhelm wurde Jurist, die Schwester Laura Lehrerin und Ernst Theologe.

„Mein Vater ist ein merkwürdiger, seltener Mann“, wird Otto Modersohn im Jahr 1903 angesichts einer Fotografie der Eltern notieren. „Es überkam mich, daß ich sagte: daß ich Künstler bin, kommt nur, daß dies mein Vater ist. Ein tiefes, merkwürdiges Gefühl lebt in meinem Vater, es ist ganz gebunden, in mir ist es frei geworden zur Kunst. Von meinem Vater habe ich das ernste, gediegene, tiefe Gefühl geerbt, von meiner Mutter das heitere, frohe. Ich verehre meinen Vater und doch können wir uns – aus Gefühl – nicht äußern, seine Schale ist oft herb und rauh – aber sein Kern ist Gold.“

Otto Modersohns Beziehung zu seinem jüngeren Bruder Ernst ist trotz des Altersunterschieds von fünf Jahren besonders eng und vertraulich. Mit ihm macht er lange Wanderungen in die nahegelegenen kleinen Dörfer. Die beiden Jungen rudern und angeln und im Winter, wenn der kleine Fluß Aa zugefroren ist, laufen sie zusammen Schlittschuh. Ernst Modersohn schreibt, daß Otto und er gern auch schwimmen gelernt hätten, wie einige ihrer Mitschüler, aber da der Vater fürchtete, seine Jungen könnten sich in den zahlreichen Schlingpflanzen verstricken, die in den Flüssen der Umgebung wucherten, verbot er ihnen das Baden in den gefährlichen Gewässern. Schließlich starben alljährlich viele Menschen durch Ertrinken.

„Aber mein Bruder und ich, wir betrieben eine besondere Art von Sport, uns interessierte alles, was da lebte in der Luft und im Wasser“, erinnert sich Ernst Modersohn. Im „Werktagsanzug“ und selbst bei sommerlicher Hitze einen Hut auf dem Kopf, verlassen die beiden Brüder nach dem Mittagessen das Haus und durchkämmen die Felder und Wiesen um Münster. Ähnlich Gottfried Kellers Grünem Heinrich, dem in seinen Jünglingsjahren „die stumme Natur gab, was er bei den Menschen nicht fand“, erforschen Otto und Ernst die sie umgebende Landschaft. Während sich Gleichaltrige mit der Jagd auf Schmetterlinge begnügen, sammelt besonders Otto alles, was sich sammeln läßt: Schlammfliegen und Schneckenhäu-

Der zwölfjährige Otto Modersohn
mit seinem siebenjährigen Bruder Ernst
Foto 1877

ser, Feldgrillen, Falter, Raupen, Spinnen und Hummeln. Winziges Getier, kaum sichtbar, wird beobachtet und mit dem Mikroskop vergrößert, damit man es im Detail erkennen kann. Blätter von Bäumen, Blumen und Pflanzen nimmt der Junge mit nach Hause und breitet sie zum Trocknen aus.

In seinen „Malbüchern", die ihm die Eltern jedes Jahr zu Weihnachten schenken, hält der 11-jährige Schüler ab 1876 mit Blei- und Buntstift fest, was er bei seinen Streifzügen durch die Natur beobachtet. Eine unwiderstehliche Lust am Zeichnen läßt ihn schon früh die Malbuchseiten mit Naturstudien von Bäumen und Büschen füllen, zart und fein im Strich. Daneben entstehen Darstellungen von Rittern und Königen aus der Sagenwelt, von Bischöfen und Päpsten, winzige Portraitstudien kleiner Kinder und alter Menschen, sowie Figuren, die mitunter an Zeichnungen von Wilhelm Busch erinnern. Ab 1887 zeichnet er auch Portraits seiner Geschwister und hält Szenen des Modersohnschen Familienlebens fest. „Laura bei der Handarbeit", „Ernst hat Zahnweh", die „Eltern nach Tisch auf dem Stuhl eingenickt".

Für die manchmal gedrückte Stimmung im Modersohnschen Haus ist vermutlich der frühe Tod des kleinen Adolf ein wesentlicher Grund gewesen. Außerdem hatte die Mutter Gelenktuberkulose und litt unter starken Schmerzen. Mit 64 Jahren wurde ihr ein Bein amputiert. Es gibt eine Zeichnung, die Paula Modersohn-Becker vermutlich im Jahr 1903 während eines Besuchs in Münster von ihrer Schwiegermutter gemacht hat. Dieses Portrait spiegelt das ganze Leid der damals Siebzigjährigen wider. Einschneidend für die Familie war auch die „Krankheit" des Vaters. Eine vom Hausarzt nicht rechtzeitig erkannte Gürtelrose hatte sich so stark ausgebreitet, daß man fürchtete, auch Wilhelm Modersohn müsse ein Bein abgenommen werden, erklärte sich nicht ein Familienmitglied zu einer Hautspende bereit. Eine Hauttransplantation – das war etwas Neues, von der Medizin gerade eben erst Entdecktes. In seinen Aufzeichnungen erzählt Ernst Modersohn von dem schmerzhaften Eingriff, dem sich die Kinder aus Liebe zum Vater unterzogen. Zwei Ärzte kamen und schnitten ihnen ohne Narkose mit einer Schere pfenniggroße Hautstücke aus dem Oberarm, um sie anschließend auf die Wunde des Kranken zu legen. Otto blieb von dieser Proze-

Otto Modersohn in der Quarta des Paulinums in Münster, 1877
(OM: 2.Reihe von unten, 3. von links)

dur verschont, da er an einer allergischen Hautreizung litt. „Vor der Krankheit“ und „Nach der Krankheit“ lautete von nun an die neue Zeitrechnung im Hause Modersohn.

Kindheit und Jugend des Malers fallen in die sowohl politisch als auch kulturell bewegte Zeit des deutschen Kaiserreichs unter Wilhelm I. und Reichskanzler Bismarck. Preußen hatte sich als Hegemonialmacht im Norden Deutschlands etabliert. 1870/71 besiegte es Frankreich. Die Krönung von König Wilhelm I. zum deutschen Kaiser löste eine patriotische Begeisterung aus und stürzte die Deutschen in einen nationalen Taumel. Das Ziel, die ersehnte Einheit, war erreicht – „Nation“ wurde zum prägenden Prinzip der Zeit. Die Politik des deutschen Kaisers hatte auch Auswirkungen auf die Kunst in Deutschland. Ebenso wie in den übrigen europäischen Ländern beherrschte eine akademisch bestimmte, auf Pathos und Erbauung fixierte Malerei den Geschmack des ausgehenden Jahrhunderts. Großformatige Historienbilder und romantische Landschaften schmückten die Wände der Rathäuser, Museen und anderer öffentlichen Gebäude.

Gegen die Kunstpolitik der Gründerzeit revoltierten die meisten Künstler erst zu Beginn der neunziger Jahre, als sich in Frankreich und England bereits eine Avantgarde zu bilden begann, Impressionismus und Symbolismus sich formten. Mit ihren Sezessionsgründungen in München und Berlin lehnten sich Maler wie Max Liebermann, Walter Leistikow und Lovis Corinth gegen das von oben verordnete pathetisch-nationale Denken auf und setzten sich für mehr künstlerische Freiheit ein. Die Maler forderten eine stärkere Auseinandersetzung mit den künstlerischen Entwicklungen jenseits der Grenzen Deutschlands, besonders Frankreichs.

Am Sonnabend den 3. Mai 1884 nahm ich von meinen Angehörigen Abschied, um in Düsseldorf die ungewisse, aber von mir mit Sehnsucht erwartete Laufbahn als Maler anzutreten.

Otto Modersohn ist neunzehn Jahre alt. Eine Fotografie vom Winter 1884 zeigt den Akademiestudenten auf eine Stuhllehne gestützt, die Zigarre in der Hand. Seinen Kopf mit dem schräg sitzenden Hut hat er zur Seite gewandt. Eine widerspenstige Locke fällt ihm in die Stirn. Ein gut aussehender junger Mann, temperamentvoll und lebenslustig. Sein Blick verrät Aufbruchsstimmung.

Wäre es nach dem Vater gegangen, hätte Otto Modersohn Philologie studieren und Gymnasiallehrer werden sollen. Aber der Unterprimaner hatte andere Vorstellungen. Er wollte nicht länger zur Schule gehen, sondern seine ganze Zeit der Kunst widmen. Im Frühjahr 1884 erzählte er den Eltern von seinem Plan. Sie äußerten zwar erhebliche Bedenken, waren dann aber doch einverstanden, und so begleitete Wilhelm Modersohn seinen Sohn schließlich an die Akademie nach Düsseldorf zu einem Vorstellungsgespräch mit Eugene Gustav Dücker (1841-1916), Professor der Landschaftsklasse.

Sowohl Dücker als auch sein Kollege Heinrich Lauenstein (1835-1910) reagieren interessiert auf die Arbeiten des Gymnasiasten aus Münster, kleine Naturstudien in Kohle und Bleistift. Beide Professoren beteuern dem Vater, daß sein Sohn begabt sei. Ihm liege die „Liebe zur Kunst in den Knochen“ und werde „stets zum Durchbruch kommen", sind sie überzeugt und raten Otto Modersohn zu einem Studium an der Akademie.

Am Abend des 3. Mai 1884 bezieht der Neunzehnjährige in Düsseldorf ein kleines Zimmer im Haus des Schweinemetzgers Ewers am Markt 6. Lange kann er dort nicht bleiben, weil ihn Insekten quälen, die sich schließlich als Wanzen erweisen. Anfang November 1884 findet er ein Zimmer in der Duisburger Straße 124, wo auch sein Studienkollege Ernst Pertz Mieter ist. Modersohn wird Schüler der Elementarklasse von Heinrich Lauenstein, geht in die Vorklasse des Portrait-, Genre- und Historienmalers Hugo Crola (1841-1910) und belegt von 1885-87 Ornamentik, Dekoration und Perspektive bei Adolf Schill (1848-1911). Ab März 1886 besucht er die Antiken- und Naturklasse von Peter Janssen (1844-1908). Im Oktober 1887 wird er in Dückers Malklasse versetzt.

Mit seinem Abschied von zu Hause und dem Eintritt in die Akademie beginnt der „unselbständige, schüchterne Gymnasiast" Tagebuch zu schreiben. Es solle, so notiert er, „besondere, bemerkenswerte Ereignisse, vor allem aber Seelenstimmungen" festhalten. Sich seines Weges sicher, gibt er ihm die Überschrift „Von Beginn meiner Malerlaufbahn in Düsseldorf an". Detailliert berichtet Modersohn über sein Studentendasein, das ihn anfänglich nicht nur begeistert, weil es manchmal „sehr roh und wüst" zugehe. Starkes Heimweh wechselt mit der Freude über ein „heiteres, ja oft tolles, liebelndes, ja verliebtes, durch Theater, neue Bekanntschaften (auch Damen) etc. gewürztes Leben" in der Großstadt, über Besuche in der Kunsthalle, Karnevalstreiben und Anschaffungen für die Ferien in Münster: „Schirm, Staffelei, Studienkasten". Er formuliert seine künstlerischen Ziele und betont, wie wichtig ihm handwerkliches Können sei. Von „Federkompositionen" oder „Landschaftskompositionen" ist die Rede. Gute Vorsätze wechseln mit Selbstkritik.

Der Akademieschüler schreibt lange Briefe nach Hause, bittet die Eltern, sie mögen ihm „ein paar Mark beilegen", weil er mit seinem Geld „gewisser Umstände halber wohl nicht recht rumkommen" werde. Er ist glücklich, als ihm seine Familie zu seinem ersten Geburtstag in der Fremde einen Korb mit Kuchen, Zigarren, Tabak, Strümpfen, Äpfeln und einer Gedichtsammlung von Droste-Hülshoff überbringen läßt und sowohl der Vater als auch Ernst mit selbst geschriebenen Versen gratulieren.

Sehr gemütlich, heitere Stimmung, draußen allmählich kalt geworden. Fast den ganzen Tag in Päfgens' Wohnzimmer, morgens mit Frl. Fußhöller dort Kaffee getrunken. Nach einer Stunde wieder von der Akademie nach Haus, mit Frl. Fußhöller spazieren, Hofgarten etc. (...) Um sechs Uhr zusammen Frl. Fußhöller zur Bahn gebracht. Damals urfidele, verliebteste Zeit.
1. Dezember 1884

In sehr ungemütlicher Stimmung – moralischen. Nachmittags ich spazieren, die anderen schlafen.
7. Dezember 1884

In der Akademie Kreideportrait. Zu Haus 2tes Ölbild „Regenstimmung". Oft auf Fußhöllers Zimmer. Stille Nacht.
15. Dezember 1884

1885 ist Otto Modersohn Mitbegründer der studentischen Künstlervereinigung „Tartarus", einer Alternative zum traditionellen akademischen Künstlerverein „Malkasten" und wichtiger Treffpunkt für die späteren ersten Worpsweder Maler. Als Ausdruck seiner wachsenden Vorliebe für das Komponieren in Feder und Tusche, Kohle und Kreide, gründet er gemeinsam mit seinen Studienkollegen Alex Hecking (1864-1889), Fritz Mackensen (1866-1953) und Karl Krummacher (1867-1953) den Kompositionsverein.

Zum akademischen Zeichnen muß sich Modersohn eher zwingen. Eine zu jener Zeit entstandene Kohlezeichnung auf Papier zeigt den Kopf eines lächelnden Mädchens. Ganz unten links in der Ecke sieht der Betrachter die Skizze einer Landschaft. Diese Kohlezeichnung spiegelt den Konflikt des von anderen Idealen träumenden Kunststudenten mit den Anforderungen des konventionellen Akademiebetriebs wider. Wenn auch der Lehrplan anatomisches Zeichnen verlangt – von den eigenen Ideen will sich Modersohn nicht abbringen lassen. 12. Juli 1884: „In der Akademie kam ich natürlicherweise ziemlich langsam vorwärts, da Köpfezeichnen eine gänzlich neue

Sache für mich war. Privatim hatte ich mehrere Öl- und Aquarellstudien gemalt (nach der Natur). Aber schon damals regte sich mächtig in mir der Trieb zur Landschaftskomposition und schon damals schien mir diese Beschäftigung als die liebste."

Stets trägt der Student ein Skizzenbuch bei sich. Mit schnellem und entschiedenem Strich hält er fest, was er erlebt und beobachtet: Betende Menschen im Dom und Spaziergänger im Schloßgarten, weidendes Vieh und Mädchen am Strand. Seiten um Seiten füllen sich mit kleinen Handskizzen in Bleistift, Kohle oder Feder, knapp und prägnant. Modersohn notiert die Tages- und Jahreszeit, gibt Angaben zum Wetter, zur Farbe, zum Material. Der Kunsthistoriker Günter Busch über die Skizzenbücher aus Modersohns Anfangs- und Studienjahren: „Sie sind kostbare Dokumente eines seltenen und ganz uneitlen Talents, das immer an der Sache bleibt, eines untrüglichen, aber auch liebevollen Auges, das die Erscheinungen der unerschöpflichen Natur in ihrer Vielfalt immer wieder als ein Geschenk aufnimmt."

Modersohn ist zeichnerisch hoch begabt. Ein „Naturtalent" (Günter Busch), das neben großen Zeichnern wie Menzel, Leibl, Liebermann und selbst dem frühen Beckmann bestehen kann. Dazu kommt sein Fleiß. Er arbeitet ununterbrochen. Neben dem Studium an der Akademie in Düsseldorf entstehen in diesen und den folgenden Jahren vorwiegend kleinformatige Landschaftsbilder von hohem malerischen Reiz, Bilder, die er während seiner Ferienaufenthalte zu Hause in Münster malt, auf seinen Reisen auf die Nordseeinsel Juist, in den Harz oder in das Städtchen Tecklenburg bei Osnabrück, das er im Frühjahr 1886 für sich und seine Kunst entdeckt.

Mittw. von Norddeich nach Juist auf der „Freundschaft" (Cap. Onnen) von 10-1 Uhr. Um 3 bei Itzen gegessen. Dunkles Wetter, ich über die Dünen zum Meer, herrlich.
29. Juli 1885

Sehr schöner, warmer Tag. Morgens Mädchen skizziert, die im Meer wateten. Ölstudie. Karte an Keller. Nachmittags wieder Mädchen und Fräuleins gezeichnet, die mit hoch aufgeschürzten Kleidern in ungeniertester Weise am Meer her-

umliefen; prachtvoller Abendhimmel, Erinnerungsskizze.
31. Juli 1885

Am 27. Juli 1886 fuhr ich in den Harz (hauptsächlich veranlaßt durch Mackensen, der mir viel davon vorerzählt (...) Hier in Schierke nun, wo ich 3 Wochen zubrachte, gefiel es mir ja auch wohl, aber die Beschreibungen, die mir von der Gegend gemacht waren, fand ich leider nicht bestätigt. Schöne Tannenwälder, z. T. mit moosigem Gestein, ein schmaler Fußweg, zu beiden Seiten simple Häuschen, oft von Holz, die Bode die Chaussee entlang mit Strudel und Rauschen, das ich eigentlich in Schierke zu finden hoffte. Nur ein Punkt hatte für mich größere Anziehungskraft; eine große Wiesenfläche an der Bode, mit Steinen wild besäht, einzelne Tannen darauf, am Ende einige Hausgiebel, eingefaßt von dem dreieckigen Königsberg; da stand ich oft, die verschiedensten Stimmungen machten dieses einfache Stück zu einem fesselnden Ganzen. Gerade die Einfachheit gefiel mir hierin so sehr, und ich erkannte damals, daß hierin die Schwerkraft meines Talents liege. Die Harzlandschaft ohne den Berg, der auch fortbleiben konnte, hätte ebenso gut in Westfalen oder sonstwo liegen können. Die Gebirgsnatur, wie ich sie im Harz gesehen, hat nicht viel Reize für mich. Eine Ebene mit weitem Fernblick schätze ich viel höher (...) Die nun folgenden 6-7 Wochen vom 13. August bis zum 29. September 1886 habe ich mich immer in Münster aufgehalten. Und merkwürdig, jetzt erst, nachdem ich die Gebirgsnatur im Harz kennen gelernt hatte, sehe ich immer tiefer und herrlicher die Reize der schlichten Ebene sich mir erschließen. Wie unendlich lieb habe ich in dieser Zeit das Münstersche Ländchen gewonnen, das so reizende Bildmotive mir darbot. Welche Wandlung seit dem einen Jahr.
Sommer 1886

Das Leben in Düsseldorf – „äußerlich, nobel, kokett" – entspricht nicht dem Geschmack des Kunststudenten aus Münster. Modersohn ist kein Stadtmensch. Schnell wird ihm das „entsetzliche Gewühl" in der Kneipe zuviel, das Geschwätz der Menge, „Studienreisen in größeren Haufen". Er liebt die Weltabgeschiedenheit seiner west-

(oben) Otto Modersohn, 1884/1885 Akademiestudent in Düsseldorf

Fritz Mackensen, Bildnis Otto Modersohn, 1887, Düsseldorf, Öl auf Leinwand, 50 x 38,5 cm Otto Modersohn Museum

fälischen Landschaft, hier sind seine Wurzeln, hier ist ihm alles „liebenswürdig, gefühlvoll und vertraulich." Stille ist für ihn Voraussetzung für Selbstbesinnung, Inspiration und Gestaltung. „Wie ich hauptsächlich ein Darsteller der Ruhe, des Friedens, auf der anderen Seite der unheimlichen, hinbrütenden Ruhe und Stille sein werde, so gefällt mir auch am besten ein stilles, ruhiges, tiefes, inniges Leben." Ein Künstler müsse seinen Stoff möglichst aus den ihm ganz vertrauten Verhältnissen beziehen, notiert er.

„Landstraße bei Münster", 1887 entstanden und ein aufschlußreiches Beispiel für die „feine, zunächst sehr bescheidene und wirklichkeitsnahe Stimmungsmalerei des hellen Tones" (Emil Waldmann). Eine hellbraune, sandige Straße zieht sich in die Tiefe der Landschaft auf ein intensiv rotes Dach zu. Auf der Straße geht am linken Rand eine Frau mit weißem Kopftuch, weiter zurück rechts sitzt ein Bauer auf seinem Karren. Der Himmel ist hoch und leicht bewölkt. Ein Frühsommertag. Auf einem anderen Gemälde, im Harz gemalt, stürzt ein Wildbach weiß schäumend über mächtige Steinblöcke einen

Hang herunter, der von einem bemoosten, sonnenbeschienenen Ufer gesäumt wird.

Die kleinen Studien und Landschaftsbilder des jungen Malers stehen in der Tradition der französischen Romantiker und erinnern an François Daubigny, Camille Corot und Jules Dupré. Günter Busch: „Mit einem in Deutschland seltenen Gefühl für schwingende Farbe und farbige Nuance, für die Kostbarkeit der farbigen Materie, die ihm von Beginn an immer mehr ist als bloßes Ausdrucks- und Darstellungsmittel, malt der Jüngling seit Mitte der 80er Jahre seine kleinen Landschaftstudien (...) Mit diesen Jugendwerken steht Modersohn auf der Höhe der malerischen Kultur, wie sie der Realismus und der Impressionismus im Europa des 19. Jahrhunderts erarbeitet hatte."

Mit besonderem Interesse studiert Modersohn seine künstlerischen Vorbilder, die französischen „Intimen", wie er sie nennt. Er kauft Fotografien ihrer Gemälde. Sie dienen als Anregung und helfen ihm, den Weg zu seinem eigenen Stil zu finden. In seinen Skizzenbüchern kopiert er Zeichnungen der französischen Meister, die ihm wichtig sind, und besorgt sich Literatur über moderne französische Malerei. 18. Mai 1887: „Wenn ich an meine Ideale, an Rembrandt, Rousseau, Dupré, Troyon denke, wie schwillt mir das Herz, wie kann ich nicht von ihnen lassen; wie fühle ich mich im Verständnis dieser Männer zur Kunst berufen". 24. Mai 1887: „Ich möchte in deren Sinne ein Naturalist werden, voll Hingabe an die Natur und ihre Wandlungen, überzeugend, kräftig."

Am 18. Mai 1887 nimmt sich Otto Modersohn ein Herz, redet mit Professor Dücker und eröffnet ihm, daß er die Akademie für eine Zeit lang verlassen und nach der Natur malen wolle:

Dagegen hatte er nichts, wenn ich sehr frische Studien mitbrächte, die mir zu Herbst den Eintritt in seine Klasse öffnen könnten. Sie müssen aber ganz anders arbeiten als im vergangenen Sommer, da haben Sie so dilettantisch gearbeitet. Man muß vor der Natur malen, daß man heult! („zum Heulen"). Wie eine kalte Dusche kamen mir diese Auslassungen Dückers über den Kopf. Ich hatte das Gefühl, daß er nichts von mir verstehe, ich ihm ganz unverständlich sei. Weil ich das Geistige mehr betont habe als das Tech-

nische, sind meine Sachen dilettantisch. Dieses Büffeln, wie er es mir nun ausmalte, erfüllte mich wirklich mit Widerwillen (...) Ich werde es gerade entgegengesetzt machen. Wenn ich mir die Kunst, die Landschaftsmalerei durch diese, Dückers Brille ansehe, dann ist alles öde, langweilig, leer; ein kahles, baumloses Feld in Sommermittagsglut, worauf im Schweiße ihres Angesichts die Leute arbeiten. Und meine Landschaften dagegen (...) Wie wunderbar ist das alles, sagt oft mein Herz beim Anschauen der Natur; wenn ich den Pulsschlag göttlichen, himmlischen Lebens in der Natur zu hören glaube. O wie schlägt der Mann meinen Empfindungen ins Gesicht, nie werde ich mit dem Gedanken auskommen, der ganze künstlerische Geist besteht aus dem Gefühl der Richtigkeit, der Regelrichtigkeit; fertig muß ein Bild sein um jeden Preis; dies halte ich für eine der unkünstlerischsten Forderungen. (x Wenn überhaupt das Vollenden und Durchbilden einer Studie nicht von innen heraus, von Verständnis getrieben, geschieht, ist es für mich ganz wertlos). Ich soll nicht zu Hause bleiben. Gerade: Ich bin zur Einsicht gekommen, daß ein Künstler seine Stoffe und Darstellung möglichst aus Verhältnissen, die ihm ganz bekannt, die ihm lieb sind, schöpfen muß. Nein Professor Dücker, Deine Rezepte taugen nicht, wenigstens nicht für mich.
18. Mai 1887

2. Kapitel

Ich werde es gerade entgegengesetzt machen

Düsseldorf, Worpswede 1887-1889

Mitte August 1887 ist Otto Modersohn zurück in Münster, wo er sich ganz in die heimatliche Landschaft vertiefen will. Dort erreicht ihn ein Brief von Fritz Mackensen aus Worpswede. Schon zum dritten Mal verbringt der Düsseldorfer Studienfreund seine Sommerferien in diesem kleinen, unbekannten Dorf am Rande des Teufelsmoors, zwanzig Kilometer nordöstlich von Bremen. 1884 hatte Mackensen in München zufällig Emilie Stolte kennen gelernt, die 27-jährige Tochter des Worpsweder Kaufmanns und Gemeindevorstehers Carl Otto Ferdinand Stolte. Sie machte im Haus ihrer Tante eine Hauswirtschaftslehre und lud den Künstler ein, den Sommer in ihrem Worpsweder Elternhaus zu verbringen. Mackensen entdeckte das Teufelsmoor mit seinen stets wechselnden Lichtverhältnissen, und auch der dort angesiedelte Menschenschlag beeindruckte ihn:

Wie herrlich es hier ist, lieber Otto, kann ich Dir gar nicht beschreiben. Ach, wieviel großartiger ist doch die Ebene gegen das Gebirge. Und wie originell ist nun erst diese Ebene mit all ihren Eigentümlichkeiten! Die Leute schon so zu sehen, ist famos; nun denk Dir aber die interessantesten Leute bei einem Missionsfest, tief andächtig unter freiem Himmel. Heute morgen fuhren wir per Wagen nach einem nahen Dorf, und ich hörte bis 6 Uhr abends 4 Prediger; d.h., ich skizzierte während dieser Predigten die andächtigen Leute. Ich bin ganz selig, lieber Otto, in dem Gedanken, später ein Bild davon malen zu können. Morgen früh ziehe ich los und mache Studien zu einer Zeichnung, die Modelle sind die interessantesten, die ich mir denken kann. Mittags speisten wir mit 7 Pastoren am Tisch; von denen werde ich auch mehrere zeichnen. Landschaftlich ist die Gegend ungeheuer reizvoll;

Strohdächer und leuchtend rote Ziegeldächer sind bunt durcheinander geworfen. Als wir heute zurückfuhren, kam ich unwillkürlich zu dem Gedanken, ach, könnte ich doch mit einem von Euch all das Herrliche, was ich hier massenhaft schöpfen kann, teilen. Ich sah eine Birkenallee, wie sie nie ein Rousseau gemalt hat. Alte, wunderbar geformte Stämme, silbern aus den dunklen Silhuetten herausleuchtend; ein Wassergraben, in dem sich klar ein leuchtend rotes Dach und eine helle, durchsichtige Abendluft spiegelte, wie sie Rembrandt auf seinem Schloß auf dem Berge gemalt hat. Weit hinten, auf dem durchgefurchten Sandwege, sieht man einen Landauer heranrollen, weiter vorn schiebt ein Mann sein beladenes Torfboot vor sich her; ein Bild pompös!!!
Nächstens schreibe ich Dir mehr, vorläufig tausend Grüße an Euch alle von Deinem treuen Freund Fritz.
Randbemerkung: Reizende Leute sind die Stoltes, doch nur furchtbar traurig wegen des entschlafenen Vaters. Komm Du doch herüber! Bei Euch ist es schön und farbig, aber hier ist es noch weit schöner.
17. August 1887

Modersohn erwähnt diesen Brief in seinen Aufzeichnungen vom August 1887 mit keinem Wort. Gedanklich ist der Zweiundzwanzigjährige ganz in Westfalen. „Die letzten meiner Studien aus dem September und Oktober 1887 sind sicher mit die besten, die ich überhaupt gemalt", notiert er im Herbst 1887, kurz bevor er seinen Rucksack wieder packt und sich für das Wintersemester zurück auf den Weg an die Akademie nach Düsseldorf macht. „Ich bin, kann ich sicher behaupten, mit Glanz versetzt worden", hält er in seinem Tagebuch fest. „Dem Professor Dücker gefielen meine Studien sehr; er hätte nicht gedacht, daß ich in der kurzen Zeit solche Fortschritte machen würde."

Er ist jetzt Schüler in Dückers Malklasse und hat sogar sein eigenes Atelier. „Wie so ganz anders ist doch das Arbeiten allein und vor allem in seinem Fach. Früher kürzte man Morgen und Nachmittag in der Akademie ab durch Kupferstich, Ausstellungen etc., dazu habe ich jetzt gar kein Bedürfnis." Es freut ihn, den Akademiebetrieb während der Weihnachtsferien endlich wieder hinter sich las-

Otto Modersohn, 1889

sen und zu Hause in Münster sein zu können. Schließlich gehören diese Ferienzeiten zu den „schönsten und köstlichsten“, weil er sich dann ganz frei fühlen und seine Motive in der vertrauten heimatlichen Landschaft finden kann. Repräsentativ für seine Kunst aus dieser frühen Zeit ist ein kleines Bild, das Modersohn auf den Neujahrsmorgen 1888 datierte. Es trägt den Titel „Kirchgang“ und zeigt im Vordergrund ein älteres, dunkel gekleidetes Paar, das auf einem verschneiten Weg an einem Gehöft vorbei auf einen spitzen Kirchturm zugeht. Ein klarer Winterhimmel wölbt sich über der Landschaft, in der nur ein paar Bäume und Büsche stehen.

Ein Ausflug von Münster in seine Geburtsstadt Soest am 2. Januar 1888, den er in Begleitung seines Bruders Ernst machte, hat Modersohn offenbar besonders beglückt: „Es war noch dunkel, als wir aus dem Haus gingen; ich war der echte Winterlandschafter, Pelzmütze (am Abend vorher gekauft), Plaid, Malkasten.“ Auf dem kleinen Gemälde „Wintermorgen in Soest“ gelingt es dem Maler mit wenigen Mitteln, die Stimmung einer winterlichen Landschaft einzufangen. Drei Wochen lang, vom 23. Mai bis zum 13. Juni, ist er zu Besuch bei seinem Bruder Willy im westfälischen Tecklenburg, der dort als Amtsgerichtsrat tätig ist. Er macht ausgedehnte Spaziergänge durch die Stadt und Touren in die benachbarten Ortschaften, das Skizzenbuch immer bei sich. Oft sind die Motive der Skizzen nur über das Tagebuch zu identifizieren, das er parallel zu seiner künstlerischen Arbeit führt. In der Zeit von Juli bis September 1888 hält sich Otto Modersohn abermals in Soest auf. Zu den Werken aus diesen besonders schöpferischen Monaten gehören Titel wie „Großer Teich in Soest“ von 1888 und „Mädchen im Türrahmen“, das er 1888 in Delbrück malt.

Am 10. Oktober 1888 machen Otto Modersohn und sein Freund Alex Hecking eine Reise nach München zur „III. Internationalen Kunstausstellung“ im Glaspalast. Die beiden jungen Männer quartieren sich in einem Hotel ein und mieten anschließend für zwei Wochen ein Zimmer in der Schraudolphstraße. Modersohn trifft Mackensen, der inzwischen ein Atelier in München hat und lernt dessen Lehrer Fritz August von Kaulbach (1846-1909) kennen. Täglich geht er in die große Ausstellung, die ihn zwar beeindruckt, aber auch ermüdet: „Alles drängte sich in den vielen Sälen. Ich lief ziellos überall herum, alles flüchtig betrachtend." Schließlich scheint das Ziel erreicht: „Mein Lieblingssaal war der eine französische, wo die Troyon, Corot, Daubigny, Dupré, Rousseau und Diaz hingen aus Privatbesitz. Immer mußte ich wieder dahin zurückkehren. Zwei Bilder von Troyon (ein *kleiner* Sturm und ein größeres mit einsamen Baum) fesselten mich unendlich in Motiv, Farbe, Technik, überhaupt in jeder Beziehung; ähnlich wundervolle Corots und ein kleiner Daubigny." Abends, im Hofbräuhaus mit den Freunden beim Bier, brummt dem Dreiundzwanzigjährigen der Kopf „von allem, was ich gesehen."

Er streift durch die Stadt, geht in alle Ausstellungen, kauft Fotografien von Gemälden Rousseaus und Corots, macht immer wieder Arbeitsnotizen zur Technik. Sie müsse „individuell" sein, betont er, auf das Wesen des betreffenden Gegenstandes eingehen. Das ist Modersohns Stärke: er hat die Fähigkeit, das Wesentliche einer Figur, einer Bewegung, einer Landschaft zu erfassen. Der Baum: „Weich, krabblig, struppig". Die Luft: „Luftig, zittrig, flimmrig." In der Alten Pinakothek fühlt er sich von Rubens und Ruisdael, Hobbema und van Dyck, von Dürer, Holbein und Lorrain angezogen, bewundert aber vor allem Gemälde von Rembrandt wie „Kreuzabnahme", „Grablegung", „Geburt" oder „Heilige Familie". „Eine solche Farbe hatte ich noch nie gesehen", notiert er. In der Schackgalerie hinterläßt Böcklin einen nachhaltigen Eindruck: „Ein so geheimnisvolles Gefühl für die Natur, eine so köstliche Farbe und Komposition und eine so eigenartige, großartige Phantasie habe ich nie verspürt."

Im Glaspalast sieht Otto Modersohn auch Bilder des Malers und Radierers Hermann Baisch (1846-1894), der 1880/81 zusammen mit dem Landschafts- und Architekturmaler Gustav Schönleber (1851-1917) an die Kunstakademie nach Karlsruhe berufen worden war. Die Arbeiten von Baisch wirken so anregend auf ihn, daß er sich für einen Wechsel von Düsseldorf nach Karlsruhe entschließt. Die dortige Kunstakademie hatte den Ruf, eine besonders gute Schule für Landschaftsmalerei zu sein. Von Hermann Baisch erhoffte sich Otto Modersohn künstlerische Förderung. Im Gegensatz zu anderen akademischen Lehrern betonte Baisch eine emotionale und wirklichkeitsnahe Auseinandersetzung mit der Natur und riet seinen Schülern, ihren Standort zumindest zeitweise von der Stadt auf das Land zu verlegen, um die Voraussetzungen für ein unmittelbares Erleben von Landschaft zu finden.

Am 1. November 1888 um fünf Uhr früh schultert der junge Mann aus Düsseldorf sein Gepäck und nimmt den Zug nach Karlsruhe. „Die Sterne funkelten noch am Himmel. Wieder ging es in die ungewisse Zukunft, ähnlich wie damals, als wir von Düsseldorf abfuhren." Auf dem Weg zu Professor Baisch begegnet Modersohn im Treppenhaus der Akademie zufällig Carl Vinnen (1863-1922). Der aus dem norddeutschen Beverstedt bei Bremerhaven stammende Vinnen hatte ebenfalls in Düsseldorf studiert und ist inzwischen auch in Karlsruhe. Otto Modersohn am 8. November 1888: „Ich bin Schüler von Baisch geworden: jedenfalls das Wichigste, was ich diesen Winter tun konnte (...) Ob ich hierbleibe, erscheint mir allerdings jetzt schon fraglich (...) Wenn ich im Frühjahr nicht das Gefühl habe, viel bei Baisch profitiert zu haben, würde ich wohl nicht hierhin zurückkehren."

Baisch findet Modersohns Sachen bemerkenswert, sowohl zeichnerisch als auch farblich. In jeder der Studien stecke ein Bild, lobt er und fordert ihn auf, mehr Mut zum größeren Format zu zeigen. Mit diesem Appell trifft er einen wunden Punkt. Modersohn ist sich seines Hanges zum kleinen Format bewußt. Bisher hat er sich immer gesträubt, größere Bilder zu malen. Jetzt, angeregt durch seinen Lehrer, wagt er es. „Sommerfreuden" lautet der Titel des größten Gemäldes aus den frühen Jahren des Künstlers, das nach zwei großen, wohl schon um 1887 gefertigten Bleistiftzeichnungen in Karlsruhe entsteht. Bestimmend ist die Gruppe der beiden mächtigen Bäume, deren Wipfel ineinander übergehen. Unten die beiden Ziegelmauern, die den Bachübergang begleiten. Dahinter, in Bäumen versteckt, ein Gehöft, aus dem rechts ein Giebel herausragt. Im Vordergrund am blühenden Wiesenhang neben dem Weg die junge Bäuerin mit dem Strohhut auf dem Kopf, ihr Kind auf dem Rücken.

Seit einigen Tagen, seit ich das große Bild angefangen, befinde ich mich in einer unbeschreiblich glücklichen, genialen Stimmung. Ich möchte die ganze Welt umarmen. Ich bin ein geborener Land-

schaftsmaler. Oft finde ich mich ganz unbewußt vor Freude im Atelier herum springen und alles mögliche Zeug hersagen. Die Freude am Schaffen bezwingt mich förmlich.
8. Dezember 1888

Meine alte Idee, die k l e i n e n Menschen mit ihren armseligen Häusern unter dem gewaltigen, hohen Himmel, in der reichen, großen Natur gefällt mir wieder sehr (...) Gerade das Spielerische, das Nette, Kokette, Liebliche, Zierliche, dem man jetzt so oft begegnet, ist mir verhaßt, ich fasse die Kunst groß, tief, gewaltig, zu Herzen gehend. – Ich werde mich diesen Winter ganz abschließen, ganz isolieren. Ganz meiner Kunst leben, mich mal ganz drin vertiefen und sehen, was ich wohl schon kann.
16. Dezember 1888

Immer bestimmter erkenne ich in dem Sinn, dem Geistigen, mein Ziel. Was nützt alle technische Fertigkeit. Das Gefühl muß angeregt, hingerissen werden. Je mächtiger, gewaltiger das Bild, das Gefühl der Natur, die zu Herzen gehende Stimmung widerspiegelt, um so besser. Ich war bei Baisch. Sah flüchtig seine Studien, 2 neue Bilder. Er befriedigt mich durchaus nicht ganz, wenn er mir auch sehr nützlich als Lehrer sein kann. Er ist mir zu derb, eigentlich etwas zu trivial. Welcher Beschauer hat denn tieferes Interesse an seinen Pferden, die im Wasser herumstehen etc., wenn sie auch technisch gut sind. Ich weiß nicht, aber mein Ideal sieht anders aus. Das Gefühl, womit mich die Natur oft so überreich anfüllt, sollen meine Bilder ausstrahlen.
17. Dezember 1888

Otto Modersohn schreibt in groß geschwungener, schöner Schrift sorgfältig Tagebuch. Die einzelnen Hefte sind weniger kritische Stenogramme seines Lebens als vielmehr Arbeitsinstrumente. In knappen Sentenzen, aber auch in Form ausführlicher Bekenntnisse, theoretisiert er über Kunst. Auffallend ist, daß er sich in seinen Aufzeichnungen aus dieser Zeit nicht mit dem Impressionismus auseinander setzt. Er beschreitet nicht den Weg, den in Frankreich die Avantgardisten der „Belle Epoque“, Manet, Monet und Renoir gehen und in Deutschland Liebermann, Corinth und Slevogt. Diese neue Malerei, die in einer Zeit zunehmender Beschleunigung des alltäglichen Lebens nicht mehr die immer währenden Dinge zeigt, sondern die flüchtige Erscheinung, das „fugitif" – um einen signifikanten Begriff Baudelaires aufzunehmen – zu ihrem Thema macht, diese neue Malerei läßt Modersohn unberührt. Das Bild der Landschaft als „Impression", als wechselnder optischer Eindruck wahrgenommen und nicht als beseelte Natur, dieser Ansatz liegt ihm fern:

> *Mich stört das Äußerliche in der Kunst; ich will ihr das Innerliche, Tiefe wiedergeben (...) Wenn ich mir meine Bilder, wie ich sie gemalt haben möchte, vorstelle, so treten große, gewaltige, einfache Landschaftsbilder mit mächtiger, zu Herzen gehender Stimmung (mit Macht auch im Aufbau, im Konzentrieren der Hauptsache) vor mich.*
> 12. Dezember 1888

Zwischen den Zeilen seiner Aufzeichnungen wird Modersohns Kritik am akademischen Lehrbetrieb zunehmend deutlich. Seine Professoren Baisch und Schönleber beurteilt er verhalten-skeptisch, oft auch negativ. 2. April 1889: „Ich will aber wie früher kein Dücker-Schüler, so jetzt kein Baisch-Schüler werden. Ich kenne meine Ziele. Baisch hat keine Ahnung von meinem Ideal. Jede Mutter lobt ihre Butter, er hält alle Landschaftsmalerei für falsch und gering, wenn sie nicht bedeutende Tier- und Menschenstaffage in sich aufnimmt, das seine Weisheit. Gewiß werde ich Staffage studieren, aber stets untergeordnet unter der Landschaft, nie wie Baisch."

Für Modersohn gilt nicht, was seine Studienkollegen offenbar anstreben: Stimmungen und Motive der Malerei ihrer Lehrer zu kopieren, denen es um „Richtigkeit" und „Geschicklichkeit" geht. Sich selbst, seinem eigenen Wesen treu bleiben, darauf komme es an, sagt er und beschwört immer wieder das „Intime", das für ihn von zentraler Bedeutung ist. Intensiv setzt er sich mit den französischen Meistern von Barbizon auseinander, denen er sich geistig verwandt fühlt. Er verehrt und bewundert sie, weil ihre Kunst ein unmittelbares und nicht durch akademische Konventionen gebrochenes Verhältnis zur Wirklichkeit einer unverfälschten, einfachen Natur widerspiegelt. Modersohn befreit sich von der Last der akademischen Lehre, wie er sie in Düsseldorf und Karlsruhe erfahren hat und findet immer mehr zu sich selbst: „Ich will ein Stimmungslandschafter von naturalistischer Kraft und Tiefe werden“, notiert er auf einem ‚Über Kunst‘ betitelten Einzelblatt:

Die Stimmung ist der Zweck, der Drehpunkt meines Schaffens. Technische Fertigkeit ist mir nur Mittel zum Zweck. Ein Stimmungslandschafter muß poetisches Gefühl für die Natur (Größe, Tiefe) haben (...) Das Geistige mit moderner naturalistischer Kraft vorgetragen ist mein Ideal (...) Die Vereinigung des Malerischen mit dem Zeichnerischen ist mein Ziel.
1. Januar 1889

Vor allem strebe ich nach kräftiger, energischer, ausgeprägter Stimmung. Ich liebe besonders Lüfte, weite, weiche Horizonte und Fernen, in ihnen liegt die Hauptkraft des Stimmungslandschafters. Das Flüssige, Duftige, das Betonen der Luft, die alles umgibt, ist mir äußerst wichtig (Rembrandt, Corot, moderne Holländer etc. Troyon) (...) Ich strebe nach Landschaften mit kühnem Wurf, weicher, einfacher Linie, origineller, frischer Komposition. Die Wahl des Gegenstandes ist mir äußerst wichtig. In der schlichtesten Gegend finde ich alles. Vor allem liebe ich die Ebene, auch Hügelland, weniger Berge. Feld, Wald, Wiese, Wasser, Teiche, Sümpfe, Bäche, Flüsse, Wege, Häuser, Gehöfte, Dörfer bieten mir stets reichen Stoff zur Schilderung (...) Mich entzückt Rembrandt, bei ihm ist alles, was ich von einem Künstler verlange, zu finden (...) Mit dem neuen Jahr soll eine neue Zeit für mich beginnen (...) Ich will mein ganzes Leben in den Dienst meines Werkes stellen.
1. Januar 1889

Malt Dücker um der Richtigkeit willen, dann malt Schönleber um der Geschicklichkeit willen. Bei Dücker muß man ausrufen, wie richtig! bei Schönleber, wie geschickt! Diese Geschicklichkeit gelangt zu völligem Virtuosentum, zur Bravourmalerei bei Oswald Achenbach. Mein Ideal ist das alles nicht. Bei mir muß

das tiefe poetische Gefühl für die Natur alles überragen, um dessen willen ich male.
27. Januar 1889

Lebendigkeit ist mir etwas Herrliches, alles muß lebendig, charakteristisch, voll Stimmung sein. Ich bin der größte Feind alles Trockenen, Langweiligen, Harten, Gequälten.
29. Januar 1889

Mich regt die Natur, das All, das unermeßlich Hohe, Erhabene, Tiefe, was in der Natur liegt, an.
9. Februar 1889

In Hinblick auf seine künstlerische Entwicklung spiegeln Otto Modersohns Tagebuchaufzeichnungen wachsendes Selbstbewußtsein wider. Er habe das Gefühl, eines Tages etwas Besonderes leisten zu können und wolle nur Künstler sein und immer mehr werden, schreibt er: „Der Künstler ist sich eben selbst genug“. Vorträge und anschließende Gesprächsrunden im Künstlerverein, große Gesellschaften, Billardspiele mit den Künstlerkollegen – das alles interessiert ihn nicht. Modersohn ist ein Mensch, der sich schwer anschließt, der die Stille liebt, die innere Sammlung, die Einsamkeit. Er wünscht sich endlich ein eigenes Atelier, in dem er sich frei und unabhängig fühlen und ungestört arbeiten kann.

Die Entscheidung ihres Sohnes, zwar nach Düsseldorf zurückzukehren, aber nicht mehr an die Akademie zu Professor Dücker, können Wilhelm und Luise Modersohn nicht verstehen. Auseinandersetzungen mit dem Vater über Kunst und sein mangelndes Einfühlungsvermögen machen den 24-jährigen Studenten betroffen. Schließlich ist er sich seiner Begabung bewußt und voller Zuversicht im Hinblick auf seine künstlerische Weiterentwicklung. „Die Eltern, besonders auch meine, sehen den Fortgang ihrer Kinder nur von der praktischen Seite an; es kann ja nicht anders sein. Verdiene ich, so ist alles gut. Vorläufig halten sie 100 mal mehr von Willy, Laura und Ernst, als von mir.“ Diese Erkenntnis betrübt ihn: „Ich muß mich immer mehr gewöhnen, mein Inneres, meine Kunst zu verbergen, ganz allein für mich zu haben, ganz zu trennen von meinem übrigen

Leben, meinem Verkehr. Freilich fällt mir das furchtbar schwer, und ich sehne mich ja beständig, meine Gefühle austauschen zu können, wie selig war darum die Soester Zeit. Aber hier, zu Hause, geht es eben durchaus nicht. Mein Vater ist durchaus praktisch und will nichts von verwegenen, künstlerischen (wie er sagt schrulligen) Ansichten wissen. Ich soll sie nicht in Gesellschaft äußern."

„Ich will endlich frei, selbständig sein", notiert Otto Modersohn am 21. Februar 1889, einen Tag vor seinem vierundzwanzigsten Geburtstag.

Ich glaube immer mehr, daß die mächtigste Unterstützerin des malerischen Geistes die Sonne ist. Ein wolkenloser Himmel kann in der Idee gut sein, nicht für den Maler, wo ein ganz oder teilweise bezogener mit Farbkontrasten viel schöner wirken kann. Oft liegt wohl gerade die Poesie in dem Himmel, in der Sonne, wie sie hinter Wolken steht. Darum das Feine, nicht zu Effektvolle, auswählen.
27. Februar 1889

Samstagabend (...) (Naturalismus und Kunst) Man muß den Beschauern nicht allein die Sprache der Natur vorsprechen, man muß Ihnen auch gleich das Wörterbuch geben, wodurch Ihnen die Sprache verständlich wird (...) Alles ist bei mir Sache des Gefühls, Empfindens, was bleibt mir noch, wenn ich dies nicht hätte? Alles von Anfang bis zum Ende bilde ich nach meinem Gefühl. Der Maler wird der Größte sein, der das feinste Gefühl besitzt.
2. März 1889

Meine Kunst soll eine Verherrlichung der Natur sein, geistiges Erfassen des überall sich äußernden Naturgeistes; je einfacher, um so größer wirkt dieser oft. Abmalen von so und so vielen Gegenständen ist nichts, nichts Großes.
11. März 1889

In der Natur „vor dem Motiv" zu malen, „en plein air", spielte während der ersten Hälfte des 19. Jahrhunderts eine eminente Rolle in der europäischen Landschaftsmalerei. Englische und niederländische Freilichtmaler, die sogenannten Pleinairisten, hatten dem idealisierenden akademischen Stil eine Absage erteilt, sie wollten „Luft malen statt brauner Sauce“ (Richard Muther). Das Tageslicht sollte an die Stelle des Galerietons treten, das Grau der Farbe weichen. Angeregt durch die Aquarelle und Bilder der Engländer John Constable und Richard Parkes Bonington mit ihren hellen, klaren Grüntönen und dem hingewischt-wolkigen, leuchtend-bewegten Himmel, die 1822 im Pariser Salon ausgestellt wurden und der klassizistischen Landschaftsmalerei ein Ende bereiteten, entdeckte auch die junge französische Künstler-Generation die Luft und das Licht.

Geleitet von den „Zurück-zur-Natur“- Ideen des französischen Philosophen Jean-Jacques Rousseau, der bereits Mitte des 18. Jahrhunderts scharfe Kritik an den Errungenschaften der Aufklärung, am naturwissenschaftlichen und technischen Fortschritt geübt hatte, den er als Ursache für den Verlust ethischer Werte in der modernen Zivilisation erachtete, verließen Maler wie Charles-François Daubigny und Camille Corot, Theodore Rousseau, François Millet, Jules Dupré, Narcisse de la Pena und Constant Troyon vorwiegend während der Sommermonate ihre Pariser Mansarden und zogen hinaus aufs Land, in die „paysage intime“, nach Croissy, Saint-Cloud und Marly. Reisen führten sie in die Normandie und die Bretagne. Zum beliebtesten Plein-air-Atelier wurde der mächtige, teilweise noch urwüchsige Wald von Fontainebleau rund 60 Kilometer südöstlich von Paris, dem sich der kleine Ort Barbizon anschließt.

Die wilde Unberührtheit und urtümliche Vielfalt der dortigen Gegend boten die Voraussetzung für ein intensives Erleben von Natur im Sinne J.J. Rousseaus und ein Ausleben von Individualität. Hier war Konzentration auf die Landschaft möglich, die Sensibilisierung der Sinne für die Natur. Dem Vorbild der „Schule von Barbizon“ folgend, entstanden ab Mitte des 19. Jahrhunderts europaweit viele Künstlerkolonien. Bekannt sind Pont Aven in der Bretagne und das dänische Skagen. In Deutschland setzt die Stadtflucht der Landschaftsmaler erst um 1890 ein, zu einer Zeit also, da sich in Frankreich bereits die Gruppe der Nabis durchzusetzen beginnt und van Gogh, Gauguin und Cézanne gerade erst entdeckt werden. Neben Grötzingen bei Karlsruhe, Dachau und Murnau bei

München und Ahrenshoop an der Ostsee wird sich Worpswede zur bekanntesten deutschen Künstlergemeinschaft entwickeln.

Am 3. Juli 1889, es ist das Todesjahr seines künstlerischen Vorbilds Jules Dupré, folgt Otto Modersohn der Aufforderung Fritz Mackensens, den Sommer zusammen mit ihm in Worpswede zu verbringen. Reisende, die am Bremer Hauptbahnhof ankamen und nach Worpswede weiter fahren wollten, mußten die Postkutsche über Lilienthal und Borgfeld nehmen. Pappeln und weißstämmige Birken säumten die Chausseen. Auf den üppig grünen Wiesen rechts und links weideten Kühe und Pferde. Flächen von bräunlich-schwarzem Moor und hellen Sandböden wechselten mit Kartoffel- und Buchweizenfeldern. Schmal und schnurgerade waren die Kanäle, auf denen Lastkähne mit schwarzen Segeln die gestochenen und getrockneten Torfballen zum Fluss Hamme und auf der Hamme zum Verkauf nach Bremen transportierten. Ärmliche, strohgedeckte Katen lagen geduckt neben prachtvollen, von mächtigen Eichen umgebenen Bauernhöfen mit gepflegten Gärten. Kurz vor Worpswede konnte man eine Anhöhe erblicken, die sich aus dem flachen, weiten Land erhebt: Der fünfzig Meter hohe Weyerberg ist eine Sanddüne, bewachsen mit Heidekraut und knorrigen Kiefern. Ein steinerner Obelisk erinnert hier an jenen Jürgen Christian Findorff, den die königliche Regierung in Hannover 1771 mit der Kolonisation und Kultivierung des niedersächsischen Moores beauftragte.

Mittwoch, 3. Juli 1889 kam ich mit Fritz voller Erwartung in Worpswede an. Ich sah fast gleich, daß meine Erwartungen nicht getäuscht waren. Ich fand ein höchst originelles Dorf, das auf mich einen durchaus fremdartigen Eindruck machte; der hügelige, sandige Boden im Dorfe selbst, die großen bemoosten Strohdächer, und nach allen Seiten (so viel man sehen konnte) alles so weit und groß wie am Meer. Der erste Abend war gleich ein köstlicher. Wir gingen auf die weiten Weiden, in dichtem Staub fuhren mit Heu beladene Wagen zum Dorfe. Alles sah uns erstaunt an.
3. Juli 1889

Mackensen und Modersohn quartieren sich zunächst im Hotel „Stadt Bremen“ ein und wohnen anschließend vom 6. bis zum 29. Juli im Zimmer eines Dorfschullehrers, der während der Ferien verreist ist. Die beiden Maler machen ausgedehnte Spaziergänge in die nahegelegenen Dörfer Weyerdeelen, Mevenstedt und Hüttenbusch und lassen die herbe Schönheit der Landschaft und die Großartigkeit der Stimmungen und Motive auf sich wirken. „Köstlich war das Mädchen mit der Heukarre, ein echter Millet. Oben offen hängendes, grobes Hemd, unten marineblauer Rock, wir schwärmten.“ Gemeinsam malen sie vor der Natur: Wasserläufe und Wolkenbildungen, Herbststürme und Abendstimmungen, Moorkaten und bäuerliche Szenerien.

In seiner ersten Worpsweder Zeit macht Modersohn mehrfach die Hamme und den Weyerberg zum Thema seiner Bilder. Im Juli 1889 entsteht das Gemälde „Hammewiesen mit Weyerberg“. Der Fluß führt in einer Kurve auf die flache Erhebung im Hintergrund zu. Ihn begleiten ein Weg mit einem einzelnen Mann in Schwarz und tiefgrüne Wiesen, rechts ein Haus unter Bäumen. Der Himmel ist graublau. Zwar ist Modersohn bei seinem herkömmlichen Bildkonzept geblieben, aber Stimmung und Gehalt haben sich gewandelt und er hat überraschend schnell auf die andere Natur reagiert, die ihn in Worpswede umgibt. Seine Farbskala liegt jetzt, anders als im Münsterland, im dunkleren Bereich.

Ende Juli sind Modersohn und Mackensen für ein paar Tage Gäste auf dem elterlichen Gut ihres Studienkollegen Carl Vinnen in Osterndorf, unweit von Worpswede. Vinnen, weit gereister Sohn eines Reeders mit guten Beziehungen zu Bremens Kunstfreunden und als junge Begabung über Bremens Grenzen hinaus gewürdigt, war nach seiner Ausbildung zum akademischen Maler hierher zurückgekehrt.

Mackensens begeisterte Erzählungen vom Zauber der Worpsweder Landschaft veranlaßten Anfang August 1889 auch den Münchner Kunststudenten Hans am Ende (1864-1918) zu einem ersten Besuch in Worpswede. Der aus Trier stammende Pfarrerssohn hatte das berühmte Kloster-Internat Schulpforta besucht, auf dem seit 1543 die geistige Elite Deutschlands ausgebildet wurde.

Schifferhütte an der Hamme, Foto um 1900

Brücke über Moorkanal in Worpswede, Foto um 1889

Das neue Quartier der Künstler ist das Gasthaus von Martin Siem in Worpswede. „Es herrschte immer eine schreckliche Unordnung", beklagt Modersohn den Zustand in der Wirtschaft. „Hans am Ende und Fritz lagen nach Tisch auf den Betten herum. Am Ende wohnte schauerlich." Als der Wirt eines Abends plötzlich im Zimmer der drei jungen Männer steht, ihren Hund Cito unter lauten Beschimpfungen unbarmherzig zu treten beginnt und den Künstlern vorwirft, sie fütterten ihn heimlich und müssten deswegen mehr zahlen, reicht es Modersohn und seinen Freunden. Sie ziehen bei Siem aus und im Hotel „Zur Stadt London" ein. „Damit beginnt eine sehr schöne Zeit. Wir wohnten zwar teurer (Siem 1,70, jetzt 2,00), aber doch sehr nett. Wir hatten oben zwei Zimmerchen für Fritz und mich und 1 für am Ende. In Gesinchen, die uns bediente, lernten wir bald ein artiges, nettes Mädchen kennen, die sehr wohl Spaß verstand; ein wunderbares Gestell war die rappeldürre Fine oder Line".

Am 24. August kündigt Modersohn den Eltern brieflich seinen baldigen Abschied von Worpswede und seine Rückkehr nach Düsseldorf an. Aber dazu soll es nicht kommen:

Wir gingen einen Nachmittag 25., 26. oder 27. August 1889 nach Bergedorf. Herrlicher, grauer Tag; Weib auf dem Acker, gegen die Luft – Millet. Bleiben auf der Brücke, die dort über den Kanal führt, stehen, nach allen Seiten die köstlichsten Bilder. „Wie wäre es, wenn wir überhaupt hier blieben, zunächst mal sicher bis zum letzten Tage des Herbst, ja den ganzen Winter". Wir werden Feuer und Flamme, fort mit den Akademien, nieder mit den Professoren und Lehrern, „die Natur ist unsere Lehrerin und danach müssen wir handeln". Ja, das war ein denkwürdiger Tag. Mit einem Male hörte das beständige Schwanken und Plänemachen auf. Worpswede war uns in der Zeit, ohne daß wir es eigentlich wußten, so nahegerückt, daß eine Trennung fast unmöglich war. Über dieses erlösende Wort, (das ich sprach) war natürlich große Freude.
Tagebuch, 1889

„Die Gegend wird immer großartiger, ich will noch eine Zeitlang bleiben", schreibt Modersohn nach Hause. Beglückt über die

Entdeckung einer Landschaft und entschieden, bis zum Winter zu bleiben, schwärmt er zusammen mit Mackensen und am Ende bei schönstem Sommerwetter hinaus in die Natur, um zu malen. „Es entbrannte ein förmlicher Wettstreit". Bevorzugtes Ziel ist die Gegend um die Windmühle, wo die großen, ockerfarbenen Äcker liegen, über die sich ein weiter Himmel spannt. Modersohn malt seine ersten Studien in Worpswede. „Hammewiesen mit Weyerberg", „Moortümpel" und „Moordamm". Er malt jetzt auch die für diese Gegend charakteristischen Häuser mit dem tief heruntergezogenen Dach – „Moorkate mit Frau und Ziege" – und macht das Urtümliche dieser Häuser in der Landschaft zum Thema. Das Rotbraun des Vordergrunds geht mit dem Braunrot des Daches zusammen, dazwischen ein Streifen Grün.

Ein weiteres der sowohl motivisch als auch stimmungsmäßig typischen Worpsweder Bilder trägt den Titel „Torfmoor". Der Maler verzichtet hier auf jede Belebung, jede Staffage. Allein die Unendlichkeit des Moores wird zum Gegenstand. In helleren und dunkleren Brauntönen erstreckt es sich bis zum Horizont. Vorn verstärken einige aufglänzende Wassergräben den Eindruck von Unheimlichkeit und Weite.

Anfang September kommt Modersohns Bruder Ernst für eine Woche zu Besuch nach Worpswede. Aus Bremen reisen Freunde von Hans am Ende an, unter ihnen auch der Marburger Maler und für seine Illustrationen der Grimmschen Märchen später bekannt gewordene Grafiker Otto Ubbelohde (1867-1922). Gemeinsam machen die Männer Torfkahnfahrten auf der Hamme und nächtliche Wanderungen durch das Moor im Mondschein, spielen Billard und helfen beim Kranzbinden für das Erntedankfest, vergnügen sich beim Bier im Festzelt und flirten mit den „koketten Fräulein". „Eine tolle Zeit, an Arbeit nicht zu denken."

Am 25. September 1889 mieten Modersohn und Mackensen ein Zimmer auf dem Hof der Witwe Behrens. „Höchst angenehm, ein großer Saal, ein kleines feines Zimmer und Schlafzimmer." Hans am Ende ist Untermieter im Haus des ortlichen Polizisten. Modersohn am 4. Oktober 1889 an seine Eltern: „Ich habe die Gegend lieber gewonnen als irgendeine andere. Täglich gibt es etwas Neues". Über seine Reise nach Paris, die der Vierundzwanzigjährige am 29. Okto-

Beim Erntefest in Worpswede am 15.09.1889 v.o.l.: Fritz Mackensen, Hans am Ende, Otto Ubbelohde Ernst Modersohn und Otto Modersohn

ber 1889 zusammen mit Hans am Ende anläßlich der Weltausstellung macht, wird im Tagebuch bedauerlicherweise nur am Rande berichtet. Er hält sich insgesamt eine Woche in der Stadt auf, die mit ihrer großen nationalen und internationalen Schau Künstler und Sammler aus ganz Europa und Amerika angezogen hat. Tausende von Besuchern nehmen an den Feiern zum hundertsten Geburtstag der Großen Revolution teil und bejubeln den Bau des Eiffelturms auf den Champs de Mars. Die Begeisterung des Malers für die Gemälde seiner großen, in Paris ausgestellten Vorbilder Rousseau und Dupré, Troyon, Daubigny und Corot hält sich dieses Mal in Grenzen, auch Millet scheint ihn „in der Farbe“ zu enttäuschen. Er fühlt sich jetzt eher von Bastien Lepage und Max Liebermann angezogen, dessen „Netzflickerinnen“ ihn besonders beeindrucken. Zurück aus Paris, verbringt Modersohn die Zeit vom 5. bis zum 14. November bei seinen Eltern in Münster. Dort erreicht ihn folgender Brief seines Freundes Fritz Mackensen aus Worpswede:

Heute morgen ist es grau und einsam draußen, und ich nehme mir deshalb die Zeit, Dir auf Deinen lieben Brief vom 7. zu antworten. Ich fühle mich hier etwas einsam, da ich Eure Unterhaltung entbehre, da man sich gegen keinen Menschen aussprechen kann. Es wird mir deshalb den Nachmittag umso interessanter machen, wenn ich ein wenig mit Dir plaudere.
Daß wir eigentlich zusammengehören, daß es mein erster und aufrichtiger Wunsch ist, mit Dir zusammen zu streben, ist mir schon lange klar gewesen. Wir müssen voran, wir müssen im nächsten Jahr jeder ein originelles Bild in der Bremer Ausstellung haben. – Es lebe die Kunst, besonders die Mal-Kunst hurrah hoch u.s.w. (...)
Nun, mein lieber Otto, nur schnell wiederkommen; ich kann Dir gar nicht sagen, wie ich mich auf den Winter freue. Am Ende halte ich auch für einen ganz famosen Kerl.
Worpswede, 9. November 1889

„Von Ende November an war Frost, Schnee und Eis eingetreten. Das Dorf sah prächtig aus", notiert Modersohn, zurück in Worpswede. „Strahlend helle Tage, leuchtende Mondnächte, dann grau, dunkel standen die Bäume auf der weißen Fläche." Am 21.Dezember 1889 macht er sich wieder auf den Weg nach Münster, um dort mit seiner Familie das Weihnachtsfest zu verbringen. Fritz Mackensen schreibt an ihn:

Zum neuen Jahr sende ich Dir die herzlichsten Glückwünsche. Du weißt, daß sich jeder von uns sagt: „Das Jahr 1890 wird eine Lebensfrage; es muß uns in jeder Hinsicht vorwärts bringen, uns unsere erste wichtige Arbeit gedeihen lassen". Wir müssen, um uns und unserer Kunst zu genügen, im nächsten Jahr all unsere Kraft zusammen nehmen, müssen stets eifrig und recht streben, aus unserer ersten großen Arbeit auch gleich ein wirkliches Kunstwerk zu machen. Um dieses zu erreichen, müssen wir fest zusammen halten und unsere Arbeiten gegenseitig so scharf kritisieren,

wie wir's verstehen. Wir müssen das Glück, daß gerade wir beide zusammen gekommen sind, benutzen. Ich glaube, daß sich sehr selten zwei zusammen finden, die so ganz dasselbe Ziel verfolgen, die denselben Wahlspruch zu ihrem Ideal gemacht haben.
27. Dezember 1889

Otto Modersohn erwidert:

Zunächst und zumeist sende auch ich Dir herzliche Gratulation zum Neuen Jahr, zum Jahr 1890; hoffentlich wird das neue Jahr das, was wir von ihm hoffen, ein ereignisreiches in unserer Kunst (...) Ich freue mich auf unser liebes Worpswede, es ist doch ein herrliches Nest. Wenn wir mal erst dort unser Anwesen und – unsere Frau haben (...) Die Langweiligkeit, die Du in Hannover empfindest, herrscht auch hier, vielleicht in noch erhöhterem Grade. Stadt und Gegend mir ganz Wurst. Gespräche, die mich interessieren, nur mit meinem Bruder, der sehr vernünftig und bildungsfähig ist, durchaus nicht ausschließlich Pastor. Mit meinen Eltern auch Kämpfe wegen Worpswede gehabt, sie können meinen langen Aufenthalt, besonders im Winter, nicht verstehen. Vielleicht gehe ich im Februar oder März auf kurze Zeit nach Berlin, doch noch sehr fraglich (...) Von am Ende bekam ich auch schon eine Karte, ganz wie er ist. Es ist ja ganz gut, daß er mit da ist, doch gefallen tut er mir weniger, wie Du weißt. Wir aber, lieber Fritz, gehören zusammen, Du könntest mir durch keinen ersetzt werden. Wir müssen zusammen bleiben. Wollen uns aber nicht mehr so oft entzweien, das ist unserer Freundschaft unwürdig. Laß uns ein glückliches Jahr zusammen leben, glücklich in der Arbeit, glücklich im Zusammenleben, wir können es; was hindert uns. Wir sind frei, ganz der Kunst hingegeben. Wir wollen wie Männer für unsere Ansichten, Ideen eintreten, das gibt Kraft und Energie. Man sollte keine Zeit verlieren und vergeuden, in allem an sein Weiterkommen denken. Und wie köstlich sind die Tage immer, die man der Kunst ganz weiht.
30. Dezember 1889

3. Kapitel

Sich frei fühlen von allen Fesseln

Worpswede 1890-1899

Eine Kunst, die über das optische Sehen fast hinausgreift und den Gehalt, die Eigenschaft der Dinge erreichen will, ist mein Ideal. Elementar muß sie wirken, die Gegenstände mit Vehemenz erfassen, Dokumente der Natur errichten. Für das Höchste erachte ich dabei, die Natur in ihrer Einfachheit mit möglichster Objektivität zu schildern ohne Zutaten, da die Natur sicher eine originalere Kraft besitzt als die tüchtigste, bewußte Arbeit des Menschen.
1. Januar 1890

Der erste gemeinsame Worpsweder Winter mit seinen unterschiedlichen Stimmungen wirkt höchst anregend auf die drei jungen Künstlerfreunde. Tagebuchaufzeichnungen belegen viele gemeinsame Unternehmungen, zu denen auch ein Besuch des Kulturhistorikers und Schriftstellers Hermann Allmers (1821-1902) auf seinem Gut Rechtenfleth bei Bremerhaven gehört.

Otto Modersohn kommt viel zum Lesen. Er beschäftigt sich mit Albrecht Dürer, interessiert sich für Björnson und Turgenjew. Erwähnenswert ist die Lektüre des 1888 in der deutschen Übersetzung erschienenen Romans „Die Erde“ (La Terre) von Emile Zola. Außerdem studiert er Texte aus Zolas Schrift „Manet“ von 1867, in denen sich der französische Schriftsteller auch mit dem „Gesetz der Valeurs“, der Farbwerte, auseinandersetzt, ein Thema, das in Modersohns Malerei eine wichtige Rolle spielt.

In diesem Jahr 1890 zieht ein eben erschienenes Buch besondere Aufmerksamkeit auf sich. „Anonymus (Julius Langbehn): Rembrandt als Erzieher. Von einem Deutschen. Leipzig: C.L. Hirschfeld 1890“ gilt als Kultbuch und wird von allen Worpswedern gelesen. In seiner romantischen Verklärung der Vergangenheit und Kritik an einer großstädtisch-industriellen Gesellschaft, die unter geistig-moralischem Verfall leide und zur Entwurzelung des Menschen beitrage, spricht ihnen der Kulturpessimist und Konservative Julius Langbehn (1851-1907) aus der Seele. Schließlich haben es sich die Kolonisten zum Programm gemacht, künstlerische Identität und den Sinn des Daseins in einem einfachen Leben auf dem flachen Land zu suchen. Langbehn erwartet vom Künstler regionales Selbstbewußtsein und Volkstümlichkeit. Inbegriff des „Bodenständigen“, „Nordischen“, „Germanischen“ ist für ihn der niederländische Maler Rembrandt.

„Wenn ich an meine Ideale, an Rembrandt, Rousseau; Dupré, Troyon denke; wie schwillt mir das Herz, wie kann ich nicht von ihnen lassen; wie fühle ich mich im Verständnis dieser Männer zur Kunst berufen.“ So hatte es Otto Modersohn bereits am 18. Mai 1887 als Zweiundzwanzigjähriger formuliert. Zwei Jahre später, am 1. Januar 1889: „Mich entzückt Rembrandt, bei ihm ist alles, was ich von einem Künstler verlange, zu finden.“ Modersohns Rembrandt-Verehrung datiert also bereits aus der Zeit vor Worpswede. Schon bevor Langbehns „Rembrandt als Erzieher“ zu seiner Lektüre wird, hat Modersohn die Landschaftsmalerei als sein künstlerisches Medium entdeckt, hat Freiheit und Unabhängigkeit gefordert und sich von der Großstadt abgewendet, um Stille und Konzentration in der Natur zu finden. Dennoch dient ihm „Rembrandt als Erzieher“ als Arbeitsmaterial. Dort, wo es um künstlerische Inhalte und die Verteidigung künstlerischer Individualität geht, fühlt er sich bestätigt. Ebenso teilt er Langbehns kulturkritische Haltung, die sich gegen Industrialisierung und Materialismus richtet. Natur, Landleben, Innerlichkeit, Intimität, Gefühl – auf diesen Begriffen basiert auch Modersohns Denken. Lokale Kunst im Sinne eines engen landschaftlichen Bezugs – hierin stimmt er Langbehn zu. Aber als Bewunderer der französischen Maler von Barbizon interessieren ihn weder der „Stammesgeist“-Gedanke, für den Langbehn Rembrandt mißbraucht, noch die nationalistisch-antisemitischen Gedanken, die Langbehns polemischer Schrift zugrunde liegen.

Modersohns Wunsch nach Rückzug in die Natur, die ihm „unendlichen Genuß bereitet“, der seine ganze „Liebe und Innigkeit“ gilt, entspringt seinem unwiderstehlichen künstlerischen Streben, als Landschaftsmaler nur an das „eine hohe Ziel zu denken“, nämlich: „Sich frei fühlen von allen Fesseln der Schule, Theorie,

Tradition und Konvention. Sich an nichts binden (in der Kunst), nur seinen Neigungen folgen! Das ganze Weltall, die gesamte Natur ist ja gewaltiger, großartiger und zugleich feiner, als irgend etwas." (14. Februar 1892). „Mit völliger Freiheit und Unabhängigkeit das Ganze erfassen; mit Schweigsamkeit und Feingefühl alles einzeln empfinden." (26. März 1892)

Je mehr es ihm gelingt, diese Empfindungen zu verinnerlichen, desto unabhängiger kann er sich fühlen und schließlich, im März 1892, betont Modersohn seine Lösung von Fritz Mackensen und seine Eigenständigkeit. „Wieder Winter – draußen Schnee – (...) Brief und Bild von Mackensen. Beides mir nicht so recht sympathisch (...) läßt sich photographieren mit herausfordernder, kraftfunkelnder Miene; verlangt von der Religion 'Mystik'. Neue Kunstanschauungen, die mir aber unklar oder selbstverständlich bleiben; scheint auf große Idee loszusteuern; verwirft das Kleinliche – (Zicklein – Hühnlein, Kindlein etc.) Ich fühle mich abgestoßen. Ich strebe zu anderen Zielen."

Im Sommer 1891 hatte Modersohn in Worpswede die Bremer Kaufmannstochter Helene Schröder (1868-1900) kennengelernt. Die „unausgesprochene" Liebe zwischen ihm und der drei Jahre jüngeren Frau braucht lange, um sich zu entwickeln.

Welch wunderbares Gefühl hat mir Helene gebracht. Ich saß an unserem Fensterchen unter dem ärmlichen Strohdach. Leise rauschten die Blätter des krummen Kirschbaumes vor dem Fenster, mein Blick verlor sich in seinem geheimnisvollen Dunkel. Schimmernder Mondschein übergoß das kleine Gärtchen; die violetten Mohnblumen, die rundlichen Mohnköpfe, die dicht vor meinem Fenster standen, leuchteten im grünlichen Lichte. Ein unendliches Sternenheer breitete sich über den tiefblauen Himmel. Wie war das wundersam; jede kleine Pflanze, wie köstlich! Und ich dachte an Helene, für sie zu arbeiten, etwas Großes zu leisten, der Wunsch erfüllte und beseelte mich (...) Ihr schlichter, einfacher, natürlicher und doch so interessanter Sinn, keine Leidenschaftlichkeit hatte er mir eingeflößt, aber eine innige, treue Anhänglichkeit.

4. Dezember 1891

Helene Schröder, 1891
Fritz Overbeck, um 1895
Hans am Ende, um 1895

Modersohn ist viel auf Reisen, oft wochen-, monatelang. Er hält sich in Dresden und Berlin auf, wo er in der Nationalgalerie Bilder von Böcklin sieht, in München, Münster und Tecklenburg. Im Winter 1892/93 (und 1893/94) bildet er sich, ebenso wie seine Freunde Mackensen und am Ende, an der Berliner Hochschule der Künste bei dem Landschaftsmaler Eugen Bracht (1842-1921) fort.

Bracht war wesentlich beteiligt an der motivischen Etablierung der Heide als Bildlandschaft für die deutsche Landschaftsmalerei des 19. Jahrhunderts, sein künstlerischer Ansatz unterschied sich jedoch von dem Modersohns: „Ich schwärme, wenn ich an Worpswede denke, und hier? Bracht und seine Schüler sind für mich allesamt traurig. Bracht sehr liebenswürdig, aber seine Art halte ich für recht unbedeutend."

Daß man „Einer" ist, darauf kommt alles an, ja nicht der „Andere" (...) Ich denke an den Sommer in Worpswede, unsere Hütte mit dem Gärtchen, den krummen Obstbäumen, der kleinen Lulu im Lehnstuhl, die Kätzchen, der Stall mit Ziegen und Kuh – welch eine Fülle von Stoff; alles ist gut, wenn es nur recht aufgefaßt wird- (...)

Fritz Mackensen, Ernst Modersohn, Otto Modersohn, Hans am Ende, um 1891

Diese Vorliebe führte mich schon früher zu den Franzosen, den „Intimen". Sie haben diese köstliche Beseelung des Kleinsten und Unscheinbarsten in der Natur (...) Nicht über die Natur, sondern in ihr soll man denken. Und man kann nicht liebevoll, hingebend genug sie anschauen. Wer nicht mit solchem Gefühl vor sie hinkommt, der kommt vergebens; ihm erschließt sie sich nicht.
9. Dezember 1891

In den Sommermonaten des Jahres 1893 hält sich der Düsseldorfer Studienkollege Fritz Overbeck (1869-1909) zum ersten Mal in Worpswede auf. Der gebürtige Bremer, Sohn des Mitbegründers und technischen Direktors der angesehenen Schiffahrtslinie Norddeutscher Lloyd, schließt sich eng an Otto Modersohn an. Mit ihm verbinden ihn ähnliche künstlerische Ziele. Nach einem einjährigen Militärdienst läßt sich Overbeck, ein Bewunderer Böcklins und der niederländischen Landschaftsmalerei, im Herbst 1894 ganz in Worpswede nieder.

Angeregt durch Overbecks Erzählungen, besucht ihn im selben Jahr sein Freund und Düsseldorfer Kommilitone Heinrich Vogeler (1872-1942). Der ebenfalls aus Bremen stammende Kaufmannssohn nimmt Kontakt zu den anderen Malern der Künstlergruppe auf und siedelt auch nach Worpswede über. Er läßt sich von Hans am Ende in der Kunst des Radierens unterweisen und lernt bei Mackensen Malerei. Besonders stark fühlt er sich zu Otto Modersohn hingezogen. Ziel des kunsthandwerklich begabten, vielgereisten Zweiundzwanzigjährigen, der durch seine Graphiken und Buchillustrationen berühmt werden wird, ist die künstlerische Durchdringung aller Lebensbereiche nach dem Vorbild der von William Morris und den Präraffaeliten ausgegangenen „Arts-and Crafts" Bewegung in England. Sein sehnsüchtiges Verlangen nach dem Schönen und Guten, seinen Traum von einer glücklichen, friedlichen Welt spiegeln jene Märchen- und Sagengestalten wider, die die frühen Bilder des Jugendstilkünstlers bevölkern.

Heinrich Vogeler in seinen „Erinnerungen" über seine erste Begegnung mit Otto Modersohn bereits einen Tag nach seiner Ankunft:

Mein Ziel war der Weiherberg, das Dorf Worpswede, aber ich hatte nicht die Geduld, jetzt in dem rüttelnden Omnibus mit den Reiseonkels zu sitzen, sondern machte einen Teil des Weges mit der Eisenbahn, wie mir die Mutter Overbeck geraten hatte, und dann zu Fuß. In der Kreisstadt Osterholz stieg ich aus. Man wies mir den Weg zum Hammefluß. Die Sonne war schon hoch, als ich den Ort hinter mir hatte und durch die Wiesen schritt. Über mir meckerte eine „Himmelszeeg", wie die Bauern die große Schnepfenart nennen, die beim Flattern mit den Flügeln ein Meckern hervorbringt, als käme es von einer Ziege. In Paris hatten schon die Kastanien geblüht, hier war Vorfrühling. Ein frischer Morgenwind wehte. Rauschend kam ein Torfkahn unter seinem braunen Segel flußaufwärts (...)
Fritz Overbeck schmunzelte froh, als er mich kommen sah. Dann ging er mit mir zu den Freunden. Alle waren mir, dem jungen Ankömmling, sehr behilflich, und abends lag ich schon, eingemietet in dem Giebelzimmer eines kleinen Hauses,

„DoppelPortrait" Otto Modersohn mit einem Birkenstamm, um 1893

Otto Modersohn vor seinem Atelier, um 1893

Otto Modersohn in seinem Atelier, um 1893

das einer Gendarmenwitwe gehörte, im reinlichen Bett (...) Der rotbärtige Westfale arbeitete in einem hellen früheren Schulraum. Alles sah bei ihm nach intensivster Arbeit aus. Ich war ganz erregt, nicht nur von der Fülle der Arbeit, sondern auch davon, wie Otto Modersohn dies Land erfaßte; sowohl die braunrote Herbststimmung des Moores als auch den smaragdgrünen blumigen Frühling der Wiesen und die weißen Birkenstämme im Moor. Aber über allen anderen Eindrücken waren es die Lüfte, das sommerliche Ziehen der weißen Wolken über das Land, der graue Herbststurm, der die Bäume peitschte, und die nie gesehene Kraft der Farbe, die der Moorlandschaft eigen ist, wenn sich die Natur, vor allem die Luft, in dem dunklen Schwarzspiegel der Torfgräben und Moorsümpfe spiegelt.

Dank eines beträchtlichen Erbschaftsanteils kann sich Heinrich Vogeler nach dem Tod seines Vaters im Herbst 1895 eine alte, strohgedeckte Bauernkate kaufen, die ein wenig außerhalb Worpswedes liegt. Noch im selben Jahr beginnt der junge Künstler mit den Um- und Ausbauarbeiten des Hauses, macht aus dem Schweinestall ein Atelier und verwandelt den brachliegenden Gartenboden in ein „verschlungenes Paradies". Symmetrisch angelegte Blumenbeete säumen die Wege auf dieser „Insel der Schönheit" und am unteren Ende seines Grundstücks lässt Vogeler ein kleines Birkenwäldchen pflanzen. Auf diesem nach den Birken benannten „Barkenhoff" will er sein Ideal von einem Gesamtkunstwerk als Synthese von Kunst und Leben verwirklichen. Um 1900 wird sich der „Barkenhoff" zu einem Zentrum künstlerischen und kulturellen Lebens in Worpswede entwickeln.

Tagebuchäußerungen Otto Modersohns vom Februar 1895 lassen darauf schließen, daß er sich von den Worpswedern und ganz besonders von seinem alten Freund Fritz Mackensen zu distanzieren und inhaltlich abzugrenzen beginnt. Eine volkstümelnd-niederdeutsche Heimatkunst liegt ihm ebenso fern wie die heroisch-idealisierende, zum Pathetischen und Sentimentalen neigende Landschaftsmalerei, die er in der von Konventionen beherrschten Malerei etwa Fritz Mackensens sieht.

Mackensen vertritt eine Kunst, die vor 16 Jahren neu war, einfacher Naturalismus; überall in der Welt malte man solche Bilder, nur mit größerem Können wie er. Am Ende zählt kaum. Vogeler ist ganz in äußerer Nachahmung der Engländer und Verehrung Boticellis (...) Vinnen, der ja nicht in Worpswede arbeitet, geht von den Belgiern aus, schwärmt für Liljefors (...) So sind wir alle verschieden, eine richtige deutsche Vielstaaterei herrscht in Worpswede. Es ist nur ein Ort, wo mehr zufällig eine Reihe Maler zusammengekommen.
16. Februar 1895

Zwei Jahre später wird er notieren:

Nicht wenig hat die Nähe von Mackensen und der übrigen dazu beigetragen, mich, im Gegensatz zu ihnen, auf meine Wege zu weisen (...) Ich will mein Leben für mich leben. Ich liebe eine gewisse Derbheit, Ungezwungenheit, Ungeniertheit des Ausdrucks. Eine natürliche Sinnlichkeit. In alle Zukunft will ich mir das bewahren. Um meine Art in Kunst und Leben zu leben, muß ich von Worpswede fort. Das bin ich mir menschlich und künstlerisch schuldig.
17. Januar 1897

Tag für Tag geht Otto Modersohn in die Natur. Er beobachtet, vertieft sich, innerlich gesammelt, zielbewußt und zaghaft zugleich. Ob Baum oder Blatt, ein Tümpel voller Wasser oder ein bemooster Stein, ob Vogel oder Blume: immer ist es das Kleine, Einzelne, Individuelle, das ihn anzieht und interessiert. Natur bedeutet für ihn das unermeßlich große Reich an Formen und Farben, an Geschöpfen und Gebilden. Es geht ihm darum, das Wesen eines jeden einzelnen Elements in dieser Natur zu erfassen und zu durchdringen. Ernest W. Uthemann: „Die fast monomanische Beschäftigung mit der Landschaft – es gibt in Modersohns Werk nur ganz wenige Arbeiten anderer Motivik – hat ihren Ursprung nicht in der mehr zufälligen Wahl eines Genres, das dem Maler ‘am meisten liegt’, mithin am wenigsten Widerstand leistet, sondern in seiner häufig formulierten Suche nach dem Bild, das wie von selbst, ohne

Absicht entsteht: ‘Das Bild muß ähnlich entstehen, wie die Natur selbst, möchte ich sagen’ (Otto Modersohn, Tagebuch vom 2. Februar 1895).“

Modersohn malt kleinformatige Studien. Großzügig und kraftvoll trägt er gebrochene grüne und rötlich-braune Farben mit spontanem, breitem Pinselduktus auf. Zu seinen bevorzugten Motiven gehören die Dünen und Tümpel im Teufelsmoor, die Hammewiesen und der Weyerberg, Baumgruppen am Hang, Birkenstämme und Moorgräben mit Spiegelungen. Voller Dynamik sind die Wolkenbilder, auf denen sich über weiten Horizonten bedrohliche Wolkenberge türmen oder „Die Wolke“ (um 1890), die vor dem aufgerissenen Blau-Grau des unendlich großen Worpsweder Himmels über dem Weyerberg steht.

Was ist Natur? Die Einwirkung von Luft und Licht auf die Gegenstände, die Stimmung, das Wetter, glauben wohl viele Maler, das stellen sie an die Spitze. Ihre Arbeiten enthalten fast nur dies (...) Ich sage aber so: Die unendliche, unermeßliche Fülle individueller Gebilde, (das Wesen der einzelnen Gebilde und Elemente) ist die Natur. Wäre eine völlige Stimmungslosigkeit denkbar, würde der Reiz derselben doch da sein. Die Stimmung tritt als einigendes, verbindendes Element hinzu. Aber das erste ist: der Baum, der Strauch, das Gras, die Blume.
14. April 1994

Wie man malen muß? (...) Mit zagender Hand, frei, leicht, lose, webend, zitternd.
1. März 1895

Elementares, kosmisches Leben – das ist die eine Seite meiner Kunst. Das Große und das Kleine, das Ganze und das Einzelne. Ein Fest für’s Auge und Herz. Allmählich weiß und fühle ich, was man alles mit Farbe machen kann. Man muß kribbeln von Gefühl bis in die Fingerspitzen (...) Wenn ich einige solche Bilder so male, wie mir im Sinne liegt, dann – dann hoffe ich viel.
11. März 1895

In diesem Frühjahr 1895 erhalten die fünf jungen Landschaftsmaler Mackensen, Modersohn, Vogeler, am Ende und Overbeck das überraschende Angebot einer ersten gemeinsamen Ausstellung in der Kunsthalle Bremen. Titel der Ausstellung: „Künstler-Verein Worpswede".

In der Hansestadt hat man wohl schon von dem kleinen Ort Worpswede gehört, der vor den Toren der Stadt im trostlosen Teufelsmoor liegen und als Ausflugsziel ganz reizvoll sein soll. Aber wer weiß schon, daß es dort bereits seit ein paar Jahren eine Künstlerkolonie gibt. In der Ausstellung ist Otto Modersohn mit insgesamt acht Bildern vertreten. Bremer Kunstfreunde erwerben sein berühmtes Gemälde „Herbst im Moor" und das Bild „Der Säugling" von Fritz Mackensen. Die beiden Werke werden dem Bremer Kunstverein als Geschenk übergeben. Sie befinden sich nach wie vor in seiner Sammlung und hängen heute in der Bremer Kunsthalle. Aber das hanseatische Kunstpublikum, an große Historienbilder und mythologische Erzählungen gewöhnt, reagiert vorwiegend mit Ablehnung auf die Bilder der jungen Worpsweder Künstler. In der Presse wird ihre Ausstellung als „Börsenwitz" verspottet, die fünf Maler aus dem Moor müssen sich die Bezeichnung „Apostel des Häßlichen" gefallen lassen. Während der Bremer Ausstellung macht Otto Modersohn Bekanntschaft mit zwei Vorstandsmitgliedern der Münchner Künstlergenossenschaft, die sich in der Hansestadt aufhalten, Karl Albert Bauer und Eugen von Stieler. Von der Ausstellung beeindruckt, bieten sie ihm und seinen Kollegen eine Anschlussausstellung im Rahmen der „Jahresausstellung von Kunstwerken aller Nationen" im Glaspalast in München vom 1. Juni bis zum 31. Oktober 1895 an. Diese Ausstellung in einem eigenen Saal bringt den fünf Worpswedern ihren ersten großen Erfolg und den nationalen und internationalen Durchbruch. Die öffentliche Kritik an dieser neuen deutschen, die üblichen Sehgewohnheiten des Publikums sprengenden Kunst ist überwiegend positiv. Rezensionen, Artikel und Verkäufe machen Worpswede bekannt und die jungen Maler gelten von nun an als anerkannt.

Für sein monumentales Gemälde „Gottesdienst im Freien", an dem er zehn Jahre lang gearbeitet hat, erhält der 31-jährige Fritz Mackensen in München eine Goldmedaille. Von Otto Modersohn

Heinrich Vogeler
Plakat Künstlervereinigung Worpswede, um 1897

Plakat zur internationalen Ausstellung im Münchener Glaspalast, 1895

kauft das Königreich Bayern für die Neue Pinakothek in München das großformatige Gemälde „Sturm im Moor" von 1895 zum Preis von 1200 Mark an. Dem Unverständnis der anfänglich harten bremischen Kritik zum Trotz ist damit die Kunst des jungen Westfalen „museumsreif" geworden. In den „Münchner Neueste Nachrichten" würdigt der Kunstkritiker Fritz von Ostiny Otto Modersohn als den „Persönlichsten" und das stärkste Talent der Gruppe:

Beim Schaffen dieses jungen Westfalen macht das in der Natur Erschaute den rechten Weg vom Auge durch das Herz zur Hand. So hat Modersohn eine über alles künstlerische Art zu schaffen, Wahrheit und Dichtung im Werke zu verschmelzen und kein gleichgültiges Fleckchen auf seiner Leinwand zu lassen. Darum sagen uns seine Bilder so viel und packen uns so tief (...) Trotz der Gleichartigkeit der Motive ist keine Spur von Monotonie in dieser Reihe von Bildern: weil sie so wahr sind.
11. August 1895

Otto Modersohn verkauft seine Bilder „Sommertag" und die „Moorbrücke" zu einem Preis, der bei den Kollegen für Verstimmung sorgt und Fritz Overbeck zu einem Brief provoziert. Er könne nicht begreifen, schreibt Overbeck am 7. September 1895 an seinen Freund, daß er dieses von ihm selbst hoch geschätzte und ursprünglich mit 2000 Mark angesetzte Bild für „lumpige M 600" abgegeben und nicht einmal ein Drittel des geforderten Preises erhalten habe. „Mit einem Worte, Du verdirbst Dir die Preise. Nicht nur Dir, sondern uns allen (...) Wir, in allererster Linie Du selbst, können hinweisen auf die günstigen, glänzenden Kritiken und daher mit vollem Recht höhere Preise beanspruchen."

Auf diese krititischen Zeilen reagiert Modersohn mit einer Postkarte, aus der hervorgeht, daß ihn zu dieser Zeit ganz andere, sehr persönliche Sorgen drücken. Helene Schröder, mit der er inzwischen verlobt ist, leidet bereits seit längerem an Tuberkulose. Modersohn ahnt, daß ihre Lebenserwartung nicht sehr hoch sein kann. Kummer und Ängste trüben die Gemeinsamkeit von Anfang an. „Wie bedaure ich Dich!", entschuldigt sich Overbeck vier Wochen später bei seinem Freund für den harschen Ton:

Als ich Deine Karte bekam, war ich erst ganz starr vor Schrecken; wenn man selbst gesund ist, ist man so gar nicht auf solche Möglichkeiten gefaßt, die doch einen jeden von uns zu jeder Stunde treffen können. Daß es schrecklich sein muß, das Liebste, was man auf Erden hat, leiden zu sehen, tatenlos dabei zu stehen und nicht helfen zu können, wo man es doch so gerne möchte, kann ich mir vorstellen. Ich möchte Dir so gern meine Teilnahme zeigen, doch es ist so schwer mit dürren Worten zu sagen; ich bitte Dich aber, sei überzeugt davon, daß keiner es ehrlicher meint, wenn er Dir wünscht, daß Deine Helene recht bald wieder gesund werden möge. Lieber Otto, Du bist vielleicht nicht in der Stimmung, mich weiter anzuhören, was in Deiner augenblicklichen Lage ja so natürlich ist und ich Dir nicht verdenke, aber es drängt mich, es Dir zu sagen, damit ich es vom Herzen habe. Ich war in der letzten Zeit neidisch auf Deine Erfolge; so muß ich es schon nennen, wenn ich es offen heraussagen will (...) In Zukunft soll derartiges unsere Freundschaft nicht mehr trüben, nicht wahr? Lebe wohl, lieber Otto, grüß' deine Braut vielmals von mir und ich wünsche ihr von ganzem Herzen gute Besserung.
7. Oktober 1895

Otto Modersohn, Tagebuch:

Schwere, furchtbar schwere Zeit liegt hinter mir; mein armes, armes Lenchen war furchtbar krank, 14 Tage war ich in Bremen. Es war eine sehr schlimme Zeit. Glücklicherweise ist eine Besserung eingetreten (...) Viel, furchtbar viel habe ich in dieser Zeit über meine Liebe nachdenken müssen. In diesem Jahr und auch schon 94 war meine Liebe oft lange nicht so schön wie 91 und besonders 93 hier in Worpswede war eine echte, heiße Liebe in uns beiden. Ich weiß, warum meine Liebe schwächer geworden ist und ich muß mit allen Kräften ringen, um so viel wie möglich wieder die erste, frische innige Liebe hervorzurufen. Schwächt ihr häufiges Kranksein, ihre Kränklichkeit meine Liebe – 93 hier dachte ich nicht an Kranksein. Seitdem, besonders seit diesem Frühling, war sie immer leidend. Das Kranksein macht sie trübe und traurig und noch mehr wird sie es, wenn ich statt sie zu trös-

Die Worpsweder, 1895
Hans am Ende, Otto Modersohn, Fritz Overbeck, Fritz Mackensen, (v.l.n.r.)

ten, unfreundlich bin. Es ist gewiß schwer, eine kränkliche Braut zu haben – aber sie ist meine Braut, ich muß sie lieben, ich muß sie trösten, ich muß sie stützen und schirmen, ich muß ihre Stirne glätten, ihren Blick erhellen. Wenn meine Liebe recht und echt ist, ist das selbstverständlich bei einem edlen Charakter. Es ist ja furchtbar traurig, daß sie so viel leiden muß, daß sie so selten sich ihres Lebens freuen kann, besonders jetzt, wo wir so viel Grund dazu haben. Das bedrückt sie, ich will edler, reiner denken, nicht so materiell.
20. Oktober 1895

Im September 1897 heiraten Otto Modersohn und Helene Schröder. Sie kaufen ein kleines Holzhaus mit Veranda, das gegenüber dem Worpsweder Armenhaus liegt. Natürlich wirkt sich Helenes Krankheit auf das Leben des Paares ausgesprochen belastend aus. Modersohns öffentlicher Erfolg wird dadurch zwar nicht beeinträchtigt, aber er empfindet den Zustand als einschränkend im Hinblick auf seine künstlerischen Fortschritte. Um den Jahreswechsel 1896/97 muß er Kontakt zu seinem ehemaligen Lehrer Eugen Dücker in Düsseldorf aufgenommen und sich nach Wohn- und Ateliermöglichkeiten in der Akademiestadt erkundigt haben. Aber der Plan eines eventuellen Umzugs wird schnell wieder verworfen. Modersohn bietet sich keine Alternative zu seinem Wohnort im Teufelsmoor, wo er nicht nur sehr preiswert leben, sondern auch in Ruhe und Abgrenzung zur städtisch-akademischen Betriebsamkeit arbeiten kann. Das Ehepaar bleibt in Worpswede. Am 6. August 1898 wird die Tochter Elsbeth geboren.

Zwei Jahre nach dem großen Ausstellungserfolg der Worpsweder in München, im Sommer 1897, benennt sich der „Künstler-Verein Worpswede" in die „Künstlervereinigung Worpswede" um, einen Verein mit Paragraphen und Jahresbeiträgen, Mehrheitsbeschlüssen und regelmäßigen Zusammenkünften. Dieser Verein soll einerseits der zunehmenden Entfremdung der einzelnen Gruppenmitglieder untereinander entgegen wirken und andererseits helfen, die zahlreichen gemeinsamen Ausstellungen besser zu organisieren. Geschäftsführer wird Hans am Ende.

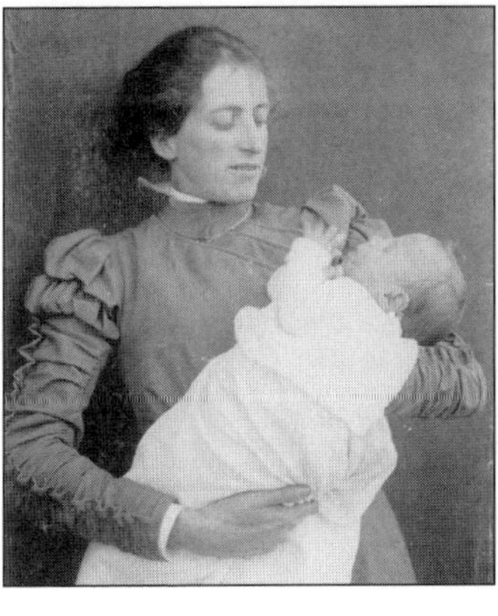

Otto und Helene Modersohn, um 1897

Helene Modersohn mit Tochter Elsbeth, 1898

Otto Modersohn um 1895

Aber trotz der Vereinsgründung wachsen die seit dem „Durchbruch" 1895 schwelenden Spannungen innerhalb der Worpsweder Künstlergemeinschaft. Während Fritz Mackensen an die ideelle Gemeinsamkeit der Gruppe appelliert und sich im Laufe der Zeit immer enger Hans am Ende anschließt, strebt Otto Modersohn, unterstützt von Fritz Overbeck und Heinrich Vogeler, weiter nach Ablösung und künstlerischer Unabhängigkeit. Er ist der Vereinssatzung und der damit verbundenen Pflichten müde und will sich wieder frei fühlen.

Mit dem steigenden Ansehen der Kolonie und ihrem Erfolg auf dem Kunstmarkt sind die Maler-Freunde plötzlich auch Rivalen geworden. Das Publikum reagiert unterschiedlich auf ihre Bilder und will deshalb auch unterschiedliche Preise dafür zahlen. Während die Werke von Heinrich Vogeler mit rund sechstausend Mark den höchsten Wert haben, werden für Bilder von Fritz Mackensen bis zu fünftausend Mark gezahlt. Gemälde von Otto Modersohn sind um 1900 je nach Größe nur zwischen neunhundert und zweitausend Mark wert.

Der Konflikt zwischen Modersohn und Mackensen betrifft auch die Frage nach der künstlerischen Führungsrolle innerhalb der Gruppe. Fritz Mackensen war seit 1895 mit Würdigungen überhäuft worden und galt als Gründer und Haupt der Worpsweder Kolonie. Er war sich seiner Bedeutung bewußt und gefiel sich in der Rolle des „Anführers". Es muß ihn getroffen haben, als am 6. März 1896 die „Kölnische Zeitung" zu einer Ausstellung mit Werken von Otto Modersohn schreibt: „Modersohn, dessen Bilder hier jetzt ausgestellt sind, darf als das Haupt der Kolonie gelten". Künstlerisch ist der rotbärtige Westfale zu diesem Zeitpunkt längst über Mackensen hinausgewachsen. Seine „spezifische Fähigkeit zur Intimität der Betrachtung und die alte Noblesse seiner Farbkultur gegenüber einem Übermaß an monumentalem Anspruch" (Günter Busch), wie dieser bei Mackensen, Vinnen oder auch bei am Ende nicht selten zu beobachten war, konnte sich durchsetzen.

1899, schon zwei Jahre nach der Gründung, gibt Otto Modersohn seinen Austritt aus dem Verein bekannt.

Von Anfang an fühlte ich mich mit so manchem in Carl Vinnens Denkschrift im Widerspruch, so daß ich nicht umhin kann, Eure Aufmerksamkeit nochmals auf dieselbe zu lenken. Ich trete nur ungern aus meiner Zurückhaltung heraus, ich kann nicht anders, mein Inneres zwingt mich dazu (...)
Ich verkenne durchaus nicht, daß unsere Vereinigung uns zu unserer Einführung die größten Dienste geleistet hat, aber sie fängt ernstlich an, durch alle mit ihr verbundenen Pflichten gegen Welt und Ausstellungen und besonders auch gegeneinander, uns über den Kopf zu wachsen. Sie bedroht unsere Ruhe, die man zum

künstlerischen Schaffen in erster Linie braucht. Hiergegen gibt es nur ein Radikalmittel: Die Auflösung der Vereinigung.
Merkwürdig berühren mich die Worte in der Denkschrift: „Eine äußerliche Identifizierung jedes Einzelnen in der Gesamtheit, ein energisches Eintreten Aller für jeden Einzelnen ist notwendig." – Geschieht das vielleicht durch diese Denkschrift, wo mir und auch anderen Freunden völlig fremde Anschauungen zugemutet werden? Ich betone, daß alles auf persönliche, individuelle Freiheit ankommt. Durch einen Verein wird die persönliche, individuelle Freiheit beeinträchtigt. Darum ist es besser, er existiert nicht weiter. Je straffer organisiert z.B. ein Staat ist, desto weniger ist es der einzelne Bürger. Noch ein Vergleich aus der Natur scheint mir passend: Die Rinde eines Baumes kann zu fest werden, so daß der Baum abstirbt. Unsere Beziehungen müssen möglichst locker sein, wir dürfen keinerlei Druck und Zwang empfinden. Das zehrt künstlerische Kräfte auf. Solch eine Denkschrift würde ich mit Freuden begrüßt haben, die gewissermaßen möglichste Freiheit der Persönlichkeit festgelegt hätte. „Ein jeder muß nach seiner Facon glücklich werden". Das ist der Gedanke, der in Worpswede immer der maßgebliche sein muß, laßt ihn uns hochhalten, laßt ihn uns anerkennen. Um das für meinen Teil zu erreichen, zeige ich Euch meinen Austritt aus dem Verein an und hoffe, daß Vorstehendes meinen Schritt Euch erklärt, und daß mein Schritt Sympathien bei Euch erweckt hat.
25. Juli 1899

Nur Heinrich Vogeler und Fritz Overbeck schließen sich Modersohns Austritt vorbehaltlos und umgehend an. „Ich glaube, daß dies das beste Wort ist, das für die freie Entwicklung der Kunst in Worpswede gesagt ist. Auflösung der Vereinigung, völlige Freiheit eines jeden Einzelnen (...) Ich habe volle Sympathien mit den Gefühlen Otto Modersohns", äußert Vogeler, und Overbeck bestätigt: „Otto Modersohns Ausführungen sind auch mir ganz aus der Seele gesprochen". Fritz Mackensen und Hans am Ende hingegen reagieren verletzt und beleidigt auf den Schritt des Kollegen. „Ich hoffe, daß meine Kunstbestrebungen dieselben bleiben werden", sagt Mackensen, „Im Übrigen enthalte ich mich jeder weiteren

Bemerkung". Hans am Ende: „Daß Ihr der Worpsweder Kunst ihre Wege vorschreiben wollt, das kann ich nur eine lächerliche Arroganz nennen". In einem Rundbrief an die Freunde schreibt Otto Modersohn vier Tage später:

Ich bin auf das Unangenehmste überrascht, von Heinrich Vogeler zu hören, daß Ihr unsere Schrift ganz falsch aufgefaßt habt. Ich erkläre Euch darum: Daß ich absolut nichts Persönliches, nichts Verletzendes im Sinn hatte, als ich allmählich zu der Anschauung kam, daß eine Auflösung des Vereins das Beste sei. Ich gebe zu, daß die Form etwas schroff und unvermittelt wirken konnte und ich bedaure sehr, wenn die gewählte Form Euch verletzt hat. Ich nehme sie gern zurück. Vergeßt diese und seht nur den Kern, den Inhalt an. Der Inhalt k a n n Euch doch nicht verletzen. Ein mündliches Vorsprechen vermied ich wegen der damit verbundenen Erregung und wegen der Nutzlosigkeit.
Ich habe durchaus die Hoffnung, durch Auflösung des Vereins werden wir weit leichter und angenehmer verkehren können (...) Gerade wenn jeder größere Anlaß, wodurch unsere verschiedenen Auffassungen und Ansichten zusammenplatzen können, beseitigt ist, wird doch weit eher Friede und Eintracht unter uns herrschen, wonach ich mich so unendlich sehne. So sollte es durchaus ein Friedenswerk sein und Ihr nehmt es zum Anlaß des Gegenteils, das bedaure ich schmerzlich. Kann man denn nicht ruhig in Worpswede leben und malen – das ist allein mein Lebensziel. Und in allem anderen, was mein Leben angeht, will ich ganz frei, ganz selbständig, ganz mündig sein, ich will keinem zu danken, keinem zu folgen etc. haben. Das ist die berechtigte Forderung jedes freien Mannes, keiner kann ihm das schmälern.
Denkt doch mal an Barbizon. Da lebten auch die Kollegen als Freunde ohne Verein zusammen und soviel mir bekannt, im tiefsten Frieden. Können wir denn nicht so in Worpswede miteinander leben? Wenn wir uns erst daran gewöhnt, werden wir sicher die Wohltat spüren. Also ich bitte Euch inständigst, nichts Persönliches in dem Schritte zu erblicken, nur das Bedürfnis, sich mal ganz frei zu fühlen.
29. Juli 1899

Paula Becker, um 1895

4. Kapitel

In Paris gehörten wir stillschweigend zusammen

Frühjahr 1900

Im Juni 1897 war die 21-jährige Malschülerin Paula Becker (1876-1907) aus Bremen anläßlich eines Familienausflugs zum ersten Mal nach Worpswede gekommen. Die Tochter von Carl Woldemar Becker (1841-1901), Bau- und Betriebsinspektor bei der Bahn und seiner Frau Mathilde, geborene von Bültzingslöwen (1852-1926), studierte seit April 1896 in Berlin an der Zeichen- und Malschule des Vereins der Berliner Künstlerinnen. Zuvor hatte sie auf Wunsch ihrer Eltern ein Lehrerinnenexamen absolviert.

Das abgelegene Moordorf hatte ihr so gut gefallen, daß sie sich entschied, die Sommerferien dort zusammen mit ihrer Berliner Studienkollegin Paula Ritter zu verbringen und zu malen. Als „Göttertage" empfand Paula Becker jene Wochen in Worpswede, in denen sie das „Wunderland" und seine Maler entdeckte.

Dann ist da noch der Modersohn. Ich habe ihn nur einmal gesehen, und da auch leider wenig gesehen und gar nicht gefühlt. Ich habe nur in der Erinnerung etwas Langes in braunem Anzug mit rötlichem Bart. Er hatte so etwas Weiches, Sympathisches in den Augen. Seine Landschaften, die ich auf den Ausstellungen sah, hatten tiefe, tiefe Stimmung in sich. Heiße, brütende Herbstsonne oder geheimnisvoll süßer Abend. Ich möchte ihn kennenlernen, diesen Modersohn (...)
Und ihr Weiden, ihr alten knorrigen Stämme, mit den silbrigen Blättern. Ihr rauscht so geheimnisvoll und erzählt von vergangener Zeit. Ihr seid meine alten Männer mit den silbrigen Bärten; ja, ich habe Gesellschaft genug, meine ganz eigene Gesellschaft, wir verstehen uns gegenseitig sehr gut und nicken uns oft liebe Antwort zu. Leben! Leben! Leben!
Worpswede, 24. Juli 1897

„Hast Du, als Du hier warst, von den Worpsweder Malern gehört?“, hatte Paula Becker ihren Bruder Kurt bereits zwei Jahre zuvor, 1895, in einem Brief gefragt und ihm von einer beeindruckenden Ausstellung in der Kunsthalle Bremen berichtet. Sie habe dort einige ganz famose Sachen gesehen, hatte sie geschrieben, Fritz Mackensens großformatige „Haidepredigt“ hervorgehoben und die Bilder von Heinrich Vogeler erwähnt. Die Gemälde von Otto Modersohn müssen der damals 19-jährigen Kunstschülerin ganz besonders gefallen haben: „Der hat die verschiedenen Stimmungen in der Heide so schön geschildert, sein Wasser ist so durchsichtig und die Farben so eigenartig.“

Nach Beendigung ihrer Berliner Studienzeit im Mai 1898 siedelt Paula Becker im September nach Worpswede über, ein Schritt, den sie sich dank einer Erbschaft 1898 und Zuwendungen von Dresdner Verwandten ermöglichen kann. Tagebuchnotiz Ende April 1898: „In den letzten Tagen habe ich Hände gezeichnet, ein paar elegante, knochige, nervöse Frauenhände mit schlankem Handgelenk. Alles andere begleitet nur wie ein kleines Nebengetön den Grundton meines Lebens.“ Ihr Interesse an einer wirklichkeitsgetreuen Wiedergabe des menschlichen Körpers beginnt sich immer deutlicher herauszubilden. Der Wunsch, Malerin zu werden, wird größer. Dafür will sie ihre ganze Kraft einsetzen. Bereits am 20. Februar 1897 hatte sie notiert: „Wenn man es zu etwas bringen will, muß man den ganzen Menschen dafür hingeben.“

In Worpswede nimmt Paula Becker Zeichenunterricht bei Fritz Mackensen. Zu seinen Schülerinnen gehören bereits die aus einer wohlhabenden Bremer Kaufmannsfamilie stammende junge Bildhauerin Clara Westhoff (1878-1954) und die Malerin Ottilie Reyländer (1882-1965), gebürtig aus dem holsteinischen Wesselburen. Der mehrfach ausgezeichnete Koloniegründer gilt als die repräsentative Persönlichkeit der Worpsweder Gemeinschaft und hat den Ruf eines guten Lehrers. „Mackensen kommt alle paar Tage und gibt eine famose Korrektur“, notiert Paula Becker am 18. Oktober 1898. Von seinen Schülerinnen erwartet der Figurenmaler ein aufmerksames Studium der Natur und des menschlichen Körpers als Vorbedingung für eine zeichnerisch genaue Wiedergabe der Wirklichkeit.

Im Unterschied zu den Worpsweder Malern interessiert sich Paula Becker weniger für die Landschaft und ihre Stimmungen, als vielmehr für die Menschen, deren „Einfachheit und Größe“ sie bewundert. Zu ihren Modellen gehören vorwiegend junge Bäuerinnen mit Säuglingen, Kinder und alte Frauen, die sie im Armenhaus von Worpswede und in den moosbewachsenen Kätnerhütten im Moor findet. Hier leben die Häusler, die für die Großbauern Torf stechen und sich mit dieser harten Arbeit ihr Wohnrecht verdienen müssen. Eins der Beckerschen Lieblingsmodelle ist bis zum Ende ihres Schaffens die Armenhäuslerin Mutter Schröder, eine Alte, die am Stock ging und deshalb kurz die „Dreebeen“ genannt wurde.

Einfühlsam, aber dennoch mit der nötigen Distanz, herzlich, aber unsentimental und getragen von einem unerschütterlichen Glauben an sich selbst und ihre Kunst, wendet sich die junge Malerin diesen Menschen aus dem Teufelsmoor zu und vertieft sich in ihre Lebensweise. Beobachtend erforscht sie Gebärden, Gesten und Physiognomien mit dem Ziel, das Wesentliche ungeschönt zu erfassen und künstlerisch umzusetzen.

Unter Fritz Mackensens Anleitung entstehen lebensgroße Kohle- und Rötelzeichnungen. In Paula Beckers Figurenstudien bäuerlicher Menschen aus dieser ersten Worpsweder Zeit finden sich im Ansatz bereits jene großen, zusammenfassenden Körperformen, die sich im späteren Werk der Künstlerin zum Monumentalen steigern werden.

„Ich genieße mein Leben mit jedem Atemzug“, hatte die junge Malerin im September 1898 aus Worpswede an ihre Tante Cora von Bültzingslöwen nach Berlin geschrieben: „Und in der Ferne glüht, leuchtet Paris. Ich glaube wirklich, daß mein stillster, sehnlichster Wunsch sich verwirklichen wird.“ Worpswede, das weiß sie schon jetzt, ist nur eine Station auf ihrem künstlerischen Weg. 12. Februar 1899: „Ich glaube, ich werde mich von hier fortentwickeln. Die Zahl derer, mit denen ich es aushalten kann, über etwas zu sprechen, was meinem Herzen und meinen Nerven naheliegt, wird immer kleiner werden.“

„Ich sah sie zuerst im Sommer 1898, wie sie eine alte, fast blinde Frau aus dem Armenhause an meinem Hause vorüber zu ihrem Atelier führte“, vermerkt Otto Modersohn. Kurz darauf lernt er

Paula Becker und Clara Westhoff in Paulas Atelier bei Ranke, um 1899

Paula Becker persönlich kennen: „Ihre Erscheinung, ihre lebendige, sprühende Unterhaltung fesselten mich vom ersten Augenblick."

Paula Becker am 9. März 1899 aus Worpswede an den Vater nach Bremen: „So habe ich bei Overbecks und Modersohns Besuch gemacht. Overbecks sind beide Menschen, die es innerlich haben, aber es liegt alles so sehr hinter Schloß und Riegel, und leider bin ich kein großer Stürmer (...) Modersohn aber hat mir riesig gefallen; durch und durch fein und gemütlich und mit einer Klangfarbe, zu der ich mein Geiglein auch spielen kann. Er ist mir schon so lieb aus seinen Bildern, ein feiner Träumer." Und unter dem 30. März 1899 steht folgende Notiz in ihrem Tagebuch: „Es gab gestern ein kleines Fest im Atelier von Otto Modersohn. Es war mein hübschester Abend hier draußen unter den Künstlern. Überall mit den Augen auf Modersohnsche Birken und Kanäle zu stoßen, das ließ ich mir gefallen." Im Juni 1899 schreibt sie nach einem Besuch bei Otto und

Helene Modersohn: „So verbrachte ich einen gemütlichen Nachmittag und Abend bei Modersohns. Er ist mir besonders lieb, denn neben seinem Lächeln und darunter liegt viel Feines und Ernstes. Sie ist eine kleine Frau mit einer Anschauung für Dinge und Menschen, von gutem ursprünglichen Urteil und Empfinden." September 1899: „Neulich war Modersohn da. Der hat mir so viel Liebes über meine Sachen gesagt, daß ich fast gar nicht mehr glaubte, daß es meine Sachen waren. Das war lieblich. Gerade Modersohns Urteil ist mir sehr viel wert."

Im Dezember 1899 stellen Paula Becker, Marie Bock und Clara Westhoff einige Studien in einem Kabinett der Bremer Kunsthalle aus. Initiator dieser Austellung ist Gustav Pauli (1866-1938), seit dem Sommer 1899 der erste wissenschaftliche Mitarbeiter des Kunstvereins und ein enger Freund der Familie Becker. Aber die dunkeltonige, breitflächige Malerei der Frauen aus Worpswede entspricht nicht dem Geschmack des hanseatischen Kunstpublikums. In der „Weser-Zeitung" vom 20. Dezember 1899 erscheint ein vernichtender Artikel. Autor ist der Bremer Kritiker Arthur Fitger. Fitger, selbst auch Maler und Anhänger einer Kunstauffassung des Edlen, Schönen und Historisierenden, lehnt nicht nur die Worpsweder ab, sondern überhaupt alles Moderne: „Unsere heutigen Notizen müssen wir leider beginnen mit dem Ausdrucke tiefen Bedauerns darüber, daß es so unqualificirbaren Leistungen wie den sogenannten Studien von Maria Bock und Paula Becker gelungen ist, den Weg in die Ausstellungsräume unserer Kunsthalle zu finden, ja daß man ihnen ein ganzes Cabinet eingeräumt hat, aus dem zuvor die gewöhnlich dort befindlichen Schätze unserer ständigen Sammlungen entfernt worden sind."

Im Hause Becker in der Schwachhauser Chaussee 29 hat diese Fitger-Kritik spannungsreiche Auseinandersetzungen mit dem Vater zur Folge. Auch die wohlgemeinte Entgegnung Carl Vinnens im „Weserkurier" vom 24. Dezember 1899 kann die Sache nicht besser machen. Woldemar Becker ist entrüstet. Die Kritik bestätigte seine Befürchtung, Worpswede sei ein einziger Mißgriff.
Es gibt keine Äußerung von Paula Becker, die darauf hinweist, daß sie die öffentliche Bremer Häme verletzt hätte. Eher mag sie die Kritik als künstlerische Herausforderung empfunden haben. Otto

Modersohn in einer knappen Tagebuchnotiz: „Nach der schlechten Kritik kam sie mit Frau Bock in mein Atelier, munter, aber doch wütend über Fitger."

Mit welcher Eigenwilligkeit und inneren Sicherheit Paula Becker am Ende des Jahres 1899 ihren Aufbruch in ein neues Jahrhundert vorbereitet und vollzieht, verraten die Briefe an ihre Familie. Am 10. November 1899 schreibt sie an ihre Mutter, sie habe den festen Willen und Wunsch, etwas aus sich zu machen, „was das Sonnenlicht nicht zu scheuen braucht und selbst ein wenig strahlen soll. Dieser Wille ist groß, und er wird es zu etwas bringen. Bitte, bitte, laßt ihn dahin streben, wohin es ihn zwingt, er kann nicht anders. Rüttelt nicht daran, das macht ihn traurig und gibt dem Herzen und der Zunge harte Töne, die sie selber schmerzen." Kurz zuvor hatte die junge Malerin Gedanken an ihre Schwester Milly aufgeschrieben, die zugleich an ihre Eltern und Geschwister gerichtet waren und in ihrer Unbedingtheit für eine 22-jährige Studentin aus bürgerlicher Familie etwas Unglaubliches bedeuteten:

> *Ich verlebe jetzt eine seltsame Zeit. Vielleicht die ernsteste meines kurzen Lebens. Ich sehe, daß meine Ziele sich mehr und mehr von den Euren entfernen werden, daß ihr sie weniger und weniger billigen werdet. Und trotz und alledem muß ich ihnen folgen. Ich fühle, daß alle Menschen sich an mir erschrecken, und doch muß ich weiter. Ich darf nicht zurück. Ich strebe vorwärts, gerade so gut als Ihr, aber in meinem Geist und in meiner Haut und nach meinem Dafürhalten.*
> 21. September 1899

In der Sylvesternacht des Jahres 1899/1900 verwirklicht Paula Becker ihren Wunsch und reist zum ersten Mal nach Paris. Auch Clara Westhoff ist seit kurzem dort und hat auf Empfehlung des Leipziger Graphikers, Malers und Bildhauers Max Klinger Kurse an der Akademie Julian belegt. Die beiden Freundinnen wohnen im Grand Hotel de la Haute Loire, 203, Boulevard Raspail. Mitte Januar mietet Paula Becker einen kleinen Atelierraum 9, Rue Campagne Première. Aus Bremen trifft monatlich eine Summe ein, mit der sie sogar eine Putzfrau bezahlen kann.

Paris mit seinen vielen literarischen Salons und zahlreichen Cafés ist um die Jahrhundertwende das Zentrum der Avantgarde. Aus aller Welt reisen Künstler und Intellektuelle an die Seine und lassen sich am linken Ufer in Montparnasse nieder, wo sie einen reichen Nährboden für ihre schöpferischen Ambitionen finden. Kein Ort der Welt ist zu dieser Zeit besser geeignet, neue künstlerische Strömungen wahrzunehmen, als dieses Paris des Fin-de-siècle, das im Jahr 1900 ganz im Zeichen der legendären Weltausstellung steht. Zwei neue Transportmittel werden zur Bewältigung des riesigen Geländes dort eingesetzt: ein elektrischer Zug und ein „rollender Bürgersteig". Sensationelles Schaustück ist der „Elektrizitätspalast" mit seinen tausenden von Bogenlampen, beleuchteten Kaskaden und Springbrunnen, in dem erstmals auf europäischem Boden die noch junge Technik Elektrizität als die Technik der Zukunft zur vollen, blendenden, geradezu atemberaubenden Entfaltung kommt. In der Eisen- und Glasarchitektur der Kunst- und Ausstellungsgebäude Grand und Petit Palais spiegelt sich der pompöse Stil der Belle Epoque in all seinem Glanz wider. Im Stadtbild setzt der Jugendstil neue Akzente.

Paula Becker studiert an der privaten Akademie Cola Rossi, die neben der Akademie Julian zu den berühmtesten Kunstschulen von Paris gehört. Hier lassen sich vorwiegend Frauen und Ausländer im Aktzeichnen und Malen ausbilden. Die Ateliers, in der Regel schlecht beleuchtete und spärlich beheizte Räume, sind teuer. Das gilt auch für das Lehrpersonal und die Modelle. Kurz vor ihrer Abreise hatte Paula Becker noch einen Gruß an Otto Modersohn geschickt:

Sylvester-Nacht um ½ 2 tret' ich die große Reise an. Das wird ein lieblich Stündlein geben, wenn ich diesen Bremer Staub von den Füßen schüttele. Hurrah! Augenblicklich ist in meinem armen Kopfe ein Chaos: Packen, Adieusagen, Fitgergespräche!!! Pariser Pläne und Mozartarien, die meine Schwester im selben Zimmer singt. Deshalb also nur recht fröhliche Neujahrsgrüße Ihnen und Ihrer lieben Frau. Also im neuen Jahrhundert werde ich in diesem großen Sündenloch von Paris oft an ihr liebes, stilles Häuslein denken, nicht nur bei Jules Dupré und dem Leuchter.

30. Dezember 1899

„Lieber Herr Modersohn und liebe Frau Modersohn", schreibt die junge Kunststudentin am 17. Januar 1900 einen Brief an das Ehepaar. „In den hilflosesten Momenten, die ich hier in Paris verbracht habe, ließ ich meine Gedanken immer nach Worpswede wandeln. Das ist immer ein wundervolles Mittel, denn dann legt sich bald das Chaos in mir und es kommt eine sanfte Stille über mich." Angeregt erzählt sie von der Überfülle ihrer Eindrücke in der Millionenstadt, berichtet von ihren Besuchen im Louvre, erwähnt Tizian, Boticelli und Fièsole. Im Luxembourg-Museum, das die Kunst des 19. Jahrhunderts und der Gegenwart zeigte und damals das modernste Museum von Paris war, sieht sie die neueren Meister „Corot, Rousseau, Millet, von denen Sie mir schon erzählt haben. Von Millet sieht man fabelhaft feine Sachen in den Kunstläden. Ein Mann auf dem Felde, der sich die Jacke anzieht, gegen die helle Abendluft, das war für mich das Schönste. Na, und der Luxembourg! – und überhaupt diese Luft hier! Da habe ich Sie schon oft herbeigewünscht, Herr Modersohn, und habe es richtig als ein Unrecht gefunden, daß ich dies alles sehe und Sie nicht."

In einem Geburtstagsbrief zum 8. Februar 1900 antwortet Otto Modersohn der Vierundzwanzigjährigen:

Das war eine reizende Idee von Ihnen, als Sie sich hinsetzten und uns ein Pariser Stimmungsbild zeichneten. Mit einer gewissen Genugtuung sah ich, daß Ihre Gedanken zuweilen aus dem wilden Leben des Seinebabels sich hinüberflüchten in die geruhsame Stille unseres Moorfriedens (...)
Zu Ihrem Geburtstage, liebes Fräulein Becker, wünsche ich Ihnen von Herzen alles Beste an Leib und Seele, für Ihr künstlerisches und menschliches Leben. Möchten Sie in Paris auf den Bahnen der Kunst voranschreiten, möchten Sie wachsen an Erkenntnis dessen, was Ihnen Not tut. Denn Klärung ist das Wichtigste zum Weiterkommen. Von Paris aus sehen Sie gewiß Worpswede oft mit ganz anderen Augen an. Schön wäre es, wenn diese abgeklärten Gefühle Sie wieder mit erneuter Kraft Worpswede in die Arme führten. Denn – ich muß es Ihnen sagen, glaube allerdings kaum, daß es nötig ist – in Worpswede ist es doch schön (...) Gern wanderte ich mal mit Ihnen und nähme teil an Ihren Genüssen. Sehen

Sie sich nur tüchtig alles an und schreiben und erzählen Sie mir von allem, dann habe ich auch etwas davon. Schreiben Sie mir bitte mal, was für Bilder von Rembrandt im Louvre sind und welche von Velasquez. Ich glaube von R. ist nicht viel Besonderes da. Wenn Sie bleiben und wir zur Weltausstellung kommen (vielleicht im Extrazug voller Worpsweder) können Sie uns als Cicerone große Dienste leisten. Doch das ist es noch nicht. Sind vielleicht Bilder von Turner im Louvre, wie sind die in der Farbe?

7. Februar 1900

Helene Modersohn an Paula Becker:

Auch mich hat Ihr lieber Brief recht erfreut, man sieht mal wieder „Wenn jemand eine Reise tut, dann kann er was erzählen" und wenn man in einem verschneiten, weltfremden Dörfchen sitzt, hörte man gern den fremden Schilderungen zu. Wir bedauern sehr, daß die Flugmaschine noch nicht ganz erfunden ist, sonst segelten wir morgen gewiß in eleganten Bogenlinien zu Ihnen, vielleicht auch sogar mit einem ländlichen Kohlbusch, welcher im Monat Februar wahrscheinlich aus einem herrlichen blau-grünen Kohlbüschel bestehen würde, ein echtes Worpsweder Naturwunder. Doch beruhigen Sie sich nur, Sie brauchen in keiner Weise im eleganten Paris einen Überfall der Worpsweder Landbewohner zu befürchten.

7. Februar 1900

Briefe und Tagebuchaufzeichnungen Paula Beckers aus ihrer Pariser Zeit spiegeln eindringlich die intensive Auseinandersetzung mit den Anregungen in dem „Riesen-Riesen-Paris" wider und das Ringen der Künstlerin um ihre Malerei. Euphorie und Faszination angesichts der mitreißenden Leichtigkeit des Pariser Lebens wechseln mit der Sehnsucht nach der Stille im Worpsweder Moor.

Weder in ihrem Tagebuch noch in den Briefen an die Eltern oder an das Ehepaar Modersohn äußert sie sich über jene Begegnung mit den Bildern Paul Cézannes in diesen ersten Pariser Wochen, der, wie sie kurz vor ihrem Tod behaupten wird, „einer von den drei, vier Malerkräften ist, der auf mich gewirkt hat wie ein Gewitter und ein großes Ereignis." Um was für ein großes Ereignis es sich „1900 bei Vollard" gehandelt hat, erfahren wir in einem später verfaßten Bericht von Clara Westhoff. Die Bildhauerin erzählt, daß Paula Becker sie während ihres gemeinsamen Paris-Aufenthaltes eines Tages gebeten habe, mit ihr in die Rue Lafitte zu dem Kunsthändler Vollard zu gehen. Paula Becker habe dort von einem Stapel an die Wand gestellter Bilder eins nach dem anderen umgedreht und ihr gezeigt: „Es waren Bilder von Cézanne, die wir beide zum ersten Mal sahen. Wir kannten nicht einmal seinen Namen. Paula hatte ihn auf ihre Art entdeckt; und diese Entdeckung war für sie eine unerwartete Bestätigung ihres eigenen künstlerischen Suchens."

Während ihrer Streifzüge durch das Galerieviertel Rue Lafitte, damals das brodelnde Kunstzentrum von Paris, wird Paula Becker vermutlich auch die große Ausstellung der von ihr bewunderten Nabis in der Galerie Bernheim Jeune gesehen haben, jene Gruppe junger Maler wie Maurice Denis, Pierre Bonnard, Paul Sérusier, Eduard Vuillard und später Félix Vallotton und der Bildhauer Aristide Maillol, die Cézanne, van Gogh und Gauguin verehrten und im Gegensatz zur naturalistischen Darstellungsweise des Impressionismus eine symbolische Sichtweise der Welt zu vermitteln suchten.

Die Bilder der Impressionisten, die sie auf der Weltausstellung sieht, sagen ihr nicht viel, sie findet sie „oberflächlich". Eher liegen ihr Zeitgenossen wie die bretonischen Maler Lucien Simon und Charles Cottet, deren Auffassung von Natur und Heimat den Gedanken der Worpsweder ähnlich war und ihre Ideale zu verkörpern schien. Paula Becker ist sich mit Otto Modersohn zu diesem Zeitpunkt auch im Hinblick auf Puvis de Chavannes einig, der damals in Frankreich als Meister der Monumentalmalerei galt und von vielen Künstlern bewundert wurde. 29. Februar 1900: „Viel Schönes, Tiefes sagt der Puvis de Chavannes. Das ist einer, der steht auf einmal so ganz vereinzelt dazwischen." Otto Modersohn am 25. März 1900: „Puvis de Chavannes – das ist ein Mann von anderem Holze, gerne sähe ich von dem mal etwas."

Helene Modersohn an Paula Becker:

Was denken Sie nur von mir, gewiß halten Sie mich für recht undankbar. Und doch glauben Sie nicht, wie oft ich Ihrer gedacht

Helene Modersohn mit Tochter Elsbeth, August 1899

und wie ich mich derzeit gefreut über den reizenden, duftenden Frühlingsgruß. Diese köstlichen, tiefblauen Veilchen, wen würden sie nicht jederzeit erfreuen, wenn man aber nun gar so halb malade ist wie ich, dann ist man doppelt entzückt, wenn der Frühling einem seine Boten ins Stübchen schickt – darum herzlichen Dank. Wir hören so gerne von Ihnen und freuen uns auch, daß es Ihnen so gut in Paris gefällt, wenngleich wir auch aus egoistischen Gründen manchmal wünschten, daß Sie bald in unser Dörfchen zurückkehren möchten. – Letzteres rüstet sich jetzt aber auch, den Frühling zu empfangen, sogar ich spüre etwas davon, sodaß die sog. „Dösigkeit", die einen Menschen, welcher den ganzen Winter in seinem Bau eingeschlossen war, wohl befallen kann, allmählich schwindet. Unsere freundliche Veranda ist unser ständiger Aufenthalt jetzt, von ihr kann ja auch ich den schönen, weiten Worpsweder Himmel betrachten und in das tiefe, dunkle Moor blicken.
25. März 1900

Kurz vor ihrer Rückreise nach Worpswede, im Mai 1900, schreibt Paula Becker noch einmal einen langen Brief an Otto und Helene Modersohn. Hoch angeregt von der Weltausstellung und der gleichzeitig präsentierten nationalen und internationalen Kunstschau, erzählt sie ausführlich von allem, was sie gesehen und erlebt hat und fordert das Ehepaar auf, nach Paris zu kommen:

Nun wird mir des Schweigens auch zu viel. Ich muß reden, und tüchtig reden. Ich bin nämlich in der Ausstellung gewesen und die ist einfach kollossal fein (...) Sie müssen einfach herkommen. Sie dürfen dies gar nicht an sich vorbeigehen lassen. Gerade Sie mit Ihren Farben. Ich glaube, Sie werden kollossale Anregung finden. Liebe Frau Modersohn, können Sie mit. Hier gibt es so wundervoll viel Schönes zum Lachen. Ich möchte es Ihnen so gerne alles zeigen. Wie geht es wieder mit Ihren Kräften nach diesem kalten scheußlichen Winter, der aller Orten Influenza und Krankheit gebracht hat. Können Sie schon wieder solch eine lange Reise vertragen. Sonst, wenn es nicht geht, schicken Sie Ihren Mann alleine fort. Er wird natürlich nicht wollen ohne Sie, seien Sie aber unerbittlich und streng. Geben Sie nicht nach. Eine Woche

genügt. Dann kehrt er voll von Eindrücken zu Ihnen heim. Herr Modersohn, schreiben Sie mir doch umgehend, wann Sie kommen (...)Das Schönste für mich sind die Franzosen (...) Ich fühle jetzt Liebermann, Mackensen und Consorten. Sie alle stecken noch viel zu sehr im Konventionellen. Unsere ganze deutsche Kunst (...) Zu, zu schade, daß Sie keine Bilder hier haben (...) Wissen Sie, Sie sind einer, der sich durch diesen Berg der Convention hindurch gearbeitet hat. Alles andere fällt von Ihnen ab. Ich hoffe ganz riesig auf Ihre Zukunft. Entschuldigen Sie, daß ich Ihnen das so ins Gesicht sage. Ich mußte es mir aber mal von der Leber wegsprechen. Ich habe es so oft gedacht (...) Ich habe mich riesig über Ihren Brief gefreut, voll lieber Worpsweder Laute. Und ich freue mich auf den nächsten. Und Sie müssen kommen.
Anfang Mai 1900

Otto Modersohn an seinen Freund Carl Hauptmann in einem Brief vom 20. Mai 1900: „Mit meinen Reisen ist es immer eine schwierige Sache. Ich kann meine Frau nicht gut länger allein lassen, im Winter war sie recht leidend, jetzt geht es ihr etwas besser. Einen Reiseplan habe ich in letzter Zeit sehr erwogen, nämlich zur Ausstellung nach Paris." Modersohn sagt Paula Becker mit der Begründung ab, er fühle sich zur Zeit so angeregt und voller Ideen, daß er seine künstlerische Arbeit ungern unterbreche:

Ich befürchte die Beunruhigung und eventuelle Beeinflussung. Ich glaube, man muß darin etwas vorsichtig sein. Die Modernen sehen im Allgemeinen überhaupt zu viel, das nimmt sehr leicht Frische und eigenes Gefühl. Das ist ja schließlich der Wert und Reiz unseres Lebens in der ländlichen Stille, daß nicht alle modernen Strömungen uns in ihre Bahnen ziehen, nur aus der Ferne hört und sieht man's wogen und branden. Nein, ich will hierbleiben, ich will immer innerlicher werden, das, was mich bewegt, in meiner Weise sagen, mögen andere anderes tun. Wirkliche Freude, wirklichen Gewinn hat man doch nur von solchen Gefühlen etc., die aus der eigenen Brust kommen.
20. Mai 1900

Ende Mai teilte Otto Modersohn der jungen Malerin mit, daß er seine Reise nach Paris doch machen werde. Paula Becker schreibt nach Worpswede:

Ich freue mich so r i e s i g, daß Sie kommen.
D a s w i r d e i n F e s t. Und dann schütteln wir selbander den Staub von den Füßen und kehren heimwärts, und das wird noch immer schöner. Das mußte ich Ihnen eben schnell sagen, mehr Zeit habe ich nicht; ein Zimmerlein miete ich morgen, dann nähere Nachrichten (...)
Ihnen, liebe Frau Modersohn, einen s c h ö n e n Gruß. Ich kucke schon immer aus nach Rosen, von denen ich Ihnen so gerne wieder eine Nase voll schicken möchte.
31. Mai 1900

Am 8. Juni 1900 kommen Otto Modersohn, Fritz und Hermine Overbeck und Marie Bock in Paris an. Unter der Führung von Paula Becker und Clara Westhoff genießen sie das Leben in der französischen Hauptstadt. Am dritten Tag ihres Aufenthaltes erhält Otto Modersohn ein Telegramm aus Worpswede, das Paula Becker ihm vorliest. Es enthält die Nachricht von Helene Modersohns Tod. Sie sei plötzlich an einem Blutsturz gestorben, schreibt Heinrich Vogeler an Carl Hauptmann. Paula Becker an ihre Eltern am 15. Juni 1900: „Der arme Mann ist mit den andern nach Hause gereist. Nachdem er sie Jahre hindurch voll rührendster Selbstaufopferung gepflegt hatte, war der Himmel so grausam, sie ihm in seiner Abwesenheit zu nehmen (...) Ich komme so bald als möglich nach Hause, wahrscheinlich bin ich Sonntag schon bei Euch. Dies ist ein sehr trauriger Schluß meiner Pariser und auch meine nächste Worpsweder Zeit wird schwer und traurig sein. Ich habe in diesen Tagen so viel von Modersohn gehabt."

Carl Hauptmann an Otto Modersohn:

Sie können nicht denken, wie mich die Trauernachricht erschüttert hat. Welche unglücklichen Fügungen, die Ihr Herz treffen mußten! Seit ich das Glück hatte, in Ihr Hausinneres zu treten, ist mir ein Bild voll stillen, reichen Lebens verblieben. Nie hätte

ich denken mögen, daß sobald so viel Trauer einziehen würde. Ich war nicht daheim und Vogelers erste Nachricht erreichte mich auf Umwegen. So war ich verhindert persönlich zu kommen, der teuren Toten im Trauergeleite zu folgen und Ihnen in treuster Teilnahme die Hand zu drücken. Sie werden Trost nur in Ihrer Arbeit finden. Und wenn Freundschaft helfen kann, die Wunde zu lindern, so vergessen Sie mich nicht, lieber Herr Modersohn, den es glücklich machen wird, Ihnen Herzliches und Treues zu erweisen.
19. Juni 1900

Heinrich Vogeler an Carl Hauptmann:

Am Montag beerdigten wir die gute Frau Modersohn. Otto M. muß doch vor allem im letzten Winter entsetzlich viel durchgemacht haben mit der Krankheit der armen Frau. Aber nie äusserte er sich. Ja, man mochte gar nicht mehr fragen, diesen feinen Menschen nicht beunruhigen, er verschloß alles in sich und wich jeder Frage nach der Gesundheit seiner Frau aus. Mit Angst sahen wir, daß sie immer schwächer wurde, aber an ein so baldiges Ende glaubte niemand. Sie ließ ihn noch so freudig ziehen nach Paris, hinaus aus der Luft voll Sorge. Otto Modersohn ist doch jetzt ziemlich gefaßt; er war so gelähmt in der letzten Zeit, stets um seine kranke Frau, die er mit rührender Sorgfalt umgab. Er hat gar nicht mehr gearbeitet; höchstens ganz in der Nähe seines Häuschens. Man kann jetzt nichts für ihn tun; ich besuche ihn manchmal und dann redet er so ruhig und fein über alles. Er hat natürlich keine festen Pläne für die nächste Zukunft. Den einen Augenblick will er fortreisen zu seinen Eltern, dann wieder kann er sich von den lieben Räumen nicht trennen und dann will er auch versuchen zu arbeiten.
Um den 20. Juni 1900

Die Worpsweder Künstler trauern um Helene Modersohn. „Hier hat sich vieles verändert", schreibt Vogeler am 5. Juli 1900 an den Lyriker Hans Bethke. „Das Traurigste ist, daß wir vor ein paar Tagen die feinfühlige Frau unseres tiefsten, innerlichsten Worpsweders Otto Modersohn begraben haben (...) Mir tut es nur leid, daß man so einem Manne nicht mal helfen kann, ihm, dem Worpswede künstlerisch alles verdankt, und der sich so bescheiden immer still in seinem Häuschen zurückgezogen hielt, während andere mit ihrer und seiner Kunst markteten und Politik trieben (...) Für mein Gefühl ist Modersohn der stärkste Poet unter allen deutschen Landschaftern. Hinter den Zauber, das Geheimnis Modersohn'scher Kunst zu kommen, dazu gehört ein tiefes Versenken, eine Ruhe, eine Vereinsamung."

Eine Fotografie des fünfunddreißigjährigen Witwers aus dem Familienalbum zeigt einen schlanken Mann mit einem langen, schmalen Gesicht und einem vollen Bart. Ein ernster, grübelnder Blick verbirgt sich hinter runden Brillengläsern. Der Maler sitzt in seinem Atelier, die Hände auf den Knien. Kästen mit seltenen Schmetterlingsarten, Libellen, Käfern und Insekten hängen an der Wand, auf hölzernen Regalen stehen ausgestopfte Vögel aus der Gegend, verschiedene Gräser und Blätter liegen zum Trocknen ausgebreitet. Überall stapeln sich Studien, Skizzen und große Bilder.

Otto Modersohn an Carl Hauptmann:

All' die Zeit war mir so weh zu Mute, daß ich Ihnen noch nicht schreiben konnte. Aber ich muß es Ihnen endlich sagen, wie unendlich wohl mir Ihre tiefe, wahre Teilnahme getan; nehmen Sie meinen Herzensdank für alles, alles, was Sie mir in der schweren Zeit erwiesen. So überaus plötzlich ist das herbe Schicksal über mich hereingebrochen, mitten in den heitersten Lebensgenuß fuhr wie ein Blitzstrahl vernichtend das tiefste Leid. Munter in lichtem Gewande winkte meine Teure mir in der Frühe die Abschiedsgrüße zu und nie, niemals seh' ich sie wieder. O diese Herreise von Paris --- Mein Leben hat ja seit langem unter dieser Sorge um das Leben meiner lieben Frau gestanden. Es war ein schweres Schicksal, was die wenigsten ahnten. O wie habe ich oft gekämpft, gute, frohe Laune geheuchelt. Sieben Jahre waren wir verlobt und nicht drei verheiratet. Wo meine Zukunft dunkel war, hat sie in Treue, in aufmunternder Liebe zu mir allezeit gestanden und wo ich Erfolg und Anerkennung gefunden, da muß sie fort von mir. Ach das macht mich oft so weh, dieser Gedanke. – All die Jahre hatte ich in meinem Leben einen Mittelpunkt, worum sich alles drehte,

jetzt fühle ich täglich, wie schwer mir der Verlust dieses Mittelpunktes ist. Ich finde noch keine Ruhe zur Arbeit u. mag auch nicht von hier fortgehen – 14 Tage war ich bei meinen Schwiegereltern. Ihrer liebenswürdigen Einladung würde ich, wenn ich einer folge, am ersten und liebsten nachkommen, aber ich mag noch nicht vorgreifen, ich muß abwarten, wie es dann mit mir ist zum Herbst. – Als ich mit meinem Kindchen, das sich so reizend entwickelt, neulich verreist war, wurde mein Haus während eines äußerst schweren Gewitters von einem Blitzstrahl getroffen, der zum Glück nicht zündete, nur Dach und Decken demolierte.
8. Juli 1900

Ende Juni 1900 war Paula Becker nach Worpswede zurück gekehrt und hatte sich auf dem Hof des Kleinbauern Martin Brünjes im Ostendorfer Moor, unweit des Worpsweder Ortskerns, einen Raum als Atelier gemietet, der an die breite Viehdiele mit den Kühen anschloß. Die Malerin ließ die untere Hälfte der Wände ultramarin streichen, die obere gelbgrün, ein Hintergrund, der auf vielen ihrer Bilder zu sehen ist.

In der Nähe des Brünjes Hofes lag mitten in einem alten verwilderten Garten eine große Ziegelei, die seit langem verlassen und schon fast zerfallen war. Ein dichtes Geflecht von Kletter-und Schlingpflanzen überwucherte das Gebäude. Daneben befand sich eine Lehmkuhle. Hier, auf diesem ärmlichen, unwirtlichen Stück Erde wuchsen wilde Anemonen, Veilchen, Vergißmeinnicht und der gelbe Huflattich. Diese Frühlingsblume gehörte zu Paula Beckers Lieblingsblumen. Oft flocht sie Kränze daraus. Sie nannte sie „die kleinen Gelben von der Kuhle". Auch Clara Westhoff hatte sich ihre „große Sehnsucht" nach der norddeutschen Heimat erfüllt und lebte jetzt auf einem Bauernhof in Westerwede, einem kleinen Ort bei Worpswede. Zielstrebig arbeitete sie an ihrem bildhauerischen Werk. Paula Becker fühlte sich ihr eng verbunden. In der Freundin hatte sie ein gleichgesinntes Gegenüber gefunden, eine „Schwesterseele", jener „Seelenschwester" gleich, wie sie einst die berühmte Berliner Briefeschreiberin und Salondame Rahel Varnhagen in Pauline Wiesel getroffen hatte.

Otto Modersohn und Paula Becker sehen sich häufig. Ihre Beziehung ist vertrauensvoll, getragen von gegenseitiger Sympathie und künstlerischem Austausch. Paula Becker mag die warmherzige Nähe dieses klugen, verträumten Mannes auch wie eine Art väterlichen Schutz empfinden, den sie angesichts ihrer beruflich ungeklärten Situation sucht. Der elf Jahre ältere Otto Modersohn hingegen fühlt sich von dem heiteren Temperament der so viel Jüngeren angezogen.

Drei Wochen nach der Aufforderung Woldemar Beckers, sie solle sich unverzüglich nach einer Stelle als Gouvernante umsehen, um neben ihren Malstudien ihr eigenes Geld zu verdienen, vertraut die Malerin ihrem Tagebuch die Sorge über ihren offenbar geschwächten Gesundheitszustand an und macht sich in diesem Zusammenhang auch Gedanken über den Tod. Ende Juli 1900 schreibt sie jene viel zitierten Zeilen, die das posthume Mitgefühl ganzer Generationen geweckt und ihre Person zur Legende verklärt haben: „Ich weiß, ich werde nicht sehr lange leben. Aber ist das denn traurig? Ist ein Fest schöner, weil es länger ist? Und mein Leben ist ein Fest, ein kurzes, intensives Fest."

Neben den Gedanken über ihr körperliches Befinden spiegeln diese Zeilen der 23-jährigen Künstlerin auch das für sie so charakteristische Nebeneinander von Ernst und Todesahnung, von Frohsinn und leidenschaftlicher Liebe zum Leben wider. Ihre wehmütigen und zugleich hoffnungsvollen Reflexionen sind typisch für die spätromantisch-schwärmerische Fin-de-siècle-Stimmung, die zwischen Agonie und Aufbruch schwankte. Am 3. September 1900, kaum eine Woche später, notiert die Künstlerin: „Und es dauert doch noch lange. Ich bin gesund und stark und lebe. Heil!"

Heinrich Vogelers „Barkenhoff" hatte sich zunehmend zum Mittelpunkt des künstlerischen und kulturellen Lebens in Worpswede entwickelt. In seinem „Märchenschloß" mit der großen Terrasse und der Freitreppe, die zwei Empire-Urnen schmückten, traf sich regelmäßig ein enger Freundeskreis. Durch hohes Gebüsch von der sozialen Wirklichkeit abgeschirmt und verbunden durch ein verwandtes Lebensgefühl, konnten sie ihr Zusammensein im „Weißen Saal" feiern: Heinrich Vogeler und seine junge Braut Martha Schröder, eine Lehrerstochter aus Worpswede; Paula Becker, Otto Modersohn und

Der Barkenhoff in Worpswede

Clara Westhoff, Marie Bock, Paulas Schwester Milly und Vogelers Bruder Franz. Zu den vielen Gästen gehörten Alfred Walter Heymel, Otto Julius Bierbaum und der Bremer Schriftsteller Rudolf Alexander Schröder, die im Herbst 1899 in München „Die Insel" als literarische „Monatszeitschrift mit Buchschmuck und Illustrationen" gegründet und Heinrich Vogeler als künstlerischen Gestalter der Zeitschrift und der im Insel-Verlag erscheinenden Bücher engagiert hatten. Männer wie Richard Dehmel besuchten den „Barkenhoff", Max Reinhardt, Thomas Mann, Georg Kulenkampff und Richard Muther.

Festlich gekleidet trafen sich die Worpsweder Künstlerfreunde sonntags zu Hauskonzerten und literarischen Abenden, zu Gesprächen und zum Tanzen. Im Garten wurde Theater gespielt, man machte nächtliche Spaziergänge und Kutschfahrten in die Umgebung. Heinrich Vogelers großes Gemälde „Das Konzert" oder, wie es später genannt wurde, der „Sommerabend", das er in diesem Jahr begann und erst 1905 vollendete, erinnert an diese feierlichen Zusammenkünfte.

Ende August 1900 besuchen zwei Dichter die Künstlerkolonie: Carl Hauptmann (1858-1921) ist Gast im Hause seines Freundes Otto Modersohn und der junge Rainer Maria Rilke (1875-1927) wohnt im blauen Giebelzimmer bei Heinrich Vogeler auf dem „Barkenhoff". Rilke erscheint in extravaganter Aufmachung. Er trägt bunt applizierte Lederstiefel und eine grüne russische Rubaschka. Gedanklich ist der Vierundzwanzigjährige offenbar noch ganz in Rußland, von wo er nach einer längeren Reise mit seiner Geliebten Lou Andreas-Salomé gerade zurückgekommen war.

Rilke und Vogeler waren sich zum ersten Mal im Frühjahr 1898 in Florenz begegnet und hatten sich im Herbst desselben Jahres in Rilkes damaliger Wohnung im Berliner Vorort Schmargendorf wieder gesehen. Schließlich hatte der Dichter die Weihnachtstage 1898 in Vogelers Elternhaus in Bremen verbracht und in diesen Tagen auch Worpswede und den Barkenhoff kennengelernt. Ein Jahr darauf erschien im Insel-Verlag Rilkes Gedichtband „Mir zur Feier", mit Illustrationen des Jugendstilkünstlers und Freundes Heinrich Vogeler.

„Dr. Carl Hauptmann, der Bruder von Gerhart Hauptmann, auch Schriftsteller, der zur Arbeit hierher gekommen ist. Ich habe ihn einmal aufgeknöpft gesehen im Gespräch mit Modersohn. Fein, ein Mensch. Einmal zugeknöpft bei einer mehrköpfigen Zusammenkunft. Ich freue mich darauf, ihn mehr zu sehen". So hatte Paula Becker im Juni 1899 an ihren Bruder Kurt geschrieben, nachdem sie Carl Hauptmann im Haus von Otto und Helene Modersohn in Worpswede kennen gelernt hatte. Der im schlesischen Ober-Salzbrunn als Sohn eines Gasthofbesitzers geborene Carl Hauptmann, Student der Natur- und Geisteswissenschaften, hatte 1884 Martha Thienemann aus Kötschenbroda bei Dresden geheiratet, Tochter eines wohlhabenden Großkaufmanns, dessen andere Tochter, Marie Thienemann, 1885 Hauptmanns Bruder Gerhart ehelichte. Die Heirat mit der betuchten Martha Thienemann machte Carl Hauptmann nicht nur den Wohnungswechsel von Jena nach Zürich und Berlin zur Abfassung seiner Habilitationsschrift möglich, sondern

1890 sogar den Kauf eines Hauses in dem kleinen Ort Schreiberhau im Riesengebirge. In diesem Refugium inmitten einer großartigen Landschaft konnte er den gewünschten Abstand zu den Naturwissenschaften und der Enge des Universitätsdaseins bekommen und in Ruhe schreiben.

Carl Hauptmann und Otto Modersohn sind Freunde. Sie haben dieselben Anschauungen und verstehen sich. Sie lehnen Veräußerlichung ab, wie sie in ihren Augen der „Industriemensch" (Carl Hauptmann) verkörpert, ziehen ein individuelles Dasein in der schlichten, einfachen Natur dem Leben in der städtischen Hektik vor, betonen Wahrheit, Tiefe, Ernst und Kraft und appellieren beharrlich an das „echte Gefühl." Auch im Hinblick auf den jüngeren Rilke sind sich die beiden Männer einig. Seine Anwesenheit empfindet besonders Otto Modersohn anfänglich zwar als bereichernd und anregend, fühlt sich aber letztlich durch das „Gekünstelte" und „Überspannte" des Dichters eher provoziert. In seinen Augen personifiziert Rilke das „Schöngeistige", das immer an der Oberfläche zu bleiben droht, ohne in die Tiefe zu dringen.

Seit seiner ersten Begegnung mit „zwei Schwestern, einer blonden und einer dunklen", bilden Paula Becker und Clara Westhoff für den fast gleichaltrigen Rilke zweifellos den Mittelpunkt aller Ereignisse auf dem Barkenhoff. „Ich gebe wieder eine Gesellschaft", hält der Dichter unter dem Datum des 10. September fest. Überwältigt von der Fülle seines Worpswede-Erlebnisses erhebt er sich selbst zum Gastgeber der sonntagabendlichen Zusammenkünfte der Freunde im Weißen Saal. 10. September 1900: „Ganz in Weiß kamen die Mädchen vom Berg aus der Heide. Die blonde Malerin zuerst, unter einem großen Florentiner Hut lächelnd. Als wir eben in der dunklen Diele standen und uns aneinander gewöhnten, kam Clara Westhoff. Sie trug ein Kleid aus weißem Batist und Mieder im Empirestil. Mit kurzer, leicht unterbundener Brust und langen glatten Falten. Um das schöne dunkle Gesicht wehten die schwarzen, leichten, hängenden Locken, die sie, im Sinn ihres Kostüms, lose läßt zu beiden Wangen."

Der Dichter ist fasziniert von den beiden jungen Frauen. Er fühlt sich unwiderstehlich angezogen, wenn sie sich „mit lachenden Wangen" aus dem Fenster hinaus „hell in die Mondnacht" lehnen oder andächtig seinen Gedichten lauschen. Ihre Schönheit wirkt ergreifend auf ihn, man müsse sie anschauen „wie wachsende Blumen", schreibt er: „Nicht allein, für sich; neben anderen und immer eingefügt in das Land und in große himmlische Zusammenhänge: in Aufgang und Untergang, in Wiesen und an Wassern, die voll zitternder Bilder sind, unter rauschendem Regen und in klar gewordenen weiten Abenden."

Vor dem Hintergrund der Worpsweder Natur empfindet Rilke diese Schönheit als märchenhaft und geheimnisvoll. Von beiden Frauen gleichermaßen angezogen, möchte er, der zur Einsamkeit Entschlossene, das Geheimnis um sie jedoch wahren und ihre Einsamkeit ebenfalls schützen, denn sie ist in seinen Augen Voraussetzung für ihr Leben als Künstlerinnen: „Wieviel Geheimnisvolles ist in diesen schlanken Gestalten, wenn sie vor dem Abend stehen oder wenn sie, in samtenen Sesseln lehnend, mit allen Linien lauschen", notiert er in seinem Worpsweder Tagebuch am 10. September 1900: „Langsam lege ich Wort für Wort auf die silberne, zarte Waage ihrer Seelen, und ich bemühe mich, aus jedem Wort ein Kleinod zu machen. Und sie fühlen, daß ich sie irgendwie schmücke und beschenke mit einem Schmuck voll Glanz und Güte. Und immer strebe ich, mit meinen wechselnden Worten ihre Seelen leise zu wiegen, und ohne daß eine Schale fällt, spielen sie in den beiden Ufern des Gleichgewichts."

5. Kapitel

Sie hat herrliche Eigenschaften

Worpswede Herbst 1900-1902

Die Wochen in diesem Herbst 1900 sind von einem erwartungsvollen, heiteren Hochgefühl bestimmt, das die Worpsweder Gemeinschaft erfüllt. Man improvisiert Begegnungen in den Ateliers und diskutiert über Kunst, tauscht Erfahrungen, Erlebnisse und Vertraulichkeiten aus, philosophiert.

Otto Modersohn und Paula Becker fühlen sich zusammengehörig. Gemeinsam schauen sich der Worpsweder Meister und die junge Malschülerin aus Bremen alte Mappen mit Modersohns frühen Zeichnungen aus Soester, Münsteraner und Düsseldorfer Tagen an und gehen zum Malen hinaus in die Wiesen und Moore. Ihre Treffen versuchen sie geheim zu halten, denn aus Gründen der Pietät soll das Dorf noch nichts von ihrer Verbindung erfahren – der Konvention zufolge dauert das Trauerjahr ein Jahr und Helene Modersohns Tod liegt schließlich erst drei Monate zurück. Seine Liebesbriefe versteckt das Paar unter einem Findling, der nahe der Lehmkuhle hinter der alten Ziegelei zwischen dem dichten Geäst einer niedrigen Kieferngruppe liegt. Otto Modersohns Tagebuchseiten aus dieser Zeit sind mit Aufzeichnungen gefüllt, in denen sich der 35-jährige Witwer die elf Jahre Jüngere als Ehe- und Hausfrau vorzustellen versucht. „Hausputz, Reinemachen?" Es könne ihm nur recht sein, wenn sie dafür nicht viel übrig habe, notiert er, wobei er ihr die Führung des Haushalts durchaus zutraue, mit der entsprechenden Hilfe, das verstehe sich von selbst, die für das Essen sorge und die Strümpfe stopfe. Er strebe ein „ideales künstlerisches Leben" an, hält er fest und schwärmt: „Sie hat herrliche Eigenschaften. Sie ist sehr frei angelegt zum Genießen jeder Kunst – sehr anregend, belebend. – Frisch, froh, äußerlich oft entzückend, kräftig, gesund, freie Umgangsformen. Ganz von selbst, unbewußt ist das Verhältnis entstanden, hat mich immer hoch geschätzt, vor allen". Am späten

Nachmittag des 12. September 1900 unternimmt er zusammen mit Paula Becker und Rainer Maria Rilke eine Kahnfahrt auf der Hamme. Für ihn und die junge Malerin endet der Ausflug erst weit nach Mitternacht. „5-2 Uhr nachts verlobt", vermerkt Modersohn in seinem Tagebuch. Clara Westhoff und Heinrich Vogeler als enge Freunde des Paars dürfen von dieser Verlobung wissen, vor Rilke hingegen muß sie geheim bleiben. Betroffen reagiert Modersohn auf einen Brief von Paula Becker, den sie nur fünf Tage nach der nächtlichen Bootsfahrt auf der Hamme unter den Findling gelegt hat:

Ich habe über uns beide nachgedacht und habe es beschlafen, und nun kommt mir Klarheit. Wir sind nicht auf dem richtigen Wege, Lieber. Sieh, wir müssen erst ganz, ganz tief in uns gegenseitig hineinschauen, ehe wir uns die letzten Dinge geben sollen oder das Verlangen nach ihnen erwecken. Es ist nicht gut, Lieber. Wir müssen uns erst die tausend anderen Blumen unseres Liebesgartens pflücken, ehe wir uns in einer schönen Stunde die wunderbare tiefrote Rose pflücken. Um das zu tun, müssen wir beide uns noch tiefer ineinander versenken (...)
Leb wohl, Lieber. Denke was Schönes und fühle was Schönes. Wir haben uns ja die Hände gereicht, um mit vereinten Kräften feiner zu werden, denn wir sind ja noch lange nicht auf unserem Höhepunkt, ich noch lange nicht und Du auch nicht, Lieber, Gott sei Dank. Denn Wachsen ist ja das Allerschönste auf dieser Erde. Nicht, wir beide haben es noch gut vor. Sei still geküßt, und laß Dir den geliebten Kopf leise streicheln. Ich bin Dein, Du bist mein, des sollst Du gewiß sein.
Nach dem 12. September 1900

In diesem Brief nimmt Paula Becker ihren Entschluß, Otto Modersohn zu heiraten, zwar nicht zurück, aber die Geschwindigkeit, mit der sich die Dinge entwickeln und die Komplexität der Ereignisse mag sie doch für einen Augenblick lang erschrecken und zögern lassen. Zweifellos fühlt sie sich immer stärker zu dem Maler hingezogen. Die Kunst verbindet sie. Und Modersohn reagiert nicht nur mit vertrauensvollem Verständnis, sondern mit wirklichem Interesse. An seiner Seite fühlt sie sich geborgen und künstlerisch angeregt zugleich. Eine Ehe mit dem wohlsituierten Witwer würde sie nicht nur von der väterlichen Autorität befreien, sondern auch materiellen Schutz und somit die Möglichkeit bieten, sich ganz ihrer Kunst zu widmen.

Rilkes Notizen zufolge hat Paula Becker in diesen Tagen auch besonders vertrauliche Gespräche mit dem gleichaltrigen und ihr sehr zugeneigten Dichter. Sie lernt ihn besser kennen, doch ihr Interesse füreinander basiert vor allem auf einer inhaltlichen Ebene. Sie begegnen sich sozusagen als Ebenbürtige. Beide haben eine klare und hohe Vorstellung von ihrem Werk und ihrem künstlerischen Auftrag.

Rilke, der in einer festen Bindung nur ein Hindernis für die künstlerische Arbeit sieht, wird Paula Becker seine diesbezüglichen Anschauungen mehr oder weniger eindringlich mitgeteilt haben und sein Einfluß auf sie ist nicht zu unterschätzen. Nach einem Besuch in ihrem „Lilienatelier", wie Rilke – wohl inspiriert durch den dunklen Gobelin mit den französischen Lilienornamenten an der Wand – ihr Atelier bei Brünjes nannte, schreibt er am 16. September 1900 in sein Tagebuch: „Tee erwartete mich. Eine gute reiche Gemeinsamkeit in Gespräch und Schweigen. Es wurde wundersam Abend; wovon die Worte gingen: von Tolstoi, vom Tode, von Georges Rodenbach und Hauptmanns „Friedensfest", vom Leben und von der Schönheit in allem Erleben, vom Sterbenkönnen und Sterbenwollen, von der Ewigkeit und warum wir uns Ewigem verwandt fühlen (...) – Ihr Haar war von florentinischem Golde. Ihre Stimme hatte Falten wie Seide. Ich sah sie nie so zart und schlank in ihrer weißen Mädchenhaftigkeit."

Ende September reist der Worpsweder Freundeskreis zur Premiere von Carl Hauptmanns Drama „Ephraims Breite" nach Hamburg. Begeistert schreibt Modersohn in sein Tagebuch: „Wunderbar unvergesslich waren die Tage in Hamburg. Eine einzige Harmonie erfüllte die ganze Gesellschaft, die unausgesprochene, von allen geahnte Liebe bildete den seligen Mittelpunkt. Mir war an der Seite meiner Paula unendlich wohl." (27. September 1900)

In der Hamburger Kunsthalle fühlt er sich besonders durch zwei Bilder von Böcklin angeregt: „Es ist unglaublich, welche Transparenz, welche Durchsichtigkeit Böcklin erreicht, wie er das Materielle der Farbe überwindet. Alles aufgelöst, nirgends fest – o das ist malen“, notiert er. Mehr von Böcklin und auch Bilder von Corot sieht er zusammen mit den Freunden in der privaten Kunstsammlung des Hamburger Bankiers Behrens. Rilke, durch Modersohn an die Betrachtung von Kunst durch den Blick des Malers herangeführt, ist ebenfalls sehr beeindruckt, besonders von den Künstlern, die Modersohn seit langem beschäftigen, Böcklin, Daubigny und Corot. Beglückt über das Zusammensein „mit diesen gewissenhaften und guten Malermenschen, die so unglaublich nahe zu den Bildern kommen“ und dankbar, von ihnen lernen zu können, notiert er nach der Hamburgreise in sein Tagebuch: „Mir ist, ich lerne jetzt erst Bilder schauen.“

Der anregende Gedankenaustausch mit Rainer Maria Rilke und die intensiven Gespräche mit dem Freund Carl Hauptmann, die festlichen Zusammenkünfte auf dem Barkenhoff und seine wachsende Liebe zu der jungen Paula Becker – für Otto Modersohn bricht eine „neue Zeit“ an, die, er ist sich ganz sicher, „neues, frisches, reiches, tiefes, feines, echt künstlerisches Leben“ bringen wird.

Durch das schwere, hoffnungslose Leiden meiner lieben Helene war meine Seele eng, gedrückt, unter der fortwährenden Sorge hatte meine physische und psychische Kraft stark gelitten. Nichts von frischem, frohem Wagemut, von Tatendrang, von fortreißender Liebe, wie es 1893 war, als wir uns fanden. 1894-95, als ich meine ersten Bilder malte. – Man lebte von Tag zu Tag, wagte nie an die Zukunft zu denken, von der man wußte, daß sie Schlimmes bringen würde. So hatte ich das süße Glück der jungen Liebe nie kennengelernt. Denn die Liebe kann auf einem sorgenvollen, steinigen Boden nicht gedeihen, und die Kunst ebenso wenig (...) Wie war es mir schwer, meine Helene so leiden zu sehen, ohne helfen zu können, so allen süßen, lieben Träumen entsagen zu müssen (...) Sie hat nun ausgelitten, sie ist eingegangen in Ruhe und himmlischen Frieden, unvergessen von mir, solange ich lebe.
27. September 1900

In Paula Becker ist Otto Modersohn eine Frau begegnet, die nicht nur beträchtlich jünger ist als er, sehr weiblich, selbstbewußt, lebensfroh und mitreißend temperamentvoll, sondern auch durch und durch künstlerisch. Diese Erfahrung ist neu für ihn, äußerst anregend und erregend und sie reißt ihn zu einer Flut von überschäumenden Notizen hin:

Meine Paula ist ein einziges Mädchen. Sie strebt nach echt künstlerisch feinem Leben, hat reiche Veranlagung und feinstes Verständnis für alle Künste, besonders Malerei. Sie ist echt künstlerisch in ihrem Innern.
27. September 1900

Frei muß der Künstler sein, ohne Freiheit kann der Künstler nicht gedeihen, nur ein künstlerisch angelegter Geist kann einen Künstler begreifen (...) Ich möchte nur mit einem künstlerischen Weibe leben, denn mein Bestes, mein Ganzes was ich habe, ist die Kunst.
27. September 1900

Meine Liebe ist ganz wunderbar. Welche köstlichen Seiten hat Paula für mich. Dieser Trieb zum Geistigen, Künstlerischen, Phantasievollen, Koloristischen, o wie ist es mir lieb. Das feuert mich an, belebt mich, begeistert mich.

Rainer Maria Rilke, um 1903

Musik, Literatur, Malerei, Natur – alles ist ihre Liebhaberei. So muß meine Frau sein. Die kleinen Sorgen des Lebens dürfen nicht so großen Raum haben. Immer das Große, Feine, Köstliche lieben und suchen. – So passen wir im Innersten zusammen. So lieben wir daßelbe und vertiefen uns gegenseitig, helfen uns über das Kleine hinweg.
September 1900

Anfang Oktober 1900 mietet Paula Becker das Atelier von Ottilie Reyländer, die vorübergehend in Paris arbeiten möchte. Es befindet sich im Haus des Schneiders Ranke, das gleich neben dem von Modersohn liegt. Selbst ihren Eltern gegenüber hat sie von der Verlobung mit Otto Modersohn bisher nichts erwähnt. Sie erfahren erst Ende Oktober davon. Wenn er auch elf Jahre älter, Witwer mit einem kleinen Kind und obendrein noch ein Künstler aus dem nicht gerade hoch geschätzten Worpswede ist – der zukünftige Schwiegersohn ist Mathilde und Woldemar Becker sympathisch und der Gedanke muß sie beruhigt haben, ihre Tochter nicht nur in einer menschlich glücklichen, sondern auch materiell gesicherten Situation zu wissen. Allerdings reagieren sie mit Erschrecken über den frühen Zeitpunkt der Verlobung. Otto Modersohn: „Ich kann es wirklich bezeugen, daß mein Andenken, mein Gedenken an meine liebe Helene nicht von der Verlobung mit Paula berührt oder gar verwischt wird. Das ist darüber erhaben, steht für mich fest für alle Zeit. – Aber erstens sehnte ich mich namenlos nach Ablenkung in meiner Trauer und dann war die Liebe eben da wie eine Blume, die eines Tages aufblüht."

In ihren Briefen nach Hause äußert sich Paula Becker ganz beglückt über das „große wundervolle Ereignis". Jetzt verständigt sie auch ihre Tante Marie in England und das Ehepaar Grete und Arthur Becker in Dresden und dankt ihren Verwandten für die liebevolle Unterstützung während ihrer Ausbildungsjahre.

Ja, ich sitze im Glück, tief und sanft, und das Leben umweht mich süß. Es ist mir alles wie ein Traum. Eigentlich war mir mein ganzes Leben wie ein Traum, doch jetzt ist es eben noch mehr. Solche Abende, wie ich sie verbringe, blühen, glaube ich, den wenigs-

Otto Modersohn zeichnend vor der Worpsweder Kirche, um 1904

Carl Hauptmann, um 1900

ten in der Welt. Wie heute, als wir uns gegen Dunkelwerden an unserem Lieblingsplatz trafen. Da standen wir zusammen zwischen zitternden Föhren, in denen der Wind knackte; --- er ist wie ein Mann und wie ein Kind, hat einen roten Spitzbart und zarte liebe Hände und ist siebzehn Zentimeter größer als ich. Er hat eine große tiefe Intensität des Gefühls. Daraus besteht eigentlich der ganze Mensch. Kunst und Liebe, das sind seine beiden Stücklein, die er geigt. Er hat eine ernste, fast schwermütige Natur bei einer großen Freude an Sonnenschein und Frohsinn. Ich kann ihm viel sein. Das ist ein wundervolles Glück. In der Kunst verstehen wir uns sehr gut, der eine sagt meist, was der andere empfindet. Ich will auch meine Kunst nicht an den Nagel hängen. Wir wollen nun vereint weiter streben. Bei seiner großen Einfachheit und Tiefe wird mir fromm zumute. Ich bin ein solch komplizierter Mensch, so ewig zitternd, da tut eine ruhige Hand so viel Gutes. Ich trage das Glück in meinem Herzen.
Oktober 1900

Eigentlich wohnt ja das Glück schon so lange bei mir, solange ich mich der Kunst widme. Neu aber ist es zu mir gekommen in Gestalt eines lieben, ernsten Mannes, mit dem ich mein ganzes Leben teilen werde. Der Maler Modersohn und ich, wir sind uns einig; wir wollen uns nächstes Jahr heiraten (...)
Ich habe ein Verständnis für seine Kunst und er ein Verständnis für mein Streben. Ihr werdet ihn liebhaben, wenn Ihr ihn kennenlernt. Er ist eine ernste, tief angelegte Natur, die ganz in ihrer Kunst aufgeht. In feinsinniger Weise nimmt er die Schönheiten der Schöpfung in sich auf und bringt allem und allen ein Herz voll Liebe entgegen. Mir wird es an seiner Seite sehr gut gehen. Ich bin wahrhaft glücklich und innerlich still. Er hat ein kleines blondes Töchterlein, dem ich die Mutter ersetzen werde.
1. November 1900

In den Aufzeichnungen der Malerin aus diesen Wochen des Spätherbst 1900 klingt neben den zahlreichen Äußerungen über ihr „Glück, tief und sanft" an der Seite Otto Modersohns zwischen den Zeilen auch die Sorge durch, ihr neues Leben als Familie könne sie mit seinen Anforderungen erdrücken. Sie befürchtet, in der Beziehung zu ihrem Mann möglicherweise zu viel von ihrer Eigenständigkeit zu verlieren: „Denn Initiative ist jetzt mein schwacher Punkt. Sie war eigentlich nie meine stärkste Seite. Nun muß ich das Wenige, was ich besitze, noch in Otto Modersohn und mich teilen. Denn er hat noch vie – ie – iel weniger als ich“, schreibt sie am 3. November an ihre Mutter. „Ich will meine Junggesellenzeit noch recht zum Lernen wahrnehmen; denn daß ich mich verheirate, soll kein Grund sein, daß ich nichts werde.“ Modersohn wiederholt immer wieder sein Glück über seine junge Verlobte, die ihn belebe und verjünge. Dabei ist er sich ihrer unterschiedlichen Temperamente durchaus bewußt:

In der Liebe und Ehe ist sicherlich die Verschiedenartigkeit, ein gewisser Kontrast in den Temperamenten von allerhöchstem Wert, natürlich eine sich anziehende Verschiedenartigkeit. Eine Gleichgestimmt- und Gesinntheit ist nicht gut, sie führt zur Langweiligkeit. Ich bin in meinem Grundwesen ernst, liebe aber unendlich heiteren, lebenslustigen Sinn. Helene konnte mir den nicht geben bei ihrem Leiden, da mußte ich oft mit Gewalt heiter sein. Das war nicht das Richtige, Natürliche. Die rechte Mischung, der rechte Ausgleich – darauf kommt doch alles an: Ernst und Frohsinn, Heiterkeit und Ruhe, menschlicher Scharfsinn und göttlicher Leichtsinn, die passen zusammen. – Bei Verschiedenartigkeit der Temperamente findet eben eine dauernde Anregung, Befruchtung statt. – Darum hat mich instinktiv Paula Becker angezogen. Ich fühlte, daß sie etwas hatte von der Natur, das ich nicht habe, aber immer hoch schätzte und liebte. Sie kann mir unbewußt geben und ich ihr. – Ich: – ihr Ernst, Stille, Gediegenheit, Festigkeit etc. – sie: mir Fröhlichkeit, Heiterkeit, leichten, freien Sinn.
Spätsommer 1900

Ich bin der einfachere, natürlichere; sie ist komplizierter, gekünstelter – nun gut. Dennoch passen wir zusammen.
3. Dezember 1900

Ihre Art ist von meiner durchaus verschieden, das das beste. Ihr Temperament leichter, freier, heiterer – und das liebe und verehre ich so sehr. Ihr Urteil in der Kunst selbständig, eigenartig – schätze ich so sehr. Sie bildet ein glückliches Gegengewicht zu mir und ich zu ihr. So muß es sein. In der Grundanschauung verwandt – kunstdurchglühtes Leben – in den Äußerungen verschieden.
8. Dezember 1900

Paula Beckers „kleine Eigentümlichkeiten", ihr „Egoismus" beispielsweise, das „Überempfindliche, Zimperliche, Diffiziele, Gesuchte, Künstliche" an ihr, provozierten Otto Modersohn zu kritischen Äußerungen, die er seinem Tagebuch anvertraut, aber schon im nächsten Augenblick wieder verwirft. Es ist ihre Jugend, beruhigt er sich, beschließt, sie einfach zu lassen, und hofft, mit der Zeit und unter seinem Einfluß werden sich die Dinge schon regeln. Er weiß, daß er selbst auch Wesenszüge hat, die schwierig sind. So leidet er maßlos unter seinem Hang zur Melancholie, die von den Mitmenschen gewiß häufig als Übellaunigkeit mißverstanden worden ist. Er bezeichnete diesen Seelenzustand als seine „Alltagsstimmung". Sie muß in regelmäßigen Abständen Besitz von ihm ergriffen haben. Wenn er so sei, würde er andere quälen, soll Paula Becker ihm mehrfach vorgeworfen haben, und oft genug ist es den Äußerungen des Malers zufolge wohl vorgekommen, daß sie auf seine „Stimmungslosigkeit" mit einer Unduldsamkeit reagierte, die an Verachtung grenzen konnte.

Er habe sie aus der Stimmung gebracht, wirft sie ihm dann vor und beklagt, er könne nicht „mitschwingen". Aber auch sie läßt sich leicht aus der Stimmung bringen. Häufig fühlt sie sich durch die geringste Kleinigkeit gestört. Schnell fällt sie ihr Urteil über andere Menschen, die ihr geistig nicht gewachsen scheinen. Sie kann sehr abweisend sein. Manchmal glaubt die Tochter aus dem Bremer Beamtenhaushalt sogar, Modersohn gute Manieren beibringen zu müssen: Nicht die Tasse ohne Untertasse reichen! Nicht sprechen, wenn man ißt! Nicht mit der Gabel allein essen!

Trotz seiner großen Liebe zu ihr ist Otto Modersohn manches an Paula Becker fremd. Ihre kleinen spitzen Bemerkungen erschrecken ihn. Häufig nennt sie sein Haus gereizt ein „Glashaus" und ihn einen

„Philister". In solchen Augenblicken macht er sich ernsthaft Sorgen im Hinblick auf ihre gemeinsame Zukunft. Argwöhnisch reagiert er auf diese „krankhaft überspannte" Seite an ihr, die ihn an den jungen Rilke erinnert, der oft auch so etwas „Nervöses" hat. „Überhaupt, wo ist echtes, wahres, tiefes Gefühl", fragt er sich, „darum leide ich so viel, weil ich so selten Menschen sehe, die mir darin gleich sind. Diese ewigen jämmerlichen Äußerlichkeiten." Aber dennoch: Paula „noch weit mehr lieben als bisher", für die Geliebte kämpfen, ihr Anerkennung verschaffen und selbst auch ganz aufgehen in der Kunst, das ist es, was er sich vornimmt.

> *Nun bin ich mir klar. Nichts soll mich hier heraustreiben und bin ich mal übler Laune, nicht so viel reden und verurteilen, was ich am anderen Tage zurücknehmen möchte. Wie oben gesagt: Das Leben genießen. Das Leben schön leben, reich nach jeder Richtung. Frisch, frei, fröhlich, keine sentimentale Kopfhängerei, keine Ängstlichkeiten, groß und frei – das ist die beste Lebensphilosophie.*
> 13. November 1900

> *Wie ist da aber meine Paula (und Clara Westhoff). Sie mögen nun Merkwürdigkeiten und Gesuchtheiten haben, das ist das Beste an ihnen, das Große; sie sind frisch und anregend, suchen mit eigenen Augen die Welt zu sehen und aufzufassen. O diese jugendliche Frische, dies geistig Rege, das Eigenartige, Selbständige, Persönliche, das Begeisterungsfähige – das ist das Große an meiner Paula, das läßt sie mir immer von neuem in reinstem Lichte erscheinen, darum verehre ich sie, darum gehören wir zusammen, passen wir. Es ist das Beste in der Worpsweder Gesellschaft. Paula und Clara Westhoff und Heinrich Vogeler – unser Kreis.*
> 4. Dezember 1900

Für Otto Modersohn ist in dieser Zeit auch die persönliche Begegnung mit dem jungen Rilke ein wichtiges Erlebnis und für Rilke wiederum ist der zehn Jahre ältere und künstlerisch bereits erfolgreiche Maler untrennbar mit seinen Worpsweder Eindrücken verbunden. Ausführliche Gespräche in Modersohns Atelier wecken das Interesse des Lyrikers und veranlassen ihn zu umfangreichen Reflexionen über dessen Kunstverständnis und Arbeitsweise: „Er hat das Gefühl, eine Einheit zu sein allem Vielen gegenüber, und die Aufgabe, das Viele immer mehr zu vereinfachen, d.h., in sich aufzunehmen. Sein Wachstum ist begründet. Seine Seele lebt nach allen Seiten hin. Seine Augen sind arglos offen. Seine Lippen geduldig und selten redend. Seine Hände am Werke. Er ist ein Künstler." (Tagebuch, 15. September 1900).

Während seiner Studien in München und seines Aufenthaltes in Florenz 1898 hatte sich Rilke mit der Kunst der Renaissance befaßt und in Rußland 1899 und 1900 mit russischer Kunst. Unter den Malern in Worpswede empfindet er sich als Lernender, der beobachtet, schaut und zuhört. Die vielen Debatten, die er mit den Künstlern und besonders mit Otto Modersohn führte, haben wesentlich zu Rilkes Empfänglichkeit für bildende Kunst und zu seiner späteren Auseinandersetzung mit Skulptur (Rodin) und Malerei (Cézanne) beigetragen.

Besonders beeindruckt ist Rilke von Modersohns freien Kompositionszeichnungen. „Abendblätter" hat er die handtellergroßen, abends am Tisch im schwachen Schein einer Petroleumlampe entstandenen Kompositionen bezeichnet, für die ein Zustand höchster Ruhe und Konzentration Voraussetzung war. Versunken, tastend, nur mit Kohle, Rötel und verschiedenen Kreiden gestaltet Modersohn die Natur gleichsam aus der inneren Vorstellung und überquellenden Phantasie heraus neu. Auf rauhen Packpapierblättchen oder einem Briefumschlag wachsen Strukturen und Linien. Diese Blätter sind voller zeichnerischer Bewegung. Landschaften, Figuren sind eingebunden und verwoben im Fluß der Linien. Gegenstände sind aufgelöst in der Dämmerung der halbschattigen Blätter. Alles ist Andeutung, nichts wird benannt.

Rilke in seinem Schmargendorfer Tagebuch:

Eine Notiz über M's Art zu arbeiten. Er liebt, die Farben zu studieren an Pflanzen und Tieren. Gepreßte Blätter in ihrem Dunkel und Bleichwerden geben ihm ein Gefühl von dem, was die Buntheit überdauert, und er lernt an ihnen eine Tongamme, die ewiger ist als die lichten Übertöne des Sommers. Seine Farbigkeit bleibt feiner im Gefieder der toten Vögel wach. Im Atelier steht ein Glasschrank mit ausgestopften Vogelarten, – und alle, welche in der Worpsweder Landschaft sich finden, sind in der Sammlung vorhanden (...) Alle diese Schönheiten sind um ihn, in den Stunden, da Wolken und Himmel ihm nicht sichtbar sind, und bereiten ihn vor für die weiten Wege ins Moor, auf welchen er sehr gewissenhafte Studien macht, von Hütten, Heideflächen, Wolkenhimmeln, langen Kanälen mit schwanken Stegen und besonders Bäumen. Oft nur ein Stück Birkenstamm, ganz vorn vor Wiesen oder vor dem Himmel das Portrait einer Birke. Prachtvoll plastisch heraus gearbeitet, ohne Kleinlichkeit in breiter, einfacher Manier. In der Erinnerung habe ich ein rotes Moorhaus, um welches allseitig wie ein weißer Regen dünne Birken niederrieseln, zittern wie Birkenbilder im Wasser. In den Bildern, die aus solchen Studien entstehen, aber muß zu solchen Errungenschaften und Gewißheiten noch etwas Unsagbares hinzu treten. Dies ist auf kleinen Blättern gerettet, welche Modersohn abends zu Hause unter der Lampe mit Rötel und Kreide träumt. Diese Blättchen, jedes halb so groß wie diese Seite, geben dem Schauenden unendlich viel. Denn sie sind gebildet aus dem Überfluß dieser maßvollen Persönlichkeit und im Gegensatz zu den stark wirklichen Studien dunkel und visionär. Eine Diele in der Dämmerung, ein Frühlingsmorgen im Felde, ein klarer Himmel über dem Moor, eine Alte im Märchenwald (und schon sitzt ein großer, wichtiger Vogel auf einem Zweig) ... Alles das ist schon ganz in den kleinen Blättern enthalten; mit aller Ewigkeit dieser einfachen Eindrücke erfüllt, muten sie unendlich groß und unvergeßlich an. Und wo sich das einmal zufällig (Zufall im größeren Sinn gemeint) fügt, daß die Wirklichkeit und Tatsächlichkeit der Studien in einem Bilde zusammenkommt mit jenen Stimmungswerten, die auf den kleinen Blättern gerettet sind, da muß etwas sehr Großes werden.

15. September 1900

Otto Modersohn selbst vermerkte zu diesen groß und einfach angelegten Kompositionsskizzen, sie seien „ganz unbewußt, wie Funken im Feuer der Begeisterung abgesprüht (...) mit fliegender

Hand hingeschrieben, das Wesentliche deutlich sagend." Neben diesen Kompositionen und Studien, die als „Impressionen des Herzens, des Gefühls" verstanden wurden, umfaßt sein facetten- und umfangreiches zeichnerisches Oeuvre Naturstudien – Blätter, die als Entwürfe und Vorzeichnungen entstanden und später zu Gemälden führten. „Zeichnen, zeichnen, immerzu zeichnen. Wie der Musiker einige Stunden des Tages übt, so sollte der Maler jeden Tag zeichnen", lautete Modersohns Maxime, die er bereits am 7. April 1896 formuliert hatte.

In seinen freien Kompositionen sieht Modersohn die Synthese von Wirklichkeitssinn und freier schöpferischer Phantasie erreicht. Es gibt darunter eine Gruppe „phantastischer" Zeichnungen. Eine Märchenwelt, bevölkert von Waldfrauen, Hexen, Waldkindern, Wölfen, alten Königen und Prinzessinnen. Modersohns Hang zum Märchen und zur Sage, der bereits in seinen frühen Schülerzeichnungen zu finden ist, äußert sich jetzt auf einer neuen Ebene. Eine Ableitung von Böcklins Symbolismus, auch der inhaltliche Bezug zu Heinrich Vogelers Märchen- und Traumdarstellungen liegt nahe. Für Modersohn stellen diese dunklen farbigen Blätter seine „ganze innere Welt" dar.

In Rilkes Beschreibung von Modersohns Farben klingt ein Thema an, das in den Gesprächsrunden auf dem Barkenhoff von zentraler Bedeutung war und häufig berührt wurde – der Tod. Die Moorlandschaft Worpswedes und ihre Farben lösen in Rilke mehrfach Gedanken über den Tod aus: „Tod im Moor. Wie leicht muß es sein, ihm hier zu begegnen... Wenn irgendwo, so muß hier ein Totentanz entstehen."

Am 23. Oktober 1900 schreibt der inzwischen wieder nach Berlin zurückgekehrte Rilke an Otto Modersohn:

Erinnern Sie sich jenes Nachmittags, da Sie mir das Vertrauen bewiesen haben, auf das ich leise stolz bin: Sie zeigten mir die kleinen Abendblätter, und ich fühlte, wie aus jedem Entwurf, aus schwarz und rot, mir mehr Wirklichkeit entgegenwuchs, jenes Sein, das nur die tiefste Kunst in tiefen Stunden hinzustellen vermag, erfüllte sich in diesen Skizzen, vor denen ich das Gefühl hatte, daß in jeder, von der Flucht der Striche verhüllt, alles sei,

was man in dieser Stimmung erleben und werden kann. Es ergriff mich so, diese übervollen kleinen Blätter in Händen zu halten, mich in ihr Geheimnis hineinzuschauen wie in das Schaffen selbst: ich war wie einer, der in lauter dämmernde Zimmer tritt und erkennt, daß da vor seinen sich langsam gewöhnenden Augen Alles steht, was er je schön erdacht und schön erinnert hat (...)
– Fast jeder Tag in Worpswede brachte ein Erlebnis für mich – ich sagte es Ihnen oft: aber so fromm und ehrfürchtig wie vor Ihren kleinen Blättern war ich nur noch zwei- oder dreimal im Leben; denn es geschieht nicht oft, daß sehr Großes sich in ein Ding zusammendrängt, das man ganz in der Hand halten kann, in der eigenen ohnmächtigen Hand.
Schmargendorf, 23. Oktober 1900

Rilke nähert sich den Kompositionszeichnungen des Malers mit erstaunlichem Einfühlungsvermögen. Niemand vor ihm konnte ähnliche Worte des Verständnisses finden. Otto Modersohn war tief bewegt und schenkte Rilke drei seiner „Abendblätter".
Rilke in seinem Dankesbrief:

Ich muß Ihnen sagen, wie das war: zuerst, als ich Ihren großen Brief aufschloß und mit einem Male unerwartet ein liebes, unvergeßliches Blatt in Händen hielt und noch eins und ein drittes, da war ich nur Schauen und Genießen, ganz erfaßt von der Macht, die diese Blätter über mich haben und hingegeben allen Einflüssen ihrer tiefen intimen Schönheit (...) Sie wollten mir also eine große Freude machen? Aber meine Freude geht bei weitem über Ihre liebe Absicht hinaus. Nicht e i n Fest geben Sie mir. Eine ganze Kette festlicher Stunden schließt sich an diese Blätter an, und viele Gedichte werden aus dem geheimnisvollen Dunkel dieser Landschaft zu mir kommen. Das ist nämlich auch mit der Art dieser Blätter untrennbar verbunden, daß sie nicht wie Werke, sondern wie Werdestunden wirken, weiterwirken.
19. November 1900

Paula Becker war während der Weihnachtsfeiertage 1900 zu ihrer Familie nach Bremen gefahren, Otto Modersohn zusammen mit seiner kleinen Tochter Elsbeth zu den Eltern nach Münster. Seine Freude über das Wiedersehen mit Vater, Mutter und Geschwistern war getrübt und Trauer lag über dem Fest, weil auch der Bruder Ernst nur wenige Wochen zuvor seine 28-jährige Frau verloren hatte. Außerdem war die Schwester Laura krank. Sie hatte sich beim Abziehen eines Hasen eine Blutvergiftung zugezogen und litt unter fürchterlichen Schmerzen. „Meine kleine Elsbeth, die ich bei mir habe, ist der Sonnenschein im Hause", schreibt Otto Modersohn an Carl Hauptmann. Die Ungeduld, wieder in sein Atelier zu kommen wächst umso mehr, als er in Paula Becker endlich jene Wesensverwandtschaft gefunden zu haben glaubt, nach der er sich so lange gesehnt hat: "Mein Geist ist überhaupt selten hier, er wandert immerfort an Deiner Seite, merkst Du's wohl?", beantwortet er ihren Liebesbrief aus Bremen und möchte am liebsten umgehend zu ihr aufbrechen.

Auch Paula Becker zieht es schon nach wenigen Tagen wieder zurück in die Worpsweder Einsamkeit. Das gesellschaftliche Miteinander in Bremen empfindet sie als viel zu oberflächlich und manchmal wie eine „Art von Vergewaltigung" ihrer Person. An ihre Tante Marie Hill schreibt sie am 30. Dezember 1900: „Draußen leben wir eine stille Gemeinde: Vogeler und seine kleine Braut, Otto Modersohn und ich und Clara Westhoff. Wir nennen uns: die Familie. Wir sind immer Sonntags beieinander und freuen uns aneinander und teilen viel miteinander. So mein ganzes Leben zu leben ist wunderbar."

Während der ersten Januartage des Jahres 1901 herrscht in Worpswede strenger Frost. Die nach wochenlangem Regen überschwemmten Wiesen und Felder beiderseits der Hamme sind zugefroren. Wer den Gottesdienst in der kleinen Kirche St. Jürgen besuchen möchte, die einsam im Moor liegt und von riesigen Eisflächen umgeben ist, muß sich die Schlittschuhe unterschnallen.

„Und nun heißt es zwischen uns beiden schon wieder 'Auf Wiedersehen'. Und ein jeder von uns versucht sich in dieser zweimonatigen Zeit des Alleinseins wacker zu halten und tüchtig zu schaffen, Du, mein König, schöne, schöne Bilder, ich – Suppen, Klöße und Ragouts", schreibt Paula Becker am 10. Januar 1901 vom Bahnhof in Ritterhude an Otto Modersohn und am selben Tag an Rainer

Maria Rilke: „Wir haben wieder wundervolle Tage hinter uns, wir die Familie. Wir haben wundervolle Eisfahrten gemacht. Und heute brachten sie mich an einem kleinen, einsamen Kirchlein vorbei, zu dem die Leute nur auf Schlittschuhen zum Beten kommen können. Es liegt selbst in dieser allmächtigen Winterpracht wie ein Gebet und ein stilles Flehn. – Und dann ging's auf gelbem Eis unter blauem, nachtblauem Himmel dahin. Dann ein Stücklein zu Fuß. Der Fluß krachte neben mir und über mir schrie ein Flug wilder Gänse (...) Also ich komme jetzt nach Berlin. Freitag oder Sonnabend. Soll ich Sie Montag in der Dämmerung heimsuchen?"

Mit ihrem Besuch einer Hauswirtschaftsschule in Berlin fügt sich Paula Becker dem elterlichen Wunsch, vor ihrer Hochzeit kochen zu lernen und sich mit ihren zukünftigen Aufgaben als Hausfrau vertraut zu machen. Pflichtbewusst und äußerlich gelassen, aber innerlich doch voller Widerstand, absolviert sie diese erzwungene Unterbrechung ihrer künstlerischen Arbeit und glücklichen Beziehung zu Otto Modersohn. Sie wohnt bei ihrer Tante Hermine Parizot in der Eisenacher Straße 61 und besucht eine Kochschule „beiderlei Gestalt, einfacher Mittagstisch und Puterbraten." Sie fühle sich „sehr zahm und sehr eng und möchte die Wände sprengen und ein Stück Himmel sehen", schreibt sie am 13. Januar 1900 an ihren Verlobten nach Worpswede.

Die junge Malerin nutzt ihren Berlin-Aufenthalt für häufige Museums- und Ausstellungsbesuche. Die Werke der holländischen und italienischen Meister des 14. Jahrhunderts regen sie zum Nachzeichnen an. Mit Modersohn korrespondiert sie über Rembrandt, Dürer und Velazquez. Sie sieht Daumier bei Cassirer und Böcklin bei Gurlitt. Mehrfach besucht sie Rilke in seinem Schmargendorfer Zimmer. Ihr Brief vom 23. Januar weist darauf hin, daß sie ihm in dieser Zeit ihre frühen Tagebücher zu lesen gibt, ihr „Kinderbuch". In seinem Dankesbrief vom 24. Januar bedauert der Dichter, die Malerin in ihrem Worpsweder „Lilienatelier" zwar besucht und auch die eine oder andere Skizze an der Wand wahrgenommen, „aber fast nichts von Ihnen" gesehen zu haben: „Denn Sie selbst haben mir niemals etwas gezeigt."

Ursprünglich muß Rilke geplant haben, den Winter in Worpswede zu verbringen. Aber dann war er doch kurz entschlossen und zur Überraschung der Freunde am 5. Oktober 1900 morgens um fünf abgereist und nach Berlin zurückgekehrt. Nur Paula Becker hatte er einen schriftlichen Gruß hinterlassen: „Ich habe eine Bitte: wollen Sie mir dieses kleine Skizzenbuch, darin viele meiner liebsten Verse stehen, für die Zeit meines Fortseins bewahren (...) Ich schreibe das, weil ich Sie nicht gefunden habe und nicht weiß, wann Sie nach Hause kommen. Und dann: unsere Pläne sind geändert. Ich soll schon morgen in Berlin sein."(4. Oktober 1900). Die Künstlerin in einem Brief vom 25. Oktober 1900: „Clara Westhoff und ich, wir sprachen neulich darüber, daß Sie eine lebendig gewordene Idee von uns seien, ein erfüllter Wunsch. Sie leben stark unter unserer kleinen Gemeinde (...) An unseren schönen Sonntagen sind Sie unter uns, sind wir bei Ihnen. Und so wird es bleiben. Denn Sie werden einem jeden von uns zum Ereignis, und in uns lebt weiter, was Sie uns in Überfülle lautlos und sanft in die Hände legten." Wenig später, am 12. November, nennt sie dem Dichter-Freund nun „mit Worten", was er wohl schon geahnt haben mochte: „Das Eine für mich, das Ganze, das Große, das Feststehende für mich ist meine Liebe zu Otto Modersohn und seine Liebe zu mir. Und die ist was Wundervolles und segnet mich und überströmt mich und singet und geiget um mich und in mir."

Otto Modersohn und Paula Becker schreiben sich zahlreiche Briefe voller Innigkeit, Zartheit und gegenseitigem Begehren. Zu ihrem Geburtstag am 8. Februar schickt er ihr eine kleine „Studie mit Rosenwolken". Sehnsuchtsvoll schreibt die 25-jährige: „Eben, ich muß bald wieder bei Dir sein, nicht wahr. Soll ich? (...) Ich koche fünfmal die Woche, und da lerne ich schnell. Und kann bald genug für uns beide kochen. Weiß Du, sonst kommst Du ins Spinnen und Sinnen und ich vergehe an Luftmangel."

In der Stadt locken Läden mit Dingen, die Paula Becker in Hinblick auf ihr Eheleben und ihr zukünftiges Worpsweder Zuhause zum Kauf reizen. Ein „hübsches, helles" Kleid wählt sie als Hochzeitskleid, deckt sich mit „süß circenhaften" Hemden und Hosen ein und kann dem grauen „Glasteebrett mit Karaffe und zwei Trinkgläsern mit türkisblauen Punkten darauf und Gold" nicht widerstehen, das sie sich in ihrem Haus vorstellt „wenn wir eins in zehn Jahren bauen." „Ganz billige, altmodische kleingeblümte Tapeten-

Clara Westhoff und Rainer Maria Rilke, Worpswede, um 1902

proben habe ich auch schon, darauf werden goldene Rahmen schön aussehen."

Ende Januar 1901 kommt Clara Westhoff nach Berlin. Die beiden „Schwestern" besuchen Rilke und feiern gemeinsam Paula Beckers Geburtstag. Das „glückliche Menschenkind" ist überwältigt von der Liebe und Freundschaft, die ihr entgegengebracht werden. Noch am Abend ihres Geburtstags schreibt sie einen Dank an Rilke und notiert auf einem separaten Blatt: „Ich habe einen Imortellenkranz im Haar und einen wundervollen großen Schildpattkamm und ein gelblichseidenes Spitzentüchlein (...) Und gelbe Imortellen habe ich im Gürtel. So sieht man aus, wenn man 25 Jahre alt ist und Otto Modersohns Braut ist. Hallelujah. Und er hat mir ein süßes Bildlein gemalt."

In diesen Berliner Wochen beschließen auch Rilke und Clara Westhoff zu heiraten. Paula Becker reagiert ernüchtert. Am 16. Februar 1901 schreibt sie an Rilke: "Als ich gestern bei Ihnen Beiden im Zimmer stand, war ich weit, weit ferne von Ihnen Beiden. Und es überfiel mich eine große Traurigkeit, die auch heute über mir lag, und mein Lebensmütlein dämpfte. Heute im Schlaf aber ist sie von mir gewichen und ich fühlte, daß es eine kleinliche Traurigkeit war. Nun freue ich mich ihrer, daß sie weg ist, und freue mich meiner und des Lebens, und dies wollte ich Ihnen sagen, und freue mich über sie und reiche Ihnen die Hand. Ihr Bäumlein hat einen großen Schuß getan und ist gewachsen. Und der, der es sieht, freut sich daran." In ihrem Brief vom 28. Februar 1901 an Modersohn geht sie nur mit einer knappen Bemerkung auf die Verlobung ein: „Ja, dieses neue Brautpaar." Otto Modersohn hatte vier Tage zuvor an Carl Hauptmann geschrieben: „Rilke wird Worpsweder. Ist das nicht eine Staunen und Freude erweckende Tatsache? Denken kann ich mir diese beiden so verschiedenen Menschen noch nicht zusammen. Mir scheint Frl. W. hat den kleinen Rilke, der an ihrem Arm komisch wirkt, mit sich fortgerissen."

Der Maler ist allein in Worpswede und sein Gedanke an das Dreigestirn Paula-Rilke-Clara in der Großstadt Berlin weckt eifersüchtige Gefühle: „Clara Westhoff, Kochen, Rilke da, das genügt", vermutet er. Darüber hinaus hat er während eines Besuchs bei Brünjes eine erstaunliche Entdeckung in Paulas Atelier gemacht. 22. Januar 1901: „Ich fand plötzlich einen ganzen Packen Skizzenbücher, ich stürze darüber her. Nein, nun sage mal, Paula (ernst), wie konntest Du mir diese Skizzenbücher vorenthalten, ich frage Dich, wie kam das? Mich haben diese Bücher riesig interessiert, nicht weil sie von meiner Braut stammen, nein, weil sie so sehr viel Feines und Künstlerisches enthalten."

Modersohn arbeitet viel und gut in diesen sechs Wochen der Abwesenheit seiner jungen Braut. Das Leben in Worpswede macht ihm offensichtlich wieder Freude. Beflügelt durch seine Liebe zu Paula Becker, die ihm dort „alle Verhältnisse wieder lieb" gemacht habe, wie er notiert und angeregt durch ihre Malerei, findet er immer mehr Gefallen an seiner eigenen Kunst. Er liest Tagebuchaufzeichnungen von Böcklin und setzt sich verstärkt mit dem Thema „Figur" auseinander. Seine Märchenbilder aus dieser Zeit um 1900/1901 tragen Titel wie „Elfenreigen" oder „Waldfrau".

Otto Modersohn ist glücklich. Während in Worpswede Eis und Schnee vorübergehend geschmolzen sind und ein warmer Wind über das Land weht, denkt er an Paula in Berlin, die dort Kartoffeln schälen und Hackbraten zubereiten muß. Sein Tagebuch aus dieser Zeit ist voller Notizen über sie:

Drollige Dinge macht sie mit ihren Händen, wie sie etwas greift, zum Munde führt, sie hält die Sachen oft nach unten, biegt das Handgelenk sehr – darin liegt sehr viel Anmut. Damit zusammen hängt das pikante akzentuierte Kopfbiegen, Kopfverneigen. Dann ihre Füße und Beine. Ihr Gang ist drollig und persönlich. Sie hat einen riesigen Schritt, setzt die Fußspitzen zuerst auf (sie wallt, „Wandersmann" – der „Waller"). Wie im Geistigen, so im Körperlichen, schlägt sie oft mit den Füßen hinten aus, und dann kommt die spitze „lange" Zunge vorn zum Vorschein – blitzschnell.
Ihr Lachen ist ein ganzes Kapitel für sich. Sehr oft umspielt ihre Mundwinkel ein Lächeln. Oft macht sie: ha, ha, ha, mehr gesprochen – ihr Lachen ist mir äußerst lieb und daß es so häufig kommt. Zu ihrem Gesichte steht frohe, heitere Laune sehr gut, Trauer macht sie mir fast fremd, wenn ihre Tränen rollen.
24. Januar 1901

In Berlin führe sie ein Leben, das gar nicht ihr Leben sei, beschwert sich Paula Becker bei ihren Eltern in Bremen und macht ihnen deutlich, daß sie nicht länger zu Kompromissen bereit ist und ihre Zeit als Hauswirtschaftsschülerin nun für beendet hält. Sie packt ihre Koffer und reist über Dresden, wo sie sich noch drei Tage lang bei ihren Verwandten aufhält, am 9. März wieder nach Worpswede. Kurz vor ihrer Abreise hatte sie an Otto Modersohn geschrieben:

Hurrah, heute kommt der letzte Brief aus Berlin, und ich ziehe wieder auf den Weyerberg zu meinen stillen Brünjesleuten. Ich kann Dir nicht sagen, wie ich mich freue. Ich kranke ordentlich danach (...) Komisch, daß gleich vom Anfang der Ehe wir Frauen es sind, denen die Proben auferlegt werden. Ihr Männer dürft einfach so bleiben wie Ihr seid. Na, ich nehme Euch das ja auch nicht übel, denn ich mag Euch ja sehr gern so leiden. Nur, daß im Allgemeinen die männliche Natur größer ist als die weibliche, mehr im Zusammenhang und mehr aus einem Guß, das entspringt wohl daraus. Ich meine damit nicht uns zwei beiden im Besonderen, denn ich halte mich auch aus einem Guß; aber im Allgemeinen, Männlein und Weiblein.

6. März 1901

Otto Modersohn, Tagebuch:

Solch eine Zeit wie jetzt erlebte ich nie. Alle, die mein Atelier betreten, staunen. Es blüht, grünt und wuchert, ich fühle, wie ich freier, reifer werde, wie ich immer mehr mich finde. Die reine Landschaft war doch sicher nur der Anfang meines Schaffens, es lebt noch etwas anderes in mir. Auch ist nicht das Moor mein Ganzes. Ich habe weitere, größere, tiefere Gebiete in meiner Kunst. Vorbereitet war es ja lange, soviel die Kompositionen zurückreichen, aber die Zeit war noch nicht gekommen.

Übermorgen kommt meine Paula wieder, hurrah! Dann beginnt wieder das köstliche, reiche, anregende Leben mit dem lieben, frischen, frohen, tiefen Mädchen. Meine große Arbeit hat mir über die Zeit hinweggeholfen, aber ich freue mich unbeschreiblich, daß die Zeit jetzt vorüber. Hurrah!

7. März 1901

Otto Modersohn an seinen Freund Carl Hauptmann am 23. April 1901: „Ende Mai will ich mich verheiraten und bis dahin ist noch so manches zu besorgen. Alle Gattungen von Handwerkern hämmern und sägen und streichen in meinem Häuschen, da kann ich natürlich nicht fort. Es ist unmöglich. Meine Malerei ruht schon längst. Aber ich denke vielleicht, im Laufe unserer Hochzeitsreise zu Ihnen zu kommen."

Hochzeitstag ist der 25. Mai 1901. Otto Modersohns Bruder Ernst, der Pastor, traut das Paar nicht in der kleinen Worpsweder Kirche auf dem Weyerberg, wie von Paula Becker ursprünglich erhofft, sondern im elterlichen Wohnzimmer der Braut in Bremen. Um das Krankenbett von Woldemar Becker hat sich der engste

Paula und Otto Modersohn in der Veranda, 1901
in Trauer, Vater Becker starb am 30. 11. 1901

Familienkreis versammelt, die Feier ist schlicht und schnell vorüber. Noch am selben Tag verabschieden sich die frisch Vermählten: „25. Mai bis 19. Juni Hochzeitsreise: Nach Visselhövede – Berlin – Schreiberhau – Prag – München – Dachau – Worpswede“, lesen wir in Otto Modersohns Reisetagebuch.

Das Ehepaar fühlt sich wohl bei den Freunden Martha und Carl Hauptmann in Schreiberhau im Riesengebirge. Die Atmosphäre in ihrem Haus ist herzlich und anregend. Es lernt Schriftsteller und Maler kennen und begegnet den sogenannten Berliner Naturalisten, zu denen Bruno Wille und der Wissenschaftler Wilhelm Bölsche gehören, dessen berühmtes „Liebesleben in der Natur“ gerade erschienen war. In Agnetendorf, nur wenige Kilometer von Schreiberhau entfernt, besuchen Modersohns Gerhart Hauptmann, der sein Besitztum „Wiesenstein“ hier erst kürzlich zusammen mit seiner Geliebten und späteren zweiten Ehefrau, Margarete Marschalk, bezogen hat, um zu schreiben. „Und überall herrscht der Geist des großen Gert, der alles hier durchdringt und überragt", beobachtet Paula Modersohn. Sie hat ein Gespür für Menschen und sieht, wie konfliktreich die Beziehung der beiden Brüder ist: „Das ist die Schattenseite unseres grundgütigen Dr. Hauptmann, daß er an der Größe seines Bruders krankt." Dankbar stellt sie am 12. Juni fest: „Ich fühle still unter all diesen redenden Menschen, was für ein ruhiger klarer Talismann in Ottos Herzen ruht. Da ist nichts von Irrlichtereien, es ist Ruhe und Geschlossenheit, und Abgerundetheit, und die Erde ist so wohl bereitet, und man fühlt: hier ist gut sein." Das Ehepaar ist sich einig: „Wir beiden halten hier lange Lobreden auf die reine harmlose einfältige Luft unseres Weyerberges und all der Menschen darauf (...) Dieses Vagabondenleben ist nichts für uns beide. Unser Menschlein braucht eine ruhige und sichere Unterlage und Stille und unsere Natur, um ganz zu sich zu kommen."

Der Hochzeitsreise folgen unbeschwerte Frühsommerwochen in Worpswede. Im Gegensatz zu Otto Modersohn, dem Besitz und die kleinen Bequemlichkeiten des Lebens nicht viel gelten, kann sich Paula Modersohn durchaus dafür begeistern. Heinrich Vogeler erzählt in seinen „Erinnerungen", daß die Maler-Freundin einmal in Paris, elegant gekleidet, in ein berühmtes Teppichhaus ging, sich in einen behäbigen Sessel setzte und darum bat, man möge ihr die vielgeliebten Gobelins aus Gotik, Renaissance und Barock vorführen. Nach stundenlanger Betrachtung traf sie ihre Auswahl und ließ sich einige Stücke zur Ansicht in ihr Atelier bringen, um sie einen Tag später als „nicht zur Wohnung passend" zurückzuschicken. Aber die Künstlerin war eine Zeitlang mit diesen märchenhaften Geweben allein gewesen, hatte sie zu Hintergründen für ihre Bilder drapiert und sich von ihren reichen Formen und Farben inspirieren lassen. Über ihr Vergnügen an origineller Kleidung und ausgefallenen Hüten berichtet Heinrich Vogeler, der Paula Modersohn mehrfach in Paris besuchte: „Vor allem hatte sie sich Kleider ‚gebaut'. Da war ein silbergraues mit braunem Besatz und das dunkelgrüne mit dem hellen Fuchspelzrand, zu diesem trug sie einen mächtigen Muff aus Fuchs, und auf ihrem kastanienbraunen Haar saß ein fast weißer, steifer, kleiner runder Herrenhut mit einem grünen langen Seidenschleier, der beim Gehen hinter ihr her wallte (...) Gut gekleidet fühlte sie sich besonders frei und kühn."

„Fein muß es sein, sich hier mit Geld einzurichten", hatte Paula bereits im Januar 1900 in Paris notiert, als sie ihr kleines Atelier möblierte: „Es gibt so viele feine Althändler, und so tausend feine Dinge. Oft kommt die Wut über mich. Dann gehe ich in die Läden und frage, was die Sachen kosten". Sie liebt es, in Antiquitätenläden nach originellem Geschirr oder seltenen Gläsern zu stöbern, nach alten Bilderrahmen und dekorativen Spiegeln, nach Ketten, Ringen und Stoffen. Mit diesen schönen Dingen schmückt sie Atelier und Haus und nimmt sie als Hintergrund für ihre Stilleben, die ab 1905 in den Mittelpunkt ihrer Arbeit rücken werden: „Ich hatte gestern ein breites, silbergraues Atlasband auf meinem Schoße liegen, das begrenzte ich mit zwei in sich gemusterten schwarzen Seidenbändern. Und darauf legte ich eine kleine, stumpfe, flaschenblaugrüne Sammetschleife. In den Farben, da möchte ich wohl etwas malen."

„Nach Paulas Ideen wurde vieles umgeändert", notiert Otto Modersohn im Frühjahr 1901. Er hat sich zwar nicht zum Kauf eines Bauernhofes überreden lassen, aber das hölzerne Wohnhaus mit der Veranda und dem kleinen Garten, in dem das Paar nun mit der zweijährigen Tochter Elsbeth aus Modersohns erster Ehe lebt, ist renoviert und verschönert worden und hat dennoch jene Einfachheit und inspirierende Poesie behalten, die dem Maler entspricht. Auf keinen Fall will er es so großbürgerlich und geordnet wie bei Fritz Mackensen, der sich eine Villa auf einem großen Grundstück hat bauen lassen und selbst die Stämme der Obstbäume zu säubern pflegt. Otto Modersohn: „Ich würde mich freuen, wenn sie bunt wären und krumm und schief, recht krumm, je krummer, desto besser (...) Meine Paula ist ein Juwel, da sie alle meine Ideen mehr wie versteht."

Im Garten legt das Paar kleine Beete an, auf denen Bauernblumen wachsen. Nelken säumen die schmalen Wege. Die Zwillingsgeschwister Herma und Henry Becker kommen aus Bremen und helfen, Lauben zu bauen und Rosengitter anzubringen. In der Mitte eines runden Blumenbeetes läßt Paula Modersohn eine große spiegelnde Glaskugel aufstellen, die von nun an zum Motiv vieler Bilder der beiden Künstler wird.

Die frisch verheiratete Malerin kann ein Familienleben führen, das nicht von den damals üblichen sozialen Konventionen und

Das Worpsweder Wohnhaus

Zwängen geprägt ist und von einem männlichen Arbeitsrhythmus bestimmt wird. Otto Modersohn ist kein Patriarch. Anders als etwa Lovis Corinth seiner sehr viel jüngeren Frau Charlotte Berend mit Beginn ihrer Ehe lediglich eine Funktion als Modell, Muse und Mutter zubilligte und keine Störung des gemeinsamen Alltags durch sie erlaubte, tut er alles, damit seine Frau über genügend Freiraum für ihre eigene Arbeit verfügen kann. Sie muß sich nicht die Frage stellen, wie sie ihrer Aufgabe als Mutter, Ehefrau und Künstlerin gerecht werden soll, und sie muß sich auch nicht zerrissen fühlen angesichts der Rolle, die nach geltendem Brauch von einer Ehefrau erwartet wird. Paula Modersohn ist mit einem Mann verheiratet, der weder das Recht für sich in Anspruch nimmt, allein künstlerisch tätig zu sein, noch von ihr verlangt, daß sie sich für seine Geschäfte einsetze, wie es etwa Picasso von seinen Frauen erwartete- er akzeptiert und achtet sie vor allem als selbstständige Künstlerin, die ihm ebenbürtig ist: „Ich finde, eine Frau muß anregen, auch ein geistiges Leben führen – nicht bloß im gewöhnlichen Sinne Frau sein für Haus und Kind. Die furchtbar ordentlichen, geregelten Ehen ohne

Freiheit, Witz und Unternehmungen sind langweilig." Modersohn sieht den Sinn der Ehe nicht darin, ein „philisterhaft-spießbürgerliches Leben" mit einem ordentlichen Haushalt zu führen, Kinder zu bekommen und großzuziehen. Er wünscht es sich „frisch, frei, tief, groß und echt künstlerisch." Wie grundsätzlich anders hingegen sind die Voraussetzungen, unter denen ein Jahr später – am 9. März 1902 – die 22-jährige Alma Schindler dem Direktor der Wiener Hofoper und katholischen Juden Gustav Mahler, 41, das Jawort geben wird. Unmittelbar vor der Eheschließung hatte Mahler seiner Verlobten brieflich mitgeteilt, er habe aus ihren Äußerungen herausgehört, daß sie ebenfalls komponiere. Dieses ginge nun künftig keinesfalls mehr: „Du hast von nun an nur einen Beruf: mich glücklich zu machen! Die Rollen müssen richtig aufgeteilt sein. Und da fällt die Rolle des ‚Componisten', des ‚Arbeitens' mir zu – und Dir die des liebenden Gefährten, des verstehenden Kameraden! Du mußt Dich nur bedingungslos zu Eigen geben...". Nach durchweinter Nacht kapitulierte Alma in der wohl richtigen Einschätzung, daß sie vielleicht ganz talentiert war, seinen Rang aber nie würde erreichen können. Im Tagebuch steht: „Ich muß zu ihm hinauf ...Ich muß alles thun, um Mensch zu werden. Alles – mit mir geschehen lassen."

Modersohn weiß, daß er mit der elf Jahre jüngeren Paula eine selbstbewußte Frau geheiratet hat, die entschlossen ist, bürgerliche Existenz und künstlerische Selbstverwirklichung zu vereinen. Dank seines Erfolgs als weithin bekannter Maler reicht der Erlös aus seinen Bildverkäufen auch für eine Hauswirtschafterin, die für den reibungslosen Ablauf des Alltags sorgt und seiner Frau für ihre berufliche Weiterentwicklung jene persönliche und schöpferische Freiheit in ihrem eigenen Atelier ermöglicht, von der andere, ebenfalls begabte Frauen ihrer Generation nur träumen können.

Die Künstlerin teilt ihren Tag streng ein. Morgens von sieben bis neun ist sie für die Familie da, aber sobald das Hausmädchen eingetroffen ist, gibt sie ihm Anweisungen, verabschiedet sich und geht ins Atelier. Hier, in ihre zeitlebens „liebste Stube", kann sie sich zurückziehen, allein sein, sich sammeln, lesen und ungestört arbeiten. Heinrich Vogeler berichtet: „Niemand suchte sie hier auf: das war eine stille Abmachung, wie eine tiefe Achtung, die man dieser Frau entgegen brachte." Um ein Uhr mittags erscheint sie pünktlich zum Essen wieder zu Hause. Otto Modersohn: „Nach dem Mittagessen kam eine kurze Ruhepause, und dann ging's wieder an die Arbeit. Am Abend wurden oft unsere draußen entstandenen Studien betrachtet und besprochen. Gern spielte sie Klavier oder las; nur Zeitungen rührte sie nicht an. An solchen Abenden klebten wir auch zusammen meine Kompositionen, die sie sehr schätzte, auf Pappe. Früh ging sie zumeist schlafen."

Paula Modersohn mag es nicht, wenn ihr Rhythmus gestört wird. Überraschender Besuch während der Woche ist ihr lästig. Den Sonntag hingegen feiert das Künstlerpaar wie einen Festtag. Herma Weinberg, die Schwester der Künstlerin: „Die Sonntage pflegte eines oder mehrere von uns fünf Bremer Geschwistern in Worpswede im kleinen Modersohnhäuschen zu feiern (...) Sie kam herein mit diesem unbeschreiblich leisen und frohen Schritt, der frauenhaften Grazie und dem innerlichen Lächeln in den großen goldbraunen Augen (...) Diese unvergessliche, unbeschreibliche Harmonie von Natur, Geist und anmutiger Schalkheit. Jeder von uns, der das erleben durfte, fühlte sich mit im Fest."

Viele von Otto Modersohns Skizzen und Zeichnungen aus dieser ersten gemeinsamen Zeit spiegeln die Freude der Jungverheirateten und ihrer Freunde am unbefangenen Umgang mit ihrem nackten Körper wider. Oft treffen sich die „Kolonisten" nachts im Mondschein an den Ufern der Hamme zum Baden. Paula, die sich schon als junges Mädchen für die reformpädagogischen Ideen der Tänzerin Isodora Duncan begeisterte und in Paris am offenen Fenster ihres Ateliers „Luftbäder" genommen hatte, genießt es, sich im vollen Licht des Mondes zu bewegen. „Paulas Akt ist mir vertraut", notiert Modersohn beglückt über die Natürlichkeit seiner jungen Frau: „Sie nimmt mit Clara Westhoff und Fräulein Bock Luftbäder, tanzt mit Clara Westhoff und Herma einen Elfentanz im Mondschein in der Birkenkuhle im Akt, badet mit Clara Westhoff". Als Modersohn seine Frau einmal in der freien Natur nackt malt, provoziert er unbewußt einen Skandal in der Kolonie. Heinrich Vogeler: „Otto hatte in dem Tannenwäldchen an einer der Lehmgruben Paula nackt gemalt, das hatte einem neugierigen, lüsternen Anschleicher die Phantasie so angeregt, daß wilde Kneipengerüchte von wilden Nacktorgien im Tannenwald entstanden." Modersohn ist zornig. „Worpswede, was wird aus Dir“, empört er sich über die Verräter, die nichts Besseres zu tun hatten, als ihm und seiner Frau unlautere Motive zu unterstellen. „Und das alles nur, weil Paula ein Luftbad nimmt, 1 Minute ausgekleidet ist, und ich sehe sie. Welche Armut, Verständnislosigkeit, Untreue.“

An der Seite seiner entzückenden Paula sehe er einen weiten, glänzenden Weg vor sich, notiert Modersohn euphorisch:

Merkwürdig, wie lieb mir Paulas Zimmer bei Brünjes ist, es ist mir fast der liebste Raum, es erinnert mich immer an meine ehemalige Stube bei Grimms, in der all diese Blätter entstanden. Unter niedrigem Strohdach mit Kuh, Katze, Hund, Hühnern und den arbeitenden Bauern, die schiefen Bäume vorm Fenster, die niedrigen Fensterchen, durch die das Licht über die vielen koloristisch so feinen Dinge, über Gläser und Blüten, Stoffe und Kränze etc. huscht.
2. März 1902

Ich bin wirklich überrascht über Paulas Fortschritte in diesem Winter. Wenn sie sich so weiter entwickelt, bin ich sicher, daß sie mal etwas sehr Feines in der Kunst leisten kann. Zunächst ist sie durchaus persönlich, nichts Konventionelles, Hergebrachtes, wie doch fast alle Malerinnen haben, in Form, Farbe, Stoff, Behandlung – das ist mir das beste Zeugnis für ihren wirklichen künstlerischen Beruf (...) Vor allem freue ich mich, daß sie viel intimer, tiefer geworden ist, früher malte sie sehr oberflächlich. Ich bin sehr glücklich darüber. Ihr Urteil ist ganz vorzüglich. Sie hat immer Recht behalten (...) Verstanden wird sie – von keinem. In Bremen: Mutter, Tanten, Geschwister haben ein stilles Übereinkommen: Paula wird nichts leisten. Sie nehmen sie nicht für ernst (...) Ich freue mich meiner Paula, die eine wirkliche Malerin ist.
11. März 1902

Häufig malt das Ehepaar vor demselben Motiv in der Natur und holt sich dieselben Modelle. Einige Bilder und Studien aus dieser Zeit sind sich verblüffend ähnlich: Bildnisse von Mädchen, an einen Birkenstamm gelehnt, von Kindern, die Laterne laufen, von

Schützenfesten in Worpswede. Es gibt ein Kinderportrait, das von Otto Modersohn signiert und von Paula Modersohn datiert wurde. Ein häufig sich wiederholendes Motiv ist „Elsbeth im Garten". Oft nahm Paula Modersohn ihre kleine Stieftochter mit in ihr Brünjes-Atelier, um sie zu malen. Im Juli 1902 schreibt sie an die Mutter nach Bremen: „Es ist eine Studie von Elsbeth, die ich gemalt habe. Sie steht in Brünjes Apfelgarten, irgendwo laufen ein paar Hühner und neben ihr steht die große blühende Staude eines Fingerhutes. Welterschütternd ist es natürlich nicht. Aber an dieser Arbeit ist meine Gestaltungskraft gewachsen, meine Ausbildungskraft. Ich fühle deutlich, wie nach dieser Arbeit noch manches andere Gute kommen wird, was ich im Winter noch nicht wußte. Und dies Fühlen und Wissen ist beseligend. Mein lieber Otto steht dabei, schüttelt den Kopf und sagt, ich wäre ein Teufelsmädel und dann haben wir beide uns von Herzen lieb und jeder spricht von der Kunst des anderen, dann aber wieder von der seinen." Oft beziehen die beiden Maler Menschen und Tiere in ihre Darstellung mit ein. „Sogar nach dem Abendbrot stürzen wir uns noch selbander hinüber zum Armenhaus und malen Farbstudien von der Kuh, der Ziege, der dreibeinigen Alten", notiert Paula Modersohn und ihr Mann bemerkt anerkennend:

> *Gestern abend hat Paula wirklich überrascht durch eine Skizze aus dem Armenhause mit der Dreebeen, Ziege, Hühnern – ganz famos in der Farbe, in der Bildauffassung riesig merkwürdig und mit dem Pinselstrich die Oberfläche kraus, krieselig gemacht. Merkwürdig, wie groß diese Sachen sind, riesig, als Maler gesehen. Mich interessiert tatsächlich nicht einer hier in Worpswede auch annähernd, so wie Paula.*
> 15. Juni 1902

Angeregt durch Modersohn und das gemeinsam und intensiv erlebte Natur-Ereignis Worpswede, wendet sich Paula während ihrer ersten Ehejahre auch der Landschaft zu und schult sich am Blick ihres Mannes, der sich seinerseits, inspiriert durch sie, zunehmend mit der Figur befaßt. Das starke, von formaler Straffung und kühner Reduktion geprägte Formempfinden seiner begabten Frau beeinflußt ihn. Seine Bildkompositionen werden geschlossener, die Palette farbiger. Bewundernd notiert Modersohn am 2. März 1902: „Sie hat eigene Ideen über Form, über Farbe, über Technik. Sie ist künstlerisch durch und durch. Es ist sicher die beste Malerin, die hiergewesen ist.“ Und Paula Modersohn hält fest:

Wir lesen jetzt ein Buch von Franz Servaes über Segantini. Otto ist riesig angeregt durch dessen Technik, die Farben rein mosaikartig nebeneinanderzusetzen und dadurch eine konkrete leuchtende Wirkung zu erzeugen. Er begeistert sich für die Bewegung in der Farbe. Auch ich träume von einer Bewegung in der Farbe, von einem gelinden Schummern, Vibrieren, ein Schummern des einen Gegenstandes durch den anderen. Aber die Mittel, die ich anwenden möchte, sind ganz andere. Dieser dicke Farbenauftrag hat für mich etwas Materielles. Ich möchte es auf dem Wege der Lasur, vielleicht über einen dick gemalten Untergrund, erzeugen. Einer anderen Lasur, als Otto sie vorhatte. Er kennt eigentlich nur die einmalige Lasur und malt beim zweiten Male gleich deckend. Ich glaube, man kann zehnmal übereinander lasieren, wenn man es bloß richtig macht.

3. Juni 1902

Otto, Elsbeth und Paula Modersohn im Garten auf dem Barkenhoff, um 1904

6. Kapitel

Wechselseitiges Geben und Nehmen

1902

Seit ihrer Hochzeit im April 1901 leben die dreiundzwanzigjährige Clara Westhoff und der zwei Jahre ältere Rainer Maria Rilke in einer kleinen Wohnung auf einem alten Bauernhof in Westerwede. Es ist einsam hier, mitten im Moor. Der lange Weg bis nach Worpswede ist besonders im Winter beschwerlich, man muß ihn zu Fuß oder mit dem Fahrrad zurücklegen. Mit Hilfe ihres Freundes Heinrich Vogeler haben Rilkes die Wohnung umbauen und aus den ehemaligen Räumlichkeiten freundliche Zimmer machen lassen. Das Arbeitszimmer des Dichters liegt oben im Giebel. Über seinem Schreibtisch hängt Otto Modersohns Gemälde „Mondnacht mit Paar im Garten", das er dem Ehepaar zur Hochzeit geschenkt hatte. Die Bildhauerwerkstatt von Clara Westhoff befindet sich in einem kleinen Nebengebäude des Hofes. „Es ist rührend wie dieses mächtige Weib diesen weichen feinen Rilke zart behandelt in ihrer mächtigen Liebe", beobachtet Vogeler.

Die von Rilke zum Höchsten erhobene „Arbeit" soll im Mittelpunkt ihres Lebens stehen – sein literarisches Schaffen ebenso wie die Bildhauerei seiner Frau. Seine Vorstellung von einer Künstlerehe hatte der junge Lyriker in einem Brief vom 17. August 1901 an Emanuel von Bodmann formuliert. Darin äußert Rilke die Auffassung, daß es in der Ehe nicht darum gehe, durch „Niederreißung und Umstürzung aller Grenzen eine rasche Gemeinsamkeit zu schaffen", sondern vertrauensvoll die naturgegebene „Weite zwischen sich" zu lieben und die gegenseitige Einsamkeit zu schützen.

Anders als Otto Modersohn, der seiner Frau von Anfang an materielle Sicherheit bieten kann und damit eine wesentliche Vorbedingung für ihre Karriere als Malerin schafft, kann der Dichter, unter permanenter Geldnot und den damit verbundenen künstlerischen Krisen leidend, seiner Frau Clara nicht jene schöpferische

„Einsamkeit“ ermöglichen, die nach seiner Theorie Grundlage für das Gelingen einer Ehe und die persönliche Entwicklung beider Partner ist und die auch er für sich beansprucht. Als Clara Rilke am 12. Dezember 1901 die Tochter Ruth zur Welt bringt, spitzt sich die Situation zu. Trotz der finanziellen Unterstützung seitens der Familie reicht das Geld nicht. Unter dem Druck von „allerhand sehr kleinlichen und häßlichen Sorgen praktischen Inhalts“ begibt sich der „schlechte Verdiener“ Rilke auf Arbeitssuche. Er schreibt Aufsätze über Kunst und Literaturkritiken, rezensiert Thomas Manns „Buddenbrooks“ und das 1902 in der deutschen Übersetzung erschienene „Jahrhundert des Kindes“ der schwedischen Schriftstellerin Ellen Key, die er später persönlich kennenlernen und Paula Modersohn im Jahr 1906 vorstellen wird. In Bremen nimmt er Kontakt zu Gustav Pauli auf, der ihm unter anderem den Auftrag vermittelt, für den Verlag Velhagen&Klasing in der Reihe ‘Künstler-Monographien’ eine Worpswede-Monographie mit den Portraits von Fritz Mackensen, Otto Modersohn, Fritz Overbeck, Hans am Ende und Heinrich Vogeler zu schreiben – ein Projekt, das Gustav Pauli ursprünglich selbst hatte realisieren wollen. Doch besonders bei Modersohn, Vogeler und Overbeck, die sich innerhalb der Gruppe inzwischen weit voneinander entfernt haben und nicht mehr als Vereinigung verstehen, stößt Rilke mit seinem Vorhaben auf Widerstand. Am 13. Januar 1901 schreibt er an Otto Modersohn: „Ich denke sechs selbständige Monographien über die mit Worpswede verwachsenen Künstler zu schreiben, wobei von einer Darstellung als ‘Gruppe’ natürlich keine Rede sein kann. Selbst wenn die gegenseitigen Verhältnisse nicht zugeschärft wären, würde ich dieser Darstellungsart vorsichtig aus dem Wege gehen, in der Überzeugung, daß Schaffende überhaupt nur von sich aus, vom Centrum ihrer Freiheit und individuellsten Entfaltung gesehen werden können.“

Rilkes Rückzug in die Worpsweder Mooreinsamkeit bedeutet zugleich Trennung von den Freunden. Das Paar erscheint nur noch selten bei den feierlichen Zusammenkünften der „Familie“ im Weißen Saal des Barkenhoff. Besonders Paula Modersohn reagiert betrübt und gereizt zugleich. Die Freundin Clara kommt ihr verändert vor und sie kann sich diese Veränderung nicht erklären. Bereits im Spätsommer 1901 schrieb sie der zwei Jahre Jüngeren einen langen Brief, in dem sie von ihrer Kunst und von ihrem Mann erzählt, dessen künstlerische Entwicklung sie mit Erstaunen beobachtet:

In allerletzter Zeit denke ich wieder ganz intensiv an meine Kunst und ich glaube es geht vorwärts in mir. Sogar bekomme ich, glaube ich, ein Verhältnis zur Sonne. Nicht zu der Sonne, die alles teilt und überall Schatten hineinsetzt und das Bild in tausend Teile zerpflückt, sondern zu der Sonne, die brütet und die Dinge grau macht und schwer und sie alle in dieser grauen Schwere verbindet, auf daß sie eines sind. An all das denke ich viel und es lebt in mir neben meiner großen Liebe. Es ist mal wieder eine Zeit, wo ich denke, ich werde einmal etwas sagen können, wo ich fromm bin und erwartungsvoll. In Otto Modersohn wird in dieser Zeit auch so vieles neu. Es nimmt mich so wunder, wie in ihm die Dinge werden. Sechs Wochen geht er nur herum mit seinem Piepchen und am 43. Tage auf einmal, da kommt es ans Licht. Er verwirft im Augenblick die meisten von seinen neuesten Bildern. Ich weiß nicht, ob mit Recht. Aber was ihm vorschwebt ist ein immer tieferes Eindringen in die Natur. Und ich begreife mit Jauchzen diese Revolutionen, denn ich weiß auch gar nicht, wohin sie führen, so ist es doch genug für mich zu sehen, wie da in meinem Lieben so viel, viel vorgeht. Und alles auf eine so ruhige Weise, alles wie bei der Natur selber. L i e b e Clara Westhoff, ich fange schon beinahe an, mich daran zu gewöhnen, Sie nicht zu sehen und mit Ihnen über alle diese Dinge zu reden. Aber ganz geht es doch nicht, und ich fühle, wie manches in mir unausgesprochen bleibt, weil Sie nicht da sind.
13. Mai 1901

Am 30. September 1901 wendet sich die Malerin noch einmal an ihre enge Freundin, von der sie sich vernachlässigt fühlt und ein Lebenszeichen erwartet: „Liebe Clara Westhoff, ist Ihnen nicht manchmal so, als ob Sie in eine kleine Stube bei Hermann Brünjes in Ostendorf eintreten müssten. Da warten viele Dinge auf Sie und eine junge Frau. Der wird das Warten aber sehr lang und traurig.“ Paula Modersohn, die das Nebeneinander von ehelichem Glück und künstlerischer Arbeit zu diesem Zeitpunkt scheinbar selbstverständlich und problemlos verbinden kann, reagiert mit Bedauern und Enttäuschung auf den schweigsamen Wandel der engen Freundin und wichtigen Vertrauten Clara. Sie fürchtet, daß sich Clara Rilke in der Bindung an ihren Mann selbst vergisst, und empört sich darüber. Ihr fehlt die vertrauensvolle „Schwesterseele", mit der sie nicht nur künstlerische Fragen erörtern, sondern auch über persönliche Dinge reden kann, über die sie vielleicht selbst mit ihrem Mann nicht sprechen möchte. Am 22. Oktober 1901 schreibt Paula Modersohn in ihr Tagebuch: „Nun gibt es schon lange drei junge Frauen in Worpswede. Und gegen Weihnachten kommen die Kindlein. Ich bin noch nicht reif dazu, ich muß noch ein wenig warten, auf daß ich herrliche Frucht trage. Clara Westhoff hat nun einen Mann. Ich scheine zu ihrem Leben nicht mehr zu gehören. Daran muß ich mich erst gewöhnen. Ich sehne mich eigentlich danach, daß sie noch zu meinem gehöre, denn es war schön mit ihr." Aus diesen Zeilen klingt Wehmut. Die Frage muß offenbleiben, ob sich die Künstlerin zu diesem Zeitpunkt überhaupt schon vorstellen kann, Mutter zu werden. Kurz vor ihrer Hochzeit im Mai noch hatte das „Madönnlein" den Geliebten gebeten, er solle ihr verzeihen, wenn sie ihm „kargend und geizig" erscheine, und ihm erklärt, es sei vermutlich ihre „Jungfräulichkeit", die sie binde.

Auf vielen Seiten seines Tagebuchs schwärmt Otto Modersohn bewundernd von dem starken Selbstgefühl seiner jungen Frau, von ihrer Gesundheit und ihrem reizvollen Aussehen. Immer wieder faßt er das Glück über sein Verhältnis zu der „superben Malerin" und seinen Glauben an ihre künstlerische Zukunft in Worte: „Soeben mit Paula meine Bilder und alten Übermalungen durchgesehen. Es ist kolossal, wie künstlerisch ihr Gefühl ist. Sie läßt sich durch nichts bestechen (...) Das rein künstlerische Fundament gibt ihr den Maßstab."

Mit seiner Bewunderung für sie wächst jedoch die eigene Unzufriedenheit. Er mache zu viel, wirft er sich vor, und wirke dadurch kleinlich: „Und ich hasse die Kleinlichkeit, ich will Größe". Interessiert nimmt er die Anregungen seiner Frau auf und ist dankbar für das wechselseitige Geben und Nehmen. „Wie ich ihr vom Intimen geben kann – so sie mir vom Großen, Freien, Lapidaren." Er fühle, wie er an ihr und mit ihr lerne, vertraut der Künstler seinem Tagebuch an: „Sie ist eine echte Künstlerin, wie es wenige gibt in der Welt, sie hat etwas ganz Seltenes.“ Zunehmend beeindruckt von der Zielstrebigkeit und Intensität, mit der seine Frau ihre künstlerische Arbeit verfolgt und zu ihrem Stil findet, blickt er selbstkritisch auf die vergangenen Jahre seines Schaffens. Immer mehr wird sie zu seinem Vorbild. „Was ich studieren müßte, studiere ich nicht. Farbig merkwürdige Sachen, bei Paula ein verwelkter Strauß, Leuchter, Glas etc., ruhig Stilleben malen, um diese Farbfeinheiten herauszubringen. Dadurch lernt man sehr.“

Meine Bilder wirken nicht stark, eigenartig genug. Ich muß zuerst, mit ganzer Kraft an die Form gehen, wenn ich ein Bild malen will. Eine große, einfache geschlossene Form, zwingend, so und nicht anders. Sodann die Farbe, so stark wie möglich, zwingend, kräftig, mit allen Mitteln. Einzelheiten intim, aber mit Maßen, nicht zuviel, nicht störend, alles Überflüssige vermeiden.
15. Februar 1902

Eine Gesellschaft von alten Bäumen, ein dunkler Sumpf, eine rauchige Hütte, eine blumige Wiese etc. rein für sich erzeugen Stimmung. Dieser Stimmung des Stoffes, des Objekts, will ich nachgehen (...) Das wundersame Leben von Bäumen und Büschen, von Gras und Blumen, von Welle und Pfütze etc. wollte ich beleuchten und schildern. Um grünlich schimmernde Birkenleiber schlingen sich lila silberne Pilzkrausen; auf schwarzem Moorwasser hochgelbe Drachenwurzblätter mitten darüber; in weinroten Büschen glitzern schwarze Beeren etc. Es kann und wird sich das mit Stimmung, feiner Luft verbinden, aber es ist etwas sehr verschiedenes, wenn ich nur gewissermaßen die Stimmung sehe und schildere und die Landschaft nur als Grundlage benutze, wie es gewöhnlich geschieht (...) Der Himmel ist mir gerade so ein Reich, wie die Erde, mit seinen merkwürdigen, mannigfaltigen Gebilden von Wolken, mit seinem Glanz und seinem Schimmer, seinem Ernst und seinem Lachen, seiner Höhe und seiner Weite. Er bildet die wunderbare überirdische Ergänzung zur irdischen Welt (...) Das kleinste Stück hat ja in der Tat für den Empfindenden ein reiches Leben. Ein Baumstamm z.B.;

nicht nur seine zwei, drei Werte finden und dekorativ verwerten, nein, ihn betrachten in seiner organischen, merkwürdigen, individuellen Erscheinung, wie er glänzt und wie die Flechten ihn bekleiden und Moose, wie die Risse ihn durchfurchen, dann auch wie die Sonne und das Licht ihn umspielen und so – alles. Das ist dieselbe Liebe, die mich meine Insekten und Pflanzen und Vögel sammeln ließ. Ich bewundere ihre Reize und Schönheiten. Es ist die Liebe zum „Ding an sich“, zur Intimität.

Als Devise meiner Kunst paßt nichts so gut als das früher mit Paula gebrauchte: Das Ding an sich- in Stimmung. Das ist das alte Thema meiner Bilder. Ich will nicht im Sinne des Naturalismus irgendeinen beliebigen alten Winkel möglichst echt abmalen, sondern: ich will zunächst einen Stoff, der eigenartig, merkwürdig, bemerkenswert, malenswert ist, er muß mir rein als solcher etwas sagen und geben und dann – dieser Stoff, in Stimmung, in Luft, von Luft umgeben, im Raum stehend etc – das ist kurz meine Kunst (...) Paula malt ihre Köpfe so, erst interessant im Stoff und dann luftig. Es ist die alte Geschichte: die Tiefe, Ernst der Deutschen – gemalt wie die Franzosen – Zukunftskunst. Malen kann für mich keiner freier als die Franzosen.
19. April 1902

Wenige Tage zuvor hatte Modersohn notiert: „Mit Paula heute morgen über Paris gesprochen (...) In das dicke Blut der Deutschen müßte immer von Zeit zu Zeit von dem lebendigen, temperamentvollen Wesen der Franzosen etwas eingeführt werden (...) Ich gehe mit Paula sicher noch mal nach Paris.“

Häufiger als seine Frau äußert sich der Künstler in seinen Aufzeichnungen über das „gesunkene“ geistige Klima in Worpswede. Es irritiert ihn, daß Freunde, Kollegen und die Famlie Becker kein Interesse an Paulas Kunst haben. Mit zunehmender Erregung ergreift er Partei für sie. Es ist ihm rätselhaft, warum selbst Heinrich Vogeler schweigt, wenn er Paula Modersohn in ihrem Atelier besucht. „Neulich war er bei ihr und sagte zu ihren Arbeiten nichts. Und jetzt meinte er, einer Frau müßte die Kunst sehr klein erscheinen, sie müßte eben nur Frau sein (...) Nur bei Clara Westhoff macht er eine Ausnahme, die braucht gar nicht Hausfrau sein, sie muß nach Florenz für ihre Kunst etc. Paula sieht er nicht als Malerin an.“ Rilkes seien inzwischen so gut wie abwesend, notiert Modersohn, beide hätten sich in einer Weise besonders von Paula zurückgezogen, die ihm unbegreiflich sei und sie sehr traurig stimme: „Denn Clara Westhoff war ihre einzige Freundin“. Die Bildhauerin mache den Eindruck, als wisse sie gar nicht mehr, warum sie eigentlich in Worpswede lebe. „Nichts von ihrer ehemaligen Frische und Lebenskraft. Klagt über den schlechten Frühling (...) Das ist Worpswede im Frühjahr 1902.“

Auch Paula Modersohn ist sich bewußt, daß die Menschen um sie herum in ihrer Kunst nichts weiter sehen als einen „verbissenen Spleen“. Sie nimmt dieses Verdikt zur Kenntnis. Es bekümmert sie, setzt aber auch Kräfte frei und bestätigt sie in ihrem Glauben, auf dem richtigen Weg zu sein.

In einem – verspäteten – Geburtstagsbrief an Paula Modersohn vom 9. Februar 1902 bittet Clara Rilke die Freundin um Verständnis für ihr Schweigen und ihr zurückgezogenes Leben. Im Vergleich zu der Innigkeit, die Paulas Zeilen an die Freundin widerspiegeln, klingt Claras Brief eher distanziert und ist vor allem stilistisch von ihrem schreibenden Mann beeinflußt: „Ich bin (in diesem Falle: leider) – so sehr ans Haus gebunden, daß ich nicht, wie früher, mich einfach aufsetzen kann und fortradeln. Ich kann nicht mehr wie früher mein ganzes ‘Um und Auf’ auf den Rücken nehmen, um es in eine andere Häuslichkeit zu tragen und mein Leben dort für eine Weile weiterzuführen.- sondern ich habe es jetzt alles um mich, was ich sonst draußen suchte.“

In ihrer postwendenden Antwort auf diesen Brief hält Paula Modersohn ein leidenschaftliches Plädoyer für die „tausendfältige“, „allumfassende“ Liebe. Die jungvermählte Künstlerin will nicht einsehen, daß „Familie“ nicht auch „Gemeinschaft“ zuläßt. Der Freundin macht sie den Vorwurf, sie gebe zugunsten Rilkes zu viel von ihrer Persönlichkeit auf und fragt, ob denn Liebe Anpassung an den Partner bedeute. Nicht Clara selbst beantwortet Paulas Brief vom 10. Februar, sondern Rilke reagiert auf die rebellischen Zeilen der „blonden Malerin“. Er wirft ihr mangelndes Verständnis für die seit der Heirat zwangsläufig veränderte Situation und Seelenverfassung Claras vor, bezichtigt sie der besitzergreifenden Liebe und des Mißtrauens und bittet sie, Claras „Einsamkeit" vertrauensvoll zu schützen, statt sie zu stören. Wenn Clara in ihrem Brief an Paula erklärt, sie sei jetzt mehr denn je an ihr Haus gebunden, so bezieht sich diese Aussage vermutlich auch darauf, daß die Bildhauerin seit kaum zwei Monaten ein Kind hatte und allein schon deshalb weniger beweglich war als zuvor.

Eine Notiz Otto Modersohns in seinem Tagebuch macht jene Stimmung deutlich:

> *Rilke wird sich oft fragen, warum er in Worpswede lebt, er hat und wird nie Beziehung zu der Gegend und den Leuten haben, das einzige ist für ihn Heinrich Vogelers Haus und ich vielleicht. Aber das genügt doch nicht. Sicher wird das Leben in Berlin für ihn anregender. Er kommt nicht zum Schaffen und seine Frau auch nicht und dazu kein Geld und er hat sehr noble Passionen. Sie haben sich im Rausch geheiratet, sich gegenseitig idealisiert und nachher kam die Reue, die Ernüchterung. C.W. ist nie glücklich. Nie kommt sie zu Paula (...) Sie mag Paula nicht sagen, daß sie nicht glücklich ist und darum kommt sie nicht (...) Ich glaube, sie werden sich trennen, sie behält das Kind, der Vater gibt das Geld und er geht nach Rußland. Er ist von ihr in dies Leben hineingezogen, was ihn bitter stimmen wird – nie redet er sie an mit Vornamen, sie leben nebeneinander, innerlich fremd, nie ineinander.*
> 22. November 1902

In diese Zeit der Krisenstimmung zwischen den beiden Künstler-Ehepaaren und der damit zusammenhängenden Mißverständnisse, Verletzungen und Enttäuschungen fällt jene vielzitierte Eintragung Paula Modersohns in ihr „Küchenhaushaltebuch" am Ostersonntag 1902, während sie – das Hausmädchen hat an diesem Feiertag Ausgang – in der Küche sitzt und einen Kalbsbraten zubereitet: „Es ist meine Erfahrung, daß die Ehe nicht glücklicher macht. Sie nimmt die Illusion, die vorher das ganze Wesen trug, daß es eine Schwesterseele gäbe. Man fühlt in der Ehe doppelt das Unverstandensein, weil das ganze frühere Leben darauf hinausging, ein Wesen zu finden, das versteht. Und ist es vielleicht nicht doch besser ohne diese

Illusion, Aug' in Auge einer großen einsamen Wahrheit?" Zu der Enttäuschung über den Verlust der vertrauten Freundin kommt die Einsicht, daß es die erhoffte Zweisamkeit wohl nicht geben kann. „Da ist denn mein Erlebnis, daß mein Herz sich nach einer Seele sehnt, und die heißt Clara Westhoff. Ich glaube, wir werden uns ganz nicht mehr finden. Wir gehen einen anderen Weg. Und vielleicht ist diese Einsamkeit gut für meine Kunst, vielleicht wachsen ihr in dieser ernsten Stille die Flügel. Selig, selig, selig."

Souverän und innerlich gelassen konzentriert sich Paula Modersohn auf ihre Kunst und findet immer mehr zu ihrem Stil. Die schriftliche Korrespondenz mit der Familie reduziert sich zunehmend, das Tagebuch tritt an die Stelle eines mündlichen Gedankenaustauschs. Ihre Sprache wird knapper, inhaltlich dichter, ihr Ton weniger gefühlvoll-schwärmerisch. Man solle ihre Schweigsamkeit nicht übelnehmen, bittet sie die Verwandten. Manchmal spreche sie sehr wenig, und selbst die kleine Tochter Elsbeth müsse „dann sehr unermüdlich und sehr spitzfindig fragen, damit sie mehr als ein Ja oder Nein erhält." „Vielleicht kommt es davon, daß die Gedanken wissentlich oder auch unwissentlich immer auf das eine Ziel gerichtet sind, ich weiß selbst keinen anderen Grund." Immer mehr setzt sie sich mit dem Problem der Einsamkeit auseinander. „Denn dieses Alleinwandeln ist gut und zeigt uns manche Tiefen und Untiefen, deren man mit zweien nicht so gewahr würde." Es ist ihr bewußt, daß sie sich von den anderen Worpswedern zu entfernen beginnt. Ihr Streben nach großer Kunst und ihre Suche nach neuen malerischen Möglichkeiten nimmt als einziger ihr Mann wahr:

> *Ich glaube, daß wir im Wesentlichen auf rechtem Wege gehen. Paula strebt riesig künstlerisch und gesund. Und als Mensch, sie ist ja schroff gegen Kleines, nicht zu ihr Gehöriges, aber das tut sie aus hoher Einschätzung wirklicher Werte, die ja so sehr selten sind (...)*
> *Mit ihr sinkt man nicht, langweilt man sich nicht, mit ihr kann man leben und streben. Wir befruchten uns gegenseitig.*
> 7. Juli 1902

Malen ist kurz das: sehen, fühlen, machen. Das ist alles. Je kürzer der Weg, desto besser.
Seit ich so empfinde (nach Paulas Studien) fühle ich überall Harmonien, Klänge, nichts Einzelnes – Gemeinsames, Verbundenes; Luft, Licht, die großen Einiger. Ich will mich vertiefen, sammeln zu tiefer, großer Kunst. Nur das beschäftigt mich.
Paula ist mein Kamerad. Paula ist ein geniales Frauenzimmer, die Begabteste hier und überhaupt selten, sie allein hat großen Gesichtspunkt, fühlt, worauf es ankommt, ist Künstlerin durch und durch.
9. Juli 1902

Aber hin und wieder muß der elf Jahre Ältere seiner inneren Erregung angesichts ihrer Kompromisslosigkeit nicht nur im Künstlerischen, sondern auch im Umgang mit Menschen Luft machen. Manchmal fühlt er sich durch ihre schroffe Art verletzt und in seinem persönlichen und künstlerischen Freiraum eingeschränkt. Selbstbewußt und streng fordert sie, was sie für ihr persönliches und künstlerisches Weiterkommen für notwendig hält. Modersohn, ein von Natur aus eher selbstloser, besonders seiner Frau gegenüber manchmal fast zum Servilen neigender Mensch, sieht sich mit ihrer oft verächtlichen Art gegen „Kleines, nicht zu ihr Gehöriges" häufig auch selbst konfrontiert.

Vermutlich während eines Gesprächs über eine Gartenstudie der Malerin kommt es im Sommer 1902 zu einer grundlegenden und heftigen Auseinandersetzung zwischen den Eheleuten. In einer Tagebuchnotiz macht Otto Modersohn seinem Ärger über das Verhalten nicht nur seiner jungen Frau, sondern auch Rilkes und Vogelers Frau Luft:

Egoismus, Rücksichtslosigkeit ist die moderne Krankheit. Nietzsche der Vater. Gegenteil von christlicher Nächstenliebe. Finde es schrecklich barbarisch, brutal, nur an sich zu denken, für sich zu sorgen, andere Menschen mit Füßen zu treten (...) Leider ist Paula auch sehr von diesen modernen Ideen angekränkelt. Sie leistet auch etwas in Egoismus. Wer nicht nach ihrer Schätzung tief, fein genug ist, der wird schroff und rücksichtslos abgetan. Ob

wohl alle begabten Frauenzimmer so sind? Begabt in der Kunst ist Paula ja sehr, ich bin erstaunt über ihre Fortschritte. Wenn sich damit doch mehr menschliche Tugenden verbänden.
28. Juni 1902

Die vielen Äußerungen Modersohns über das „riesig künstlerische und gesunde Streben" seiner Frau belegen, daß er nicht der Ehemann ist, der an der alten Rollenverteilung festhalten will und von ihr Selbstlosigkeit fordert, damit er sich künstlerisch weiterentwickeln und persönlich wohlfühlen kann. Hinter seiner Kritik an ihrem Egoismus und der „Selbstgefälligkeit" überhaupt aller „modernen Frauenzimmer" verbirgt sich offenbar vor allem seine Sehnsucht nach mehr weiblicher Wärme und emotionaler Zuwendung. Darüber hinaus mag er sich auch seiner eigenen künstlerischen Lage immer bewußter werden: Unerreichbar scheint ihm, der sich oft geradezu selbstquälerisch kritisch sieht, jene instinktive Sicherheit und „Rücksichtslosigkeit", mit der seine Frau ihren Weg verfolgt.

Die Darstellung von Kindern tritt jetzt in den Mittelpunkt von Paula Modersohns Malerei. Aber ihr Thema ist nicht das genrehaft wiedergegebene Kinderportrait, wie man es seit der Romantik kennt. Ihre Aufmerksamkeit gilt nicht der Idylle, dem heiter-niedlichen Kind, das sich unbefangen dem Spiel hingibt. Die in der kleinbäuerlichen Welt Worpswedes lebende Malerin sucht sich ihre Modelle mit Vorliebe in dem sie unmittelbar umgebenden Milieu. Zu den ernsten und scheuen, oft kranken und vom Leben bereits früh gezeichneten Kindern der Tagelöhner aus dem kargen Teufelsmoor hat sie ein ganz besonders inniges Verhältnis. Für sie sind diese Kinder ein Teil der Natur, in der sie leben. Mit großem Einfühlungsvermögen versucht Paula Modersohn, nicht nur ihre äußere Erscheinung einzufangen, sondern auch die seelisch-geistige Verfassung zu erforschen. Mit fortschreitender Entwicklung setzt sie sich über alle Konventionen hinweg. Sie läßt weg und vereinfacht. „Paula malt groß und voll, sie ist auf feinem Wege", notiert Otto Modersohn am 18. Juni 1902. An ihre Mutter schreibt die Künstlerin am 6. Juli 1902: „Es wird in mir Morgenröte. Ich fühle den nahenden Tag. Ich werde etwas."

Im August 1902 reist Rilke nach Paris. Äußerer Anlaß ist der Auftrag des Breslauer Kunsthistorikers Richard Muther, eine Monographie über Rodin zu schreiben. Rilke kommt dieser Auftrag sehr entgegen. Seine Sorge vor künstlerischer Stagnation hat zugenommen und er hält eine Unterbrechung seines Lebens in Worpswede inzwischen für notwendig. Der Versuch, ein Zuhause für sich und seine Familie zu schaffen und materielle Sicherheit zu erlangen, ist ebenso gescheitert wie seine Vorstellung von der Ehe, die Gemeinsamkeit und individuellen Freiraum zugleich zuläßt. Anders als Otto Modersohn, der seine künstlerischen Konzeptionen allein in der weltabgewandten Stille und Vertrautheit der ihn umgebenden Landschaft umzusetzen vermag und hier in Worpswede alles hat, was ihm wichtig ist, lebt Rilke in der Spannung zwischen zwei kontrastierenden Bedürfnissen: Der Sehnsucht nach Verwurzelung und „Heimat" und dem Wunsch nach Unabhängigkeit und Alleinsein.

Jetzt, im Jahr 1902, setzt der junge Dichter alle Hoffnungen auf seine Begegnung mit Rodin, der für ihn die Idee der „Größe" im Sinne eines intensiv und ununterbrochen schöpferisch tätigen Künstlers verkörpert. Rodins Ruhm hatte sich seit der Weltausstellung 1900, auf der er mit einem eigenen Pavillon vertreten war, weit verbreitet und ihm den Status eines überragenden Künstlers gesichert. In seiner 1895 erworbenen „Villa des Brillants" im Val Fleury in Meudon mit Blick auf das Seine-Tal und einen großen, parkähnlichen Garten, empfing der Bildhauer Mitglieder der Königshäuser und des Adels, Schriftsteller und Musiker, die sich von ihm Portraitieren lassen wollten. Sammler und Museumsdirektoren kamen in sein Atelier und kauften seine Werke. Isodora Duncan, schillernde Figur der internationalen Ballettwelt, über den Bildhauer, der zu jener Zeit in Paris als Künstlerpersönlichkeit ebenso bewundert wurde wie später Picasso: „Rodin war untersetzt, vierschrötig, kräftig, mit kurz geschorenem Kopf und mächtigem Bart... Manchmal murmelte er die Namen seiner Skulpturen, aber man spürte, daß ihm die Namen wenig bedeuteten. Er fuhr mit seinen Händen über die Oberfläche und liebkoste sie."

Zwei Monate nach Rilkes Abreise folgt ihm seine Frau Clara Ende Oktober mit der Absicht, ihre bereits 1900 begonnenen Studien bei Rodin wieder aufzunehmen. „Du mußt kommen... ein stilles Atelier haben, sonst nichts", hatte ihr Mann sie aufgefordert. Über seine Begegnung mit Clara Rilke zwei Wochen vor ihrem Abschied von Worpswede notierte Otto Modersohn am 15. September 1902 in sein Tagebuch: „Heute morgen traf ich Frau Rilke. Wie düster, wie ein schlimmes Buch, wirkte deren Erzählung auf mich und Paula (...) Er in Paris bei Rodin – sie geht in vierzehn Tagen; wenn sie Geld hat. Kind zu den Eltern nach Oberneuland. Zukunft ganz ungewiß. Haus bis zum Frühjahr vermieten, dann kündigen sie. Möbel wollen sie verkaufen."

Am Silvestertag 1902 schreibt Rilke in einem Brief aus Paris an Paula und Otto Modersohn:

Wenn ich an diesem vergehenden letzten Tage das Vergangene überschaue, drängt es mich, Ihnen, lieber Otto Modersohn, zu sagen, daß zu den besten Erinnerungen und Errungenschaften, die es gebracht und gewährt hat, die nahe Beziehung gehört, die ich zu Ihrer Kunst gefunden habe. Ich habe so viel Gutes und Großes von Ihnen empfangen, daß meine Dankbarkeit nicht vergehen wird; der Weg durch Ihr Werk führte mich an vielen Stellen näher zu mir selbst; vieles wurde mir daran klar, vieles hängt mir damit für immer zusammen (...) Lieber Otto Modersohn, halten Sie fest an Ihrem Lande! Paris (wir sagen es uns täglich) ist eine schwere, bange Stadt.

31. Dezember 1902

7. Kapitel

Jeder Brief ein Festtag

Paris 1903

„Das letzte Jahr und namentlich der letzte Winter war innerlich ein rechter Kampf für mich in meiner Kunst", wird Otto Modersohn am 21. Februar 1903 an Carl Hauptmann schreiben. „Nie war ich so sehr ein Suchender." Verwerfungen seiner künstlerischen Ideale wechseln mit Rechtfertigungen und neuen Erkenntnissen. Wiederholt wirft seine Frau ihm vor, er lerne nicht aus seinen Erfahrungen, mache immer wieder dieselben Fehler und sei nicht konsequent genug.

> *Heute abend mit Paula langes Gespräch über mich. Sie schenkt meinen Worten keinen Glauben, daß ich jetzt wirklich so wichtige Erkenntnisse gewonnen habe, sie hält es nur für eine Phase, einen Übergang, wie alle früheren, wo ich auch oft ähnliches behauptete (...) Mit Recht sagt sie ja, sie muß es sehen durch die Tat, die Zeit müsse es lehren. Sie hält mich für sehr hoffnungsreich, aber auch für sehr gefährlich veranlagt, im Augenblick schwärme ich, hinterher verwerfe ich.*
> 15. Januar 1903

„Wir leben jetzt still weiter unseren Gang und warten still weiter darauf, daß etwas aus uns wird. Otto in seiner Art geradeso wie ich, denn ihn verlangt auch nach etwas Höherem. Und dann erzählen wir uns gegenseitig von uns, was ein jeder machen will, und dann wartet der eine auf den anderen (29. Januar 1903)." Am 6. Februar 1903 reisen Otto und Paula Modersohn für drei Tage nach Münster, um dort den siebzigsten Geburtstag der Mutter Modersohns zu feiern. Im Anschluß an diese Zeit trennt sich das Ehepaar: Er fährt zurück nach Worpswede und sie steigt in den Zug nach Paris. Sie wolle den Frühling dort so gern erleben und neue Eindrücke für ihre

Kunst sammeln, hatte sie schon seit Wochen immer wieder geäußert und Modersohn war mit diesem Wunsch schließlich einverstanden gewesen, obgleich er ihr Bedürfnis nach dem Großstadtleben nicht unbedingt nachvollziehen konnte und auch nicht sehr begeistert darüber war, so lange von ihr getrennt zu sein.

Paula Modersohn kommt am 10. Februar in Paris an. Sie wohnt im Hotel de la Haute Loire am Boulevard Raspail, das sie schon kennt, und bezieht am 16. Februar ein Atelier in der Rue Cassette 29. Anfänglich leidet sie unter der Einsamkeit in der großen, lärmenden Stadt, fühlt sich befangen, fürchtet die vielen Menschen, glaubt, Paris werde sie letztlich doch nicht fördern und hat Sehnsucht nach ihrem Mann und Elsbeth, nach dem Garten und ihrem Brünjes-Atelier. Ihr schlechtes Gewissen, die Familie allein zurückgelassen zu haben, rechtfertigt sie Modersohn gegenüber mit der Begründung: „Du weißt doch, ich bin auch etwas hier, um mir Worpswede von hier aus durch die kritische Brille zu besehen. Bis jetzt kann es noch bestehen."

Bereits vier Wochen später ist sich das „kleine Weib in der großen Stadt Paris" bewußt: „Ich fühle schon, wenn ich diesmal etwas lernen will, muß ich es mir teurer erkaufen als das erste Mal. Damals hatte ich Dich noch nicht und kein Heim. Ich fühle aber, daß es sehr gut ist, alles einmal aus der Ferne zu besehen. Du kommst nicht schlecht dabei weg." Ganz bald schon wird „die kleine Pariser Geliebte" ihrem Mann schreiben, er solle kommen: „Denn hier sitzt Champagner in der Luft ganz abgesehen von der Kunst auf Schritt und Tritt." Briefe voller Liebe und Unbeschwertheit an den König Rother, den Vertrauten, Trauten erreichen den Ehemann in Worpswede.

Otto Modersohn stellt sich vor, wie seine Frau in ihrer schwarzbraunen Pelzjacke, den grünen Federhut auf dem Kopf, durch die Pariser Straßen eilt, während er pfeiferauchend seine Spaziergänge durch die kahle Worpsweder Winterlandschaft macht, malt und hin und wieder in das Brünjes-Atelier geht, um dort nach dem Rechten zu schauen. „Ich danke Dir, mein liebes, liebes Kind, für Deine zahlreichen Briefe, jeder ist ein Festtag", schreibt er an seine junge Frau, sich ihrer Schaffenskraft und Reife bewußt: „Du bist mir sehr im Voraus und ich muß mich wirklich auf die Hosen setzen, wenn ich mit will.“ Jetzt, da sie von ihm getrennt ist, fühlt sich die Künstlerin offenbar besonders innig an ihren Mann gebunden: „Du bist mein lieber Schatten, in dem ich mich kühle, und das kühle Wasser, in dem ich meine kleine runde Seele bade, von der ich das Gefühl habe, daß sie so aussieht wie mein Akt. Du bist mein lieber großer stiller Wald, in dem es leise rauscht und flüstert“, schreibt sie am 18. Februar zu seinem Geburtstag und versichert ihm: „Und wenn ich auch ein wenig hinausgelaufen bin auf die Wiese, so komme ich bald wieder und setze mich still bei Dir nieder.“ Eindringlich appelliert sie an den Maler:

> *Weißt Du, ich denke hier auch viel mit an Deine Bilder. Sie müssen noch viel, viel merkwürdiger werden. Da muß ein Hauch und ein Ahnen und eine Merkwürdigkeit in ihnen sein, wie in der Natur, wie sie uns in Augenblicken erscheint, wenn unser Auge ungetrübt und klar in das seltsame Wesen der Dinge schaut. Ein Ausdruck von Dir ist: „Man hat so ein Gefühl, da geht es um“. Wenn Du nun ein Bild malst, ist es das erste, daß Du dies Gefühl in seiner ganzen Stärke zum Ausdruck bringst. Da mußt Du alle Mittel dazu am Schnürchen haben: die Technik, die Farbe, die große Form. Dies sind Deine Mittel und der Zweck ist, Deine Kompositionen als Bilder entstehen zu lassen.*
> 18. Februar 1903

Fast täglich zeichnet die Künstlerin im Louvre. Neben den Franzosen Ingres, David und Delacroix beschäftigen sie Rembrandt und Veronese. Zum ersten Mal sieht sie Kompositionen des französischen Stilleben- und Genremalers Jean-Baptiste Chardin, der als Wegbereiter Cézannes und der Nabis galt. Seine Farben und das Stoffliche seiner von Luft und Licht umhüllten Gegenstände begeistern sie. In diesen Wochen des Frühjahrs 1903 macht sie noch eine künstlerisch für sie bedeutsame Entdeckung im Louvre: In den Antikensammlungen sieht sie die spätantiken Fayum-Portraits, portraitähnliche, in großen Formen gemalte Totenbildnisse aus dem ersten nachchristlichen Jahrhundert. „Ich stand bis jetzt der Antike sehr fremd gegenüber. Ich konnte sie wohl schön finden an und für sich; aber ich konnte kein Band finden von ihr zur modernen Kunst: Und nun habe ich es gefunden und das heißt, glaube ich, ein Fortschritt. Ich fühle eine innere Verwandtschaft von der Antike zur Gotik, hauptsächlich die frühe Antike, und von der Gotik zu meinem Formempfinden", wird sie am 25. Februar 1903 in ihrem Tagebuch notieren und die „Einfachheit der Form" hervorheben: „Jetzt fühle ich tief, wie ich an den Köpfen der Antike lernen kann. Wie sind die groß und einfach gesehen! Stirn, Augen, Mund, Nase, Wangen, Kinn, das ist alles. Es klingt so einfach und ist doch so sehr, sehr viel." An Modersohn schreibt sie: „ Mir kommen hier auch viel künstlerisch gute Gedanken. Ich fühle und empfinde mit immer größerer Lebhaftigkeit, wie das Intime die Seele aller großen Kunst ist. Das geht durch die Tanagrafiguren, durch Rembrandt und Millet. Deshalb bin ich glücklich über meinen Aufenthalt hier, da er mir diese Erkenntnis in so hohem Maße bringt."

Zur gleichen Zeit, am 26. Februar 1903, formuliert Otto Modersohn in seinem Tagebuch: „Groß, einfach, stark in Form u. Farbe, ist gewissermaßen das Fundament, der Unterbau, das Gerüst – es folgt der Oberbau, die Umkleidung und das liegt angedeutet in: intim, reich, liebevoll (...) Alle großen Meister haben diese Vereinigung: Rembrandt, Velazquez, Tizian, Leonardo, Böcklin, Millet, Japaner etc."

Im Musée du Luxembourg schaut sich Paula Modersohn Bilder von Cottet an, in der Rue Lafitte sieht sie die Modernen. Aufgeschlossen und vorurteilsfreier als beim ersten Mal reagiert die junge Deutsche auf die französische Kunst. „Die Franzosen haben doch eine entzückende Delikatesse und Feinfühligkeit im Ausdruck", schreibt sie ihrem Mann und rühmt die liebevolle Sauberkeit, mit der sie ihr Werkzeug handhabten: „Weißt Du, was Du das Künstlerische in der Kunst nennst. Dieses nicht Fertigdrehen, das besitzen die Franzosen in hohem Maße."

Rainer Maria und Clara Rilke halten sich zu Beginn des Jahres 1903 ebenfalls in Paris auf. Paula Modersohn besucht sie in ihrer Wohnung in der Rue de l'Abbé-de-l'Epée und unternimmt viel mit ihnen. Beide machten einen bedrückten Eindruck, Paris plage sie mit vielen unheimlichen Ängsten, beobachtet sie. Zu den finanziellen Sorgen des Ehepaars kommen Clara Rilkes Kummer über die Trennung von der Tochter Ruth und die häufigen, grippeähnlichen

Krankheitszustände ihres Mannes. Kritisch beurteilt Paula Modersohn Claras Selbstbezogenheit und fürchtet, die Freudlosigkeit des Paars könne ansteckend wirken. „Wenn sie doch ein bißchen fröhlicher wären", wünscht sie sich in einem Brief an ihren Mann:

> *Da Rodin zu Rilkes gesagt hat: „Travailler, toujours travailler" nehmen sie das wörtlich, wollen sonntags nicht mehr auf's Land gehen, sich scheinbar nicht mehr ihres Lebens überhaupt freuen. Clara Rilke steht aber tief drin in ihrer Arbeit und müht sich sehr, ihrer Kunst von allen Seiten näher zu kommen. Ich besuchte sie neulich in ihrem Atelier, wo sie mit großer Feinfühligkeit an einem kleinen Mädchendaumen arbeitete. Nur wird sie für mein Gefühl ein wenig zu überzogen, spricht nur von sich und ihrer Arbeit. Wie sie bei alledem vermeiden will, ein kleiner Rodin zu werden, wird sich zeigen. Sie zeichnet schon ganz in seiner höchst originellen Art, leistet darin aber auch etwas Gutes.*
> *-Lies diesen Passus nicht der kleinen Frau Vogeler vor. Lies überhaupt g a n z meine Briefe niemandem vor, und gib sie nicht aus den Händen. Ich schreibe nur für Dich.*
> 17. Februar 1903

An einem Samstagnachmittag Anfang März besucht Paula Modersohn Auguste Rodin in seinem Atelier, einen handgeschriebenen Gruß von Rilke bei sich, der sie dem Bildhauer als „femme d'un peintre allemand très distingué", als Frau eines vortrefflichen deutschen Malers, empfiehlt. Begeistert reagiert sie besonders auf Rodins Aquarelle. „Er nimmt die allerkleinsten Mittel, er zeichnet mit Bleistift und tönt dann in merkwürdigen, leidenschaftlichen Wasserfarben" schreibt sie angeregt an Modersohn. „In diesen Blättern herrscht eine Leidenschaft und ein Genie und ein Sich-nicht-Kümmern um die Konvention." Auch Paul Klee hatte 1902 solche Aquarelle gesehen und beeindruckt in sein Tagebuch geschrieben: „Darin der Größte, den ich sah, verblüffend genial. Mit ein paar Bleizügen sind Umrisse gezogen, mit einem vollen Pinsel ist in Aquarell ein Fleischton hineingesetzt". Auf Rodins Aquarellen tauchen wiederholt zwei sich liebkosende nackte Frauen auf – die Modelle kamen zu zweit oder zu dritt in sein Atelier und gaben sich dort ungezwungen ihren erotischen Spielen hin, die der Künstler in zahlreichen Zeichnungen festhielt, schockierend für seine Zeitgenossen. Während eine Rodin-Ausstellung in Weimar 1906 wegen dieser skandalösen Aquarelle vorzeitig schließen mußte und die Demission ihres Organisators Harry Graf Kessler zur Folge hatte, nahmen vor allem deutsche Künstlerinnen kaum Anstoß an Rodins wenig prüder Art, den nackten weiblichen Körper zu sehen. Clara Westhoff bewunderte Rodins Kunst, und Käthe Kollwitz, die 1904 die Bildhauerklasse an der Akademie Julian besuchte, hielt sich gemeinsam mit Sophie Wolff zweimal in seinen Ateliers auf.

„Du müßtest sie sehen!“ wendet sich Paula in ihrer Rodin-Begeisterung an ihren Mann:

Auch möchte ich sehr, sehr gerne, daß Du die Kunst Rodins erlebtest. Er ist doch wohl der größte Lebende jetzt. In einer französischen Zeitschrift sind Kunstgespräche herausgekommen, die er mit ein paar jungen Mädchen führte. D.h., es sind mehr Kunstmonologe. Aber sie sind so einfach und lassen sich auf alle hohe Kunst anwenden; mir war es ein sehr großer Genuß sie zu lesen, und ich freue mich darauf, sie mit Dir durchzusprechen. Lieber, ich freue mich überhaupt so sehr, daß Du mich hierher gelassen hast und ich bin Dir so von ganzem Herzen dankbar und ich glaube, ich werde es mir in meinem späteren Leben nach gewissen Zeiträumen immer wieder wünschen (...) Weißt Du, daß ich Dich im Hintergrunde weiß, das macht mir meinen Aufenthalt so voller Ruhe. Und Worpswede! Neulich sah ich im Louvre unsere Rousseausche Landschaft mit den Kühen. Da waren mir unbewußt die Tränen in die Augen gekommen vor stillem Glück, daß ich eine solche Heimat habe.
26. Februar 1903

Denke nur, nun bekomme ich immer mehr das Gefühl, Du müßtest auch herkommen. Es gibt dafür viele Gründe. Aber ich sage nur den Einen, Großen, Größten: Rodin. Den Eindruck dieses Mannes und seines ganzen Lebenswerkes, das er in Abgüssen um sich gesammelt hat, den müßtest Du haben. Ich habe das Gefühl, das wir etwas Ähnliches vielleicht in unserem Leben nicht erleben

werden. Diese große Kunst, die sich mit unglaublicher Willensstärke ganz im Verborgenen und in der Stille hielt, bis sie sich zur vollen Blüte entfaltete. Der Eindruck Rodins ist ein sehr großer.
2. März 1903

Otto Modersohn reist nicht nach Paris. Befürchtet er immer noch die „Beunruhigung und eventuelle Beeinflussung", mit der er schon 1900 seine vorläufige Absage begründete? Vielleicht ist ein Brief von Mathilde Becker vom 20. Februar 1903 aufschlußreich. Während Paulas Abwesenheit hatte sie bei ihrem Schwiegersohn eingehütet, der für sie eines der „feinsten, liebenswertesten Exemplare der Spezies Mensch" war. Sie schreibt: „Er selber mag nirgends anders arbeiten als in seinem Worpswede, er findet hier jede Anregung, jedes Glück, er wurzelt wie ein Baum in dem Boden, in den er sich selber hineinpflanzte. Dabei schaut er mit größter Objektivität und liebreichstem Interesse Paulas anderer Art zu. Abends haben Otto und ich lange Gespräche und Lesestunden. Er ist ein Mensch, den viel äußeres Geräusch stumm macht, der aber wie eine reiche Quelle quillt und rieselt, wenn er in seinem Element lebt."

Mitte Februar 1903 veröffentlichte Rainer Maria Rilke seine Monographie über die Künstlerkolonie Worpswede in der berühmten Reihe der von H. Knackfuß herausgegebenen Künstlermonographien im Verlag Velhagen & Klasing.

„Ich komme ausgezeichnet weg", notiert Otto Modersohn unmittelbar nach Erscheinen des Buches. „Rilke weist stark auf meine Bedeutung hin, besonders für die Zukunft." Er habe sich noch nie so liebevoll verstanden gefühlt, schreibt er an den ihn bewundernden Dichter am 20. Februar 1903 voller Dankbarkeit. Tatsächlich haben Rilkes fünf einfühlsame Künstler-Portraits wesentlich zur überregionalen Wertschätzung der Worpsweder und zu Modersohns Popularität beigetragen. Bereits in seinem Kapitel über Fritz Mackensen führt Rilke Otto Modersohn als eigentlichen Kolonie-Begründer und herausragende Künstler-Persönlichkeit ein. In Modersohns Abendblättern erkennt Rilke den einsam schaffenden „Dichtermaler", der in Worpswede eine eigene Sprache gefunden hat: „Diese Blätter sind, gleichsam über alle Worte hinweg, aus dem Geist jener Sprache gemacht, nach deren Besitz er rang und ringt."

Paula Modersohn in Paris äußert sich ihrem Mann gegenüber kritisch über die Monographie. Sie enthalte „viel Gutes und Liebes und viel künstlerisch Schiefes“, bemerkt sie in ihrem Brief und spart nach einer zweiten Lektüre des Buches nicht mit abschätzigen Äußerungen über das kleine „Lichtlein“ Rilke, das sich durch seine Verbindung mit so großen Geistern wie Tolstoi oder Rodin in deren Glanz sonne. Rilke hatte Paula Modersohn mit keinem Wort in seiner Monographie über die Worpsweder erwähnt. Das mag ein Grund für ihren Unmut gewesen sein. Aber sie galt um die Jahrhundertwende noch als Malschülerin und Rilke hatte sich damals für ihre Bilder noch nicht interessiert. Jetzt, in Paris, scheint ihre Verstimmung und Gereiztheit dem Ehepaar Rilke gegenüber vor allem aber auch darin begründet, daß es ihr nicht gelingen will, wieder einen Zugang zu den Freunden zu finden, weder zu der in ihren Augen rätselhaft sich verhaltenden „Schwesterseele“ Clara, noch zu dem Dichter. „Ich stehe sehr nett mit ihnen; aber ich fühle mich nicht sehr wohl bei ihnen“, schreibt sie am 3. März 1903 an ihren Mann.

Jetzt können sie ganz verrückte Ansichten äußern, ich bleibe still und denke mir mein Teil, denke an Dich und Deine liebe Urgesundheit und Unverdorbenheit und Unverschrobenheit und küsse im Geheimen geheimnisvoll meinen Ehering, zu dem ich merkwürdigerweise in der Fremde ein Verhältnis bekomme, obgleich ich große Angst habe, daß ich ihn mal verliere, weil er so lose sitzt.
7. März 1903

Ich habe das Vergnügen und bin nicht vergnügt. Aber das wird ja wohl bald vorbei sein. Vielleicht kommt nun bald eine Zeit, wo es mich nicht mehr heimsuchen wird. Ich denke abends beim Einschlafen manchmal daran und sehe mit Liebe mir kleine Kinder an und schlage beim Lesen mit großem Verständnis Vokabeln nach wie: Wickelkind, Nähren und so weiter. Überhaupt merke ich und fühle ich, wie diese beiden Jahre an Deiner Seite mich leise zu einer Frau gemacht haben. Als Mädchen war ich innerlich jubelnd erwartungsvoll. Nun als Frau bin ich auch voller Erwartungen, aber sie sind stiller und ernster. Auch haben sie das Unbe-

stimmte der Mädchentage abgelegt. Ich glaube, es sind jetzt nur zwei ihrer ganz bestimmte: meine Kunst und meine Familie. – Mein lieber Mann. Unter all dem vielen, was in mir arbeitet, geht es mir hier ganz wunderlich. Manchmal scheint es mir gar nicht glaublich, daß ich Dich und Elsbeth und unser kleines Häuschen besitze. Und wenn ich dann darüber nachdenke, so fühle ich, daß es gerade dieser wundervolle, gewisse Besitz ist, der mir die Ruhe gibt, an alle die Dinge so gesammelt und glücklich heranzutreten. Weißt Du, erotisch bin ich im Augenblick gar nicht. Das kommt wohl von der vielen geistigen Arbeit, die in mir umgeht. Aber wenn es möglich ist, liebe ich Dich vielleicht täglich rückhaltloser in all Deine Falten und Fältchen Deines lieben Wesens hinein. Ich habe so großen Stolz in Dich gesetzt, mein Rother.
10. März 1903

Paula Modersohns Kritik an Rilkes Monographie muß Otto Modersohn zu denken gegeben haben. In seinem Tagebuch vom 3. März steht: „Rilkes Buch ist sehr fein ohne Frage – es hat natürlich allerlei Schiefes." An dem Beitrag störe ihn, daß er den „Märchenmaler" in ihm zu sehr betone – „ich bin aber mehr. Die einfache, stimmungsvolle Moorlandschaft bildet immer einen Teil meiner Kunst. Ich will eben beides. Im einfachsten Stück Natur, in feiner Stimmung etc. kann eine sehr hohe Kunst sich äußern. Darum will ich natürlich auch meine Märchen malen. Ich will das Moor malen, wie Fritz Overbeck, nur beseelter, persönlicher, stimmungsvoller, intimer, koloristischer wie er und die es sonst gemalt haben."

Das von beiden Partnern ersehnte Wiedersehen in Worpswede ist beglückend. Seine Frau, die „beste, künstlerisch empfindsamste aller Frauen hier, ja auch aller Männer", wie Otto Modersohn bewundernd festhält, habe ihm aus Paris nicht nur eine „Vertiefung unserer Liebe" mitgebracht, sondern auch eine Vielzahl künstlerischer Eindrücke und Erfahrungen: „Großes hat Paula zu meiner Klärung beigetragen – vielleicht das Allermeiste aus Paris."

Diese positive Reaktion auf die Pariser Anregungen überrascht umso mehr, als sie nach ihrer Rückkehr mit verhaltener Skepsis auf die neuen Bilder ihres Mannes reagiert. Er hatte kürzlich die „Raffaelistifte" als ideales Ausdrucksmittel für seine Malerei entdeckt.

Sie seien wie eine Erlösung, hatte er geschwärmt, erleichtert über die neue Möglichkeit, seine „Träume und Absichten" künstlerisch umsetzen zu können: „Öl ist zu gemalt, fest, bestimmt, absichtlich, gewollt, es läßt keinen Spielraum für dies Bewegte, Vibrierende, Flutende, Duftende", war er sich am 1. März sicher, aber Paula Modersohn konnte sich offenbar mit diesem Ansatz nicht anfreunden.

Sie mag meine Bilder, die ich etwas überhastet mit Raffaelistift angefangen, nicht. Sie weist mit stärkster, nachhaltigster Betonung auf die Natur. Meine Bilder enthalten für sie alles mögliche: aber eins fehlt ihnen: Studium, Natur. O, ich habe es mir ja hundertmal gesagt und immer falle ich in den Fehler. Immer lockt mich meine ergiebige Phantasie, dann erliege ich ihren Reizen und die Natur tritt zurück, wird zum Typus, zur Schablone, zum Schema. Es muß, es soll und soll anders werden. Ich muß mir alles klar machen und nie mehr darf ich dann abfallen, ich komme sonst nicht vorwärts.
1. März 1903

Die kritische Reaktion seiner Frau hat eine Flut neu gewonnener künstlerischer Einsichten zur Folge, mit denen Modersohn die Seiten seines Tagebuchs füllt. Zum einen herausgefordert und angeregt, andererseits aber auch durch sie verunsichert, scheint sein künstlerisches Ringen in diesem Jahr 1903 besonders groß. Immer wieder macht er sich den Vorwurf, viel zu viel überlegt und experimentiert und sich „wie ein Ertrinkender an Strohhalme wie Tempera oder Raffaelistifte" geklammert zu haben, statt seine ganze Kraft dem einen großen Ziel zu widmen: „Natur und Persönlichkeit". Dabei waren in den vergangenen Monaten wunderbare Sommerlandschaften entstanden, Bilder mit locker hingetupften Wiesenblumen, Blüten und Gräsern, mit blühendem Weißdorn und überbordenden Heckenrosen, „viel Schönes", wie Paula Modersohn anerkennend geäußert hatte.

Es ist merkwürdig: In der Kunst geht es wie in der Liebe (sagte heute morgen Paula). Je mehr man sich gibt, desto mehr man

empfängt. Man muß sich ganz öffnen, jede Falte der Natur bewundern, anbeten, dann lohnt sie's einem wunderbar, dann empfängt man von der Hohen ihre Weihe. Die meisten schielen nur mit einem Auge hin, da erschließt sie sich nie. So in der Ehe, wenn jeder auf seinem Standpunkt beharrt, da kann die Liebe nicht walten, beseligen, verbinden. So ist mein Entschluß ganz klar gefaßt: ich breche mit meinen bisherigen künstlerischen Anschauungen, meiner bisherigen künstlerischen Arbeit, meinem Leben – und ich schließe mich so nah wie möglich der Natur an, lebe so nahe wie möglich, an der Natur. Ich bin wahrhaftig selig in dem Gedanken – ein wahrhaft frischer, neuer Frühling erfüllt mich, hoffnungsreicher als alle, die ich erlebt. Alles Lesen, Schreiben etc. abgetan – ich lebe an der Natur, der göttlichen, das ist meine Wonne und mein Heil.
23. März 1903

Im Sommer 1903 verbringen Otto und Paula Modersohn zusammen mit der Tochter Elsbeth vier Ferienwochen auf der Nordseeinsel Amrum. Postkarten und Briefe berichten von den Vergnügungen der „drei Wattläufer". Otto Modersohn: „Wir malten und zeichneten viel in den Friesendörfern (Nebel etc.). Oft stürmisches Wetter, Paulas kühnes Baden an solchen Tagen". Und in einem humorvoll illustrierten „Sendeschreiben an die Familie" nach Bremen erzählt die Künstlerin: „Das Baden ist anders als man es sich dachte. Bei uns baden bisher nur Mutter und Tochter. Vater sieht zu. Soeben ist ihm eine Badehose bei Frau Schamvogel im 'Strandbazar' besorgt worden. Und nun hilft es nichts. Er muß hinein."

Das Ferienende wird durch Elsbeths Masernerkrankung getrübt. Paula Modersohn reist mit ihr zur Mutter Becker nach Bremen, die für das Kind sorgen will. Dort fühlt sich die Künstlerin schnell durch die „hunderttausend Gespräche und doch kein einziges ordentliches befriedigendes bis auf den Grund" sehr angestrengt und spürt ein „ganz krankes Verlangen nach unserm kleinen stillen Haus und dem Gärtlein." „Ich liebe Dich herzinniglich und danke Dir aus tiefstem Seelengrunde, daß Du Otto Modersohn in Worpswede bist", schreibt sie ihrem Mann am 14. August 1903 nach Worpswede. Paris scheint in die Ferne gerückt. Die dort gewonnenen Anregungen und

Erfahrungen sollen jetzt verarbeitet werden. Mehr und mehr entfernt sie sich vom Thema Landschaft. Neben Bildnissen von Kindern beginnt sie Stilleben zu malen, die allerdings erst in den Jahren 1905-1907 in den Mittelpunkt ihrer Arbeit rücken. Paula Modersohn fühlt, daß sie ihren künstlerischen Zielen täglich ein Stück näher kommt. Dieses Bewußtsein stimmt sie froh: „Und dieses hoffende, steigende Gefühl ist wohl die stille Seligkeit meiner Tage."

Otto Modersohn, Tagebuch:

Mit Gefühl malen heißt (bei Paula) groß malen, den großen Eindruck, die große Wirkung der Natur ins Bild zu bekommen, das heißt für mich überhaupt malen. Es ist das Schwerste und Seltenste, besonders in Deutschland (...)
Hier strebt kein Mensch so außer meiner Paula (...) Herrliche Dinge stehen mir vor Augen.
28. August 1903

Und die Worpsweder Kunst? (...) Wenn ich da an meine Paula denke! Wie steht sie über alledem, wie turmhoch (...)
Mit ganzer Seele empfinde ich (nach einem Gespräch mit Paula), daß Kunst nur die Verbindung von Natur und Persönlichkeit ist. ‚Das Mittel der Kunst ist die Wahrheit' (...)
Bei Paula beides gut vorhanden – da kann allerlei werden. Die Deutschen neigen entweder zur konventionellen Natur, oder zum naturalistischen Idealismus. Die Mitte, wo beides sich verbindet, die trifft man so furchtbar selten.
6./7. September 1903

In einer Fülle von Notizen während der gemeinsam verlebten Jahre äußert sich Modersohn neidlos anerkennend über die Malerei seiner Frau, die er gar als „Zukunftskunst" apostrophiert. In seinen Schriften überwiegt eine manchmal bis zur Unterwürfigkeit reichende, immer wieder formulierte Faszination für ihre künstlerische Qualität. Am 26. September 1903 aber, nach der Betrachtung neuer Kinderbildnisse von Paula, läßt er sich in einem Augenblick höchster persönlicher Irritation und Erregung zu einer schriftlichen Kritik über ihre Arbeitsweise hinreißen, in der Kunsthistoriker mangels weiterer Belege den eindeutigen Beweis seines groben Unverständnisses für die Kunst seiner Frau erkennen wollen. An den Rand seiner Tagebuchseite hatte der Maler notiert:

Bei Meyers Arbeiten von Reyländer und Paula. Reyländer sehr unangenehm, oberflächlich, konventionell, äußerliche Geschichte hingeschlenkert, eine gefährliche Art, bei der es keine Entwicklung gibt. X Leute auf der Akademie sind so.-
Paula das Gegenteil. Sie haßt das Konventionelle und fällt nun in den Fehler, alles lieber eckig, häßlich, bizarr, hölzern zu machen. Die Farbe ist famos, aber die Form, der Ausdruck. Hände wie Löffel, Nasen wie Kolben, Münder wie Wunden, Ausdruck wie Kretins. Sie ladet sich zuviel auf. Zwei Köpfe, vier Hände auf kleinster Fläche, unter dem tut sie es nicht, und dazu Kinder. Rat kann man ihr schwer erteilen, wie meistens.
26. September 1903

„Ich fühle, daß alle Menschen sich an mir erschrecken, und doch muß ich weiter", hatte Paula Modersohn bereits 1899 formuliert. Jetzt, im Spätsommer 1903, sieht sich Otto Modersohn mit einer eigenwilligen Malerei konfrontiert, welche die Züge jener „Runenschrift" trägt, die seine Frau anstrebt. Er weiß das Unkonventionelle dieser monumentalen Malerei wohl zu schätzen, aber ihr vereinfachender Rigorismus erschrickt den elf Jahre Älteren, dem es vor allem auf intime Stimmungswerte und sinnliche Anschauung ankommt. Vier Tage nach diesem heftigen Urteil ist er allerdings schon wieder voller Bewunderung für sie. 1. Oktober 1903: „Alle besticht Äußerliches, das ist die wahre Größe, vor der ich mich allein beugen würde, wo das nicht der Fall ist (...) Paula ist selten darin – sie schätzt das Wahre, sie würde nie durch Äußerlichkeiten geblendet und ich auch nicht."

Das Leben des Ehepaares könnte nicht erfüllter und arbeitsintensiver sein. Tagebuchaufzeichnungen geben Hinweise auf Reisen nach Berlin, Dresden, Kassel und Braunschweig, kurze Ausflüge mit Freunden in die Umgebung. Allerdings muß Modersohn manchmal mit Wehmut an jene Zeiten denken, als das Leben der Worpsweder Malerkollegen weniger konventionell war:

Die Worpsweder sinken. Warum? Weil sie die Einfachheit verloren, weil sie das innere Streben verloren. Der einfache, innerliche Bursch' war bei jedem der Künstler. Erfolg, Leben, und dann die Frauen haben das zu Wege gebracht. Frauen verstehen die Einfachheit fast nie. Die halten sie für Unkultur, für gewöhnlich, verächtlich, verwerflich. Heinrich Vogeler mußte sein Mäntelchen, Käppchen und Gitarre in die Ecke hängen, als großer Herr im Sportkostüm durch's Land reiten. Das Land sagt einem nichts, wenn man die intime, menschliche Berührung verloren. Fritz Overbeck wurde das weiße Vorhemd umgebunden, als ordentlicher Vater und Eheherr wohnte er in ordnungsmäßigem Hause, wie sich das gehört. Der träumerische, schwerfällige, etwas derbe Junge von Brünjes ist nicht mehr. Und das war der Künstler in ihm. Fritz Mackensen mit seinen gestreiften und gepunkteten Hosen und Röcken, seinem kleinen bunten Strohhut unter Wendelkens Dach – wo ist der? Überall: die Einfachheit, das Innerliche ist verschwunden. Die Betonung des Äußerlichen, der Außenseite des Lebens hat es vertrieben, erdrückt. Bei mir auch damals durch Helene, die verstand das auch nicht. Jetzt anders. Paula versteht das wie wenige Frauen sicher und so lebe ich im alten Geiste weiter. Sicher zum Heile meiner Kunst. Es ist das Traurigste und Schlimmste, wenn das innere, das Zentralfeuer der Kunst erlischt, nicht langt. Und so geht es den Worpswedern, die Illusionen sind dahin. Man sucht von außen, statt von innen das Glück. Man strebt nach Konnexionen – so F.M., so jetzt H.V. und, wie immer a.E., C.V. Man zog aus, wie Clara Westhoff einmal schrieb, um ein Weltmeer zu suchen und ist schließlich froh, wenn man eine kleine Lache findet, um seine Glieder darin auszustrecken. Ich bin der leidenschaftlichste Anti-Streber, lieber will ich mit Kunz und Peter verkehren, als nach den einflußreichen Leuten zu streben, die sollen zu mir kommen. Bei Mißerfolgen muß man sich zusammenfassen, von innen heraus Besserung erstreben. Es ist herrlich, daß Paula mich darin unterstützt – sie hat auch den inneren Beruf und sieht darin allein das Heil.

11. Oktober 1903

Paula Modersohn an Martha und Carl Hauptmann:

Wir leben hier unser Leben still weiter, von dem Sie ja auch wissen, daß es sehr gleichmäßig ist. Unsere Freuden bestehen in Naturstimmungen und Seelenstimmungen und von denen läßt sich wenig erzählen. Da kann man immer nur wieder sagen, daß es dem, in dessen Seele es so stimmt und tönt, daß es dem gar wohl zu Mute ist. So ist es Otto und mir in unserem Lande auch so unbeschreiblich wohl zu Mute. Oft gerade dann am meisten, wenn am wenigsten „passiert“. Unser Weihnachten war sehr schön. Am heiligen Abend war ich mit Elsbeth in unserer kleinen Dorfkirche, wo zwei große Weihnachtsbäume angezündet standen, und vor den Leuten auf den Bänken standen auch Lichtlein. Von oben herab sangen uns die Kinder das Ehre sei Gott in der Höhe. Dann wurde uns das Evangelium gelesen. Ich sah so manches Auge, was mit frommer Frage nach oben blickte. --Dann der Heimweg über den stillen Kirchhof durch den sternenklaren Abend.-
Am Nachmittag. Eben komme ich vom Eis, was schön und blank gefroren ist. Zwanzig Dorfjungen liefen hinter mir drein, um sich mit mir an Schnelligkeit zu messen. Das Eis knackte und das Wasser trat an den Ufern über. Es war eine Lust.-
30. Dezember 1903

8. Kapitel

Gegenstimmung

1904-1906

Als Modersohn im April 1904 für ein paar Tage zu seinen Eltern nach Münster reist, nutzt seine Frau, „göttlich frei", wie sie sich fühlt, diese Gelegenheit, wieder einmal in ihrem Brünjes-Atelier zu übernachten. „Halb bin ich Paula Becker noch, halb spiele ich sie", schreibt die vermeintliche Junggesellin an ihre Schwester Milly, freut sich über das nächtliche Kettenklirren der Kühe und das Hahnengeschrei am Morgen und kocht sich wie in alten Zeiten ihr Frühstücksei auf dem kleinen Petroleumofen. Sie erledigt Gartenarbeiten, wäscht Elsbeths Puppenkleider und bestellt bei der Köchin Berta Milchreis mit Apfelkompott, ein Gericht, das sie aus Kindertagen liebt. Die vorübergehende Trennung von ihrem Mann empfindet sie als beglückend, ist sich aber auch bewußt: „Weißt Du, gerade daß Du im Hintergrund meiner Freiheit stehst, das macht sie so schön", schreibt sie ihm nach Münster. „Wenn ich frei wäre und hätte Dich nicht, so gälte es mir nichts."

Ende 1904 werden neun Bilder von Otto Modersohn in Bremen ausgestellt. Loyal hält seine Frau zu ihm und entrüstet sich: „Im ganzen benehmen sich die Bremer seiner Kunst gegenüber viel zu flau. Er hat zwei lumpige Angebote bekommen, die die Hälfte von Ottos Forderung zahlen wollen."

Paula Modersohns wenigen Aufzeichnungen aus dem Jahr 1904 ist zu entnehmen, daß sie schon Anfang November wieder mit dem Gedanken spielt, der trüben Worpsweder „Zeitlosigkeit" zu entfliehen und zu sehen, wie es draußen in der großen Welt aussieht. Sie habe im Winter schlecht gearbeitet, schreibt sie am Weihnachtssonntag 1904 an Herma Becker nach Paris, wo die Schwester seit Oktober als Au-Pair-Mädchen lebt. Der Zeitpunkt sei deshalb gut geeignet für neue Anregungen, begründet sie ihre Reiselust. „Und darauf lebe ich jetzt."

Sein definitives Ja hat Otto mir zwar nicht gegeben; aber er merkt doch, daß ich so große Sehnsüchte nach meiner Stadt habe, daß man ihnen keinen Wall entgegensetzen kann. Und dann ist meine Ehe ja auch so, in vielen kleinen Dingen gebe ich nach, wird es mir auch nicht schwer, nachzugeben, in einigen großen Dingen könnte ich fast nicht nachgeben, wenn ich es auch gern wollte. In diesem Falle will ich es natürlich nicht gern.
24. Dezember 1904

„Denken Sie sich, ich habe diesen Winter einen Durst nach der Stadt Paris. Ich möchte für ein paar Monate ordentlich im Leben drin sein, viel sehen und hören", teilt Paula Modersohn am 9. Januar 1905 dem Ehepaar Hauptmann brieflich mit. „Ich bin noch zu jung, als daß ich immer hier sitzen darf. Es wird sehr schön für mich werden, denn Paris ist für mich die Stadt. Schön und sprudelnd und gährend und man selbst taucht ganz darin unter." Am 14. Februar 1905 bricht sie zu ihrer dritten Paris-Reise auf. Das Wiedersehen werde anschließend „um so schöner", versucht sie ihren Mann zu trösten, der sich mit dem Gedanken an eine wochenlange Trennung von seiner Frau dieses Mal nicht anfreunden mag, wenn auch Mutter Becker das Haus hüten und für die kleine Tochter Elsbeth sorgen wird.

Wieder ist Paula Modersohn nach einer anfänglich befangenen Stimmung fasziniert von dem, was Paris bietet. Sie belegt Aktkurse an der Académie Julian und verbringt viel Zeit in den Museen, ihr kleines Skizzenbuch in der Manteltasche. Vergnügt erlebt sie das Karnevalstreiben auf den großen Boulevards, geht ins Theater, besucht Ausstellungseröffnungen und zusammen mit ihrer Schwester den Maler Maurice Denis in seinem Atelier in Saint Germain-en-Laye. Sie sieht Skulpturen von Maillol, amüsiert sich im Quartier Latin und flirtet mit einem bulgarischen Studenten. Einer Begegnung mit dem Maler Charles Cottet folgt ein Besuch in seinem Atelier und durch Rilke lernt sie das norwegische Schriftsteller-ehepaar Johann und Ellen Boyer kennen. Besonders zu Ellen Boyer, die ihr drittes Kind erwartet, ist Paula Modersohns Beziehung auf Anhieb herzlich. Wehmut steht zwischen den Zeilen, wenn sie im Hinblick auf Ellen Boyers Schwangerschaft an ihren Mann schreibt:

„So geht es, bei einigen geht es zu schnell, bei anderen zu langsam." Alles deutet in diesem Jahr 1905 auf ihren Wunsch nach einem eigenen Kind hin. Der Mutter wird sie kurz nach ihrer Heimkehr aus Worpswede schreiben: „Heute habe ich all meine Modellkinder aufgesucht, und merkwürdigerweise war in alle den vier Häusern, in die ich hineinguckte, ein neuer Hinnerk oder eine Meta angekommen. Ich blickte ordentlich neidisch auf all dies zappelnde neue Leben." (11. April 1905)

Zurückhaltend zwar, aber sich ihrer Sache ausgesprochen sicher, reagiert die Akademie-Studentin auf ihre „sehr amüsanten" französischen Kolleginnen bei Julian und berichtet nach Hause:

Sie malen aber wie vor hundert Jahren, als ob sie die Malerei von Courbet an nicht miterlebt hätten. Die meisten kennen auch nichts davon; sie gehen nur in die Ausstellungen für den prix de Rome, und das wird wohl in etwas besserer Qualität derselbe Dreck sein (...) Meine Malerei sehen sie sehr mißtrauisch an und in der Pause, wenn ich den Platz vor meiner Staffelei verlassen habe, dann stehen sie mit sechsen davor und debattieren darüber. Eine Russin fragte mich, ob ich das denn auch wirklich so sähe, wie ich das mach', und wer mir das beigebracht hätte. Da log ich und sagte stolz: 'Mon mari'. Darauf ging ihr ein Talglicht auf und sie sagte erleuchtet: 'Ach so, Sie malen wie ihr Mann malt'. Daß man so malt wie man selber, das vermuten sie nicht.

23. Februar 1905

Die zahlreichen Briefe der „kleinen Pariserin" an ihren „lieben, lieben Mann" in Worpswede spiegeln unbändige Lebenslust und Schaffenseifer wider. Sie möchte alles: Paris und Worpswede, Arbeit und Familie, Alleinsein und Nähe. „Laß nach der Straße hin eine Reihe nicht zu großer Tannen pflanzen, die unsere luftbadenden Leiblein vor den Blicken der vorbeiziehenden Menge decken können", beauftragt sie ihn und denkt voller Vorfreude an Vogelgesang und Blumen im Garten. Ihr Glück ist groß, als in Paris eine humorvoll gezeichnete Postkarte eintrifft, auf der Modersohn seiner Frau den Verkauf einiger seiner Bilder ankündigt, deren Erlös er ihr schicken will. „Über die tausend Mark Vorfrühling freue ich mich

Otto und Paula Modersohn im Garten, um 1904

sehr", jubelt sie am 20. März und bittet ihn eindringlich, er möge zu ihr nach Paris kommen: „Denn in dieser Zeit braucht man jemand zum Lieben und zum Küssen. Lieber, wir wollen diesen Frühling wahrnehmen, als wenn es unser erster wäre, den wir zusammen erleben."

Ausgerechnet in dem Augenblick, als er nach Paris aufbrechen will, erreicht Modersohn die Nachricht von der schweren Erkrankung seiner Mutter. Aus Sorge, sie könne sterben, ohne daß er noch einmal bei ihr gewesen ist, entscheidet er sich, seine Reise an die Seine aufzuschieben und zu den Eltern nach Münster zu fahren. Luise Modersohn stirbt nur wenige Tage nach der Ankunft ihres Sohnes am 8. März 1905.

„Nun ist auf einmal Trauer in Dein Leben eingetreten, und ich bin nicht bei Dir, Dir die Hand zu drücken", schreibt Paula Modersohn mitfühlend aus Paris am 10. März. „Wie merkwürdig spät ist die

Beerdigung", wundert sie sich. "Du mußt mir bitte ganz ehrlich schreiben, ob Du die Empfindung hast, daß ich auch nach Hause kommen soll. Wenn Du denkst, Du fühlst Dich einsam ohne mich, so schreibe es mir doch bitte." Du mußt nicht kommen!, winkt Modersohn ab. Zu genau weiß er, wie schwer es seiner Frau fallen würde, ihre anregende Zeit in Paris zu unterbrechen.

„Mein Herz ist voll von Liebe zu Dir und zählt die Tage, und mag nicht länger warten in dieser holden Frühlingszeit ohne seinen Gesponsen", schreibt sie am 24. März an ihren trauernden Ehemann. „Ich bin Dein, Du bist mein, des sollst Du gewiß sein." Fünf Tage später trifft Modersohn in Paris ein, begleitet von Milly Becker, Heinrich und Martha Vogeler und Marie Bock. Gemeinsam schauen sich die Freunde im Rahmen des „Salon des Indépendants" Retrospektiven der Werke Seurats und van Goghs an, sie sehen die Gauguin-Sammlung von Gustave Fayet und Bilder von Matisse und den Fauves. Otto Modersohn im Anschluß an die gemeinsame Parisreise: „Wir wohnten alle in Paulas Hotel, rue Madame. Sahen bei Fayet die Gauguins, Buffalo Bill. Die Zeit war nicht erfreulich."

Zurück in Worpswede beklagt sich Paula Modersohn bei ihrer Schwester Herma über die niedergeschlagene Stimmung ihres Mannes, hinter der sich, wie sie annimmt, seine „große Eifersucht auf Paris, französische Kunst, französische Leichtigkeit, Boulevard Miche, Bulgaren etc." verberge: „Er bildete sich ein, ich bliebe am liebsten in Paris und hielte von Worpswede nichts. Na, Du kennst ihn ja. In solcherlei Gedanken war er ganz untergegangen und verstummt und hat mir die letzte Woche recht verdorben." Diese „Kette von Mißverständnissen" versucht Otto Modersohn in einem Brief an seine Frau zu erklären, den er ihr erst ein Jahr später schreiben wird:

Wie freute ich mich auf Paris und die Tage mit Dir (...), da trat der Tod meiner Mutter ein, ich lebte in großer Bedrückung 14 Tage an der Seite meines bekümmerten Vaters. Ich mochte nicht auf Paris verzichten, und doch hätte ich es lieber tun sollen, dann wäre vielleicht manches anders geworden. Ich hatte mir mehr zugetraut: Ich traf Dich strahlend, jubelnd, ich konnte den Takt nicht finden (...) mir war oft so weh zumute, wenn ich mich zu Vogel-

ers hielt, während ich doch an Deine Seite gehörte, gerade da. Wie Dein Vater starb, da war Deine Trauer auch meine Trauer. Und wenn Dir meine Mutter auch ferngestanden, ich hatte doch Trauer, da war es doch gewiß nicht unnatürlich, wenn Du meiner Stimmung etwas Rechnung getragen hättest. Daraus entwickelte sich nun eine Gegenstimmung.
27. Februar 1906

Diese „Gegenstimmung" weicht nach der gemeinsamen Rückkehr des Ehepaars am 8. April 1905 schnell der Freude, wieder in Worpswede zu sein. „Das Nachhausekommen war wunderschön", bedankt sich Paula Modersohn am 11. April 1905 bei ihrer Mutter für ihre Hilfe. „Du hast mir dadurch ermöglicht, den Inhalt meines Lebens zu erweitern. Ich sehe diese Pariser Reisen an als Ergänzung meines hiesigen, etwas einseitigen Lebens, und ich fühle, wie dieses Untertauchen in eine fremde Stadt mit ihren tausend Schwingungen nach zehn ruhigen Worpsweder Monaten mir ungefähr Lebensbedürfnis wird." Sie bittet ihre Schwester Herma in Paris am 21. April 1905, ihr möglichst schnell biographisches Material und einen Katalog über Gauguin zu schicken, am 8. November schreibt sie: „Es ist gut, daß diese kratzbürstige Zeit, die Du im Sommer zwischen Otto und mir erlebt hast, vorbei ist. Ich weiß selber nicht, wie sie kam und wie sie ging. Wir sind uns jetzt sehr einander gut. Nur habe ich im tiefsten Untergrunde eine große Sehnsucht nach der Welt, hauptsächlich die langen Abende, während er bei einem Pfeifchen in einer Sofaecke sehr gemütlich aufgehoben ist." Modersohn notiert in diesen ersten Novembertagen 1905 nach einer „gründlichen, fundamentalen Aussprache" mit seiner Frau:

Zunächst ist der Mangel an wahrem Liebesgenuß ein großer Defekt unserer Ehe. Komisch, wie ich da ängstlich war. Ich fürchtete mich fast davor, was anderen der Zweck der ganzen Sache, das höchste Glück ist. Das lag natürlich an meinen Nerven. Die sind jetzt aber besser wie seit langem – und nun wird der Punkt auch gut und gelöst. Ich hoffe auf sicheren Erfolg unserer Liebe. Das würde natürlich unser Verhältnis riesig vorteilhaft beeinflussen. – Aber außerdem: unser Leben ist zu eintönig, philisterhaft

geworden. Da leidet Paula auch sehr darunter. Sie fühlt sich so beengt dadurch. Ich ging erst sehr dagegen an – mit Unrecht. Paula hat Recht.
5. November 1905

Tagebuchaufzeichnungen aus dem Jahr 1905 geben Hinweise darauf, daß der Maler gelegentlich unter gesundheitlichen Störungen gelitten hat. Hin und wieder auftretende „nervöse“ Herzbeschwerden begründet er mit seiner fast leidenschaftlichen Tendenz zum maßlosen Theoretisieren, Reflektieren und Grübeln, die es ihm nahezu unmöglich macht, abzuschalten. Psychische und physische Erschöpfung sind die Folge: „Nach wüstem Lesen von Millet hatte ich Schwindelanfall, Herzklopfen etc. Diese Art von mir ist schrecklich. Alles um mich her existiert nicht (...) Wie schadet es mir körperlich. Für die Nerven kann es ja nichts Schädigenderes geben. Wie schadet es mir geistig.“

Noch im November 1905 machen Otto und Paula Modersohn zusammen mit Heinrich Vogeler eine dreitägige Reise nach Westfalen, die eine willkommene Abwechslung in die spätherbstlich trüben Tage bringt. Sie fahren nach Soest und Münster und besuchen in Hagen das Sammler-Ehepaar Osthaus. Im Museum Folkwang Essen hängt heute Paula Modersohn-Beckers berühmtes, streng flächig gemaltes „Selbstbildnis mit Kamelienzweig“, das in ihrem Todesjahr 1907 entstand. Osthaus hatte es 1920 nach seiner ersten großen Ausstellung der Künstlerin im Museum Folkwang erworben. Er habe darin eine große Ähnlichkeit gefunden, schrieb Osthaus damals an Mathilde Becker, und „merkwürdigerweise gerade die Auffassung, die mir selbst von ihrer Tochter im Gedächtnis blieb.“

Die zeitgenössischen Künstler, die Paula und Otto Modersohn bei Osthaus sehen, kennen sie aus Paris: Rodin, Maillol, Gauguin, van Gogh, Renoir und viele andere. Die Begegnung mit dem Ehepaar Osthaus und seinen vier Kindern beeindruckt Paula Modersohn: „Das sind Menschen, wie ich sie wohl öfter sehen möchte“, schreibt sie an Herma Becker nach Paris und klagt, daß ihr ein gleichgesinntes Gegenüber fehle: Besonders eine Frau, „mit der ich von meinen Interessen sprechen kann.“

Am 8. November, einem Sonntag, notiert Otto Modersohn nach einem gemeinsamen Spaziergang mit seiner Frau:

> *Die wunderbarsten Sachen gesehen. Tiefe, köstliche, schlichte Farbenstimmungen – graulila Birke auf Tiefgrün – warm-schwarzgelbliche auf braunem Moor, warm rötlich gelbliche Blätter drum herum auf Tiefgrün, vor allem aber die duff, taub graugrünen Föhrenstämme, auch Birken auf stahlblauem Wasser glänzend dunkler Spiegelung, gelben Blättern – Abend mit 2 Kindern vor wunderbarem Feld, leuchtender Sand. – Es ist wirklich wahr: Das Märchen sitzt im Chausseegraben vor aller Augen, man muß es nur gewahren. Solche schlichten Farbenstimmungen, das Schönste, was es gibt.*
> 8. November 1905

Seit Anfang November ist Clara Rilke wieder in Worpswede und wohnt in der Bergstraße 16 bei der Landschaftsmalerin Emmy Meyer (1866-1940), einer ehemaligen Schülerin Otto Modersohns. Vier Wochen lang war sie bei Rodin in Meudon gewesen, wo Rilke seit dem Spätsommer 1905 als Sekretär arbeitete. Tief beeindruckt von der Persönlichkeit des Bildhauers, erzählt Clara Rilke ihrer Freundin Paula viel aus Paris. Die beiden Frauen haben während der vergangenen Monate wieder mehr zueinander gefunden. „Sie ist mir trotz allem von allen noch die liebste“, schreibt sie am 26. November an ihre Mutter und berichtet, daß sie die Bildhauerin für ein Portrait in ihr Atelier gebeten habe: „Des Morgens male ich jetzt Clara Rilke im weißen Kleid, Kopf und ein Stück Hand und eine rote Rose. Sie sieht sehr schön so aus und ich hoffe, daß ich ein wenig von ihr hineinbekomme.“ – „Ihr Portrait-Anfang von mir scheint mir immer wieder etwas ganz Grandioses“, wird Clara Rilke am 9. Mai 1906 an die Freundin schreiben. „Und wirklich Großes muß aus diesem Beginn wachsen – es ist schon ein wirklicher Weg – ein Weg, der steigt.“

Während der Weihnachtstage, die Rainer Maria Rilke bei seiner Familie in Worpswede verbringt, besucht er auch Paula Modersohn in ihrem „Lilienatelier“, um sich das Portrait seiner Frau anzuschauen. Jetzt sieht er zum ersten Mal Bilder von ihr und ist überrascht. Die

30-jährige Malerin vertraut dem Freund ihren Wunsch nach Unabhängigkeit von Modersohn an und weiht ihn in ihre erneuten Paris-Pläne ein. Als Zeichen seiner Anerkennung und wohl auch, um sie moralisch und finanziell zu unterstützen, kauft Rilke das Bildnis „Säugling mit der Hand der Mutter" aus dem Jahre 1903. Es ist eins der insgesamt drei Gemälde, die Paula Modersohn zu Lebzeiten verkaufen konnte. Zurück in Meudon, wird Rilke an seinen Mäzen Baron von der Heydt schreiben: „Das merkwürdigste war, Modersohns Frau an einer ganz eigenen Entwicklung ihrer Malerei zu finden, rücksichtslos und geradeaus malend, Dinge, die sehr wohl worpswedisch sind und die doch nie einer sehen und malen konnte. Und auf diesem ganz eigenen Wege sich mit van Gogh und seiner Richtung seltsam berührend."

Die menschliche Figur in der Natur ist jetzt das Hauptthema der Künstlerin. Sie malt Kinder und stillende Mütter, Akte, Halbfiguren und Köpfe, frontal und ganz nah gesehen, im Freien vor einem weiten Himmel, in einem Wald, auf einer Wiese oder zwischen Birkenstämmen. Typisch ist das in warmen Braun-, Ocker und Rottönen gemalte Bildnis „Blasendes Mädchen im Birkenwald", das in den Kunstsammlungen Böttcherstraße in Bremen zu sehen ist.

„Paula macht mir in ihrer Kunst lange nicht so viel Freude wie früher", liest man bei Otto Modersohn in einer Notiz vom 11. Dezember 1905. „Sie nimmt keinen Rat an – es ist sehr töricht und schade". Besonders auf die „lebensgroßen Akte" und „lebensgroßen Köpfe" seiner Frau reagiert der Maler kritisch. „Sie ist hochkoloristisch – aber unmalerisch hart besonders in den ausgeführten Figuren." Über ihre Stilleben hingegen äußert er sich nur wenig später lobend: „Paula mit ihren meisterlichen Stilleben und Skizzen, das Kühnste und Beste an Farbe, was hier in Worpswede je gemalt." (20. Dezember 1905). Noch einmal betont er seine Freude darüber, im Hinblick auf seine eigene Kunst so viel von seiner Frau gelernt zu haben: „Malerei muß ganz Geist geworden sein, in jedem Strich und Druck und Punkt – Ausfluß, Ausdruck des geistigen, inneren Schauens – das ist Malen."

„Gestern, zur Feier Deines Geburtstags, habe ich hier auf meinem Zimmer auch ein Stilleben gemalt: Apfelsinen und Zitronen, die sehr lockten", hatte Paula Modersohn am 22. Februar 1905 aus Paris an ihren Mann geschrieben. Das Stilleben wird jetzt immer mehr zum bevorzugten Thema ihrer Malerei. Im Unterschied zu ihren anderen Bildgattungen wird hier die Nähe zu Cézanne besonders deutlich, bei dem sie das spannungsreiche Spiel zwischen Volumen und Fläche studiert hat. Die Künstlerin wählt einfache Gegenstände aus ihrer unmittelbaren Umgebung. Früchte, Blumen und Krüge arrangiert sie auf einem Tisch oder zwischen den schweren Falten eines Tuches und komponiert ihr Bild. „Das Ding an sich in Stimmung", ist die kurze Formel, mit der sie ihr künstlerisches Ziel zusammenfaßt. „Um die Fläche bewegt zu machen, bearbeitete sie die Farbe oft mit dem Pinselstiel", berichtet Otto Modersohn über ihre Auseinandersetzung mit technischen Möglichkeiten. „Oder sie schliff die sehr pastos aufgetragenen Farben nach dem Trocknen und malte dann wieder darüber, so allmählich in mehreren Lagen übereinander ihr Ziel erreichend", um jene Stofflichkeit der Oberfläche, jenes „Duffe" und „Krause" zu erwirken, das charakteristisch ist für ihre Bilder. Modersohn: „ Kroß, kraus, knusprig' waren im Technischen Lieblingsworte von ihr. Paula malte auf selbstgrundiertem Leinen oder Pappen mit einer Münchner Öltempera."

„Im Stillen plane ich wieder einen kleinen Ausflug nach Paris, wofür ich mir schon fünfzig Mark gespart habe", vertraut Paula Modersohn ihrer Mutter Ende November 1905 an. „Dagegen fühlt Otto sich urgemütlich. Er braucht das Leben nur als ein Ausruhen von seiner Kunst und kommt immer auf seine Rechnung. Ich habe von Zeit zu Zeit den starken Wunsch, noch etwas zu erleben. Daß man, wenn man heiratet, so furchtbar festsitzt, ist etwas schwer." Und an ihre Schwester in Paris Anfang Dezember: „Mir wird das Stillesitzen hier manchmal sehr schwer (...) – Otto kann sich in mich auch hineindenken und ist von einer rührenden Güte zu mir. Wenn der Sommer kommt, ist alles wieder gut, es ist meine Winterkrankheit."

Ende des Jahres bricht das Ehepaar zu einer vierzehntägigen Reise nach Schreiberhau zu Carl und Martha Hauptmann auf. Anregende Menschen gehen im Haus des Schriftstellers ein und aus. Der Berliner Bürgermeister Georg Reicke und seine Frau gehören dazu und Carl Hauptmanns enger Freund Werner Sombart (1863-1941), Sozialwissenschaftler und Nationalökonom, der in Breslau lebt und sich oft auf sein Anwesen nach Mittelschreiberhau zurückzieht. Die lebhaften Diskussionen des von Künstlern dominierten Schreiberhauer Zirkels, den das Ideal eines an Goethe orientierten, harmonischen Menschentums und die Liebe zu Kunst und Wissenschaft verbindet, begeistern das Maler-Ehepaar. Beiden ist bewußt, was ihnen in Worpswede fehlt: „Eine große Scheidewand war immer unser angestrebt bäuerliches Leben, das, wenn es mit städtischem Leben in Berührung kam, an den oberflächlichen Verschiedenheiten sich stieß", wird Paula Modersohn wenig später ihrer Mutter gegenüber äußern. Offenbar hinterläßt der rhetorisch brilliante 43-jährige Werner Sombart einen überaus nachhaltigen Eindruck. „Alle diese studierten Leute wirken so anders als die Maler, mit denen wir gewohnt sind, umzugehen", schreibt die Künstlerin am 17. Januar 1906 an ihre Schwester Milly. „Es kam viel Feines dabei heraus, hauptsächlich wenn Hauptmann und Sombart gegeneinander zu Felde zogen." Otto Modersohn notiert: „Dann aber Sombart, ein prachtvoller Kerl, wie köstlich waren die Debatten mit Carl Hauptmann."

Im Gegensatz zu vielen anderen Zirkeln war der Künstlerkreis um die Brüder Gerhart und Carl Hauptmann im Riesengebirge keine reine Männergesellschaft; die Anwesenheit von Frauen bei Lesungen und Diskussionen war selbstverständlich. Die Begegnung zwischen Paula Modersohn und Werner Sombart findet insofern zu einem brisanten Zeitpunkt statt, als sich beide in einer Ehekrise befinden. Sombart hatte seine Frau offenbar bereits im Frühjahr 1905 um die Scheidung gebeten und auch Paula Modersohn trägt sich inzwischen immer mehr mit dem Gedanken an eine Trennung von ihrem Mann. Carl Hauptmann, der sich zwei Jahre später selbst neu verlieben und von seiner Frau Martha trennen wird, versucht als Freund sowohl im Falle der Sombartschen Ehe als auch im Hinblick auf die Ausbruchsversuche der Maler-Freundin vermittelnd einzugreifen. Während ihrer Gespräche müssen Paula Modersohn und Werner Sombart auch über Paris gesprochen haben, wohin Sombart ebenfalls oft reiste. Sie werden sich dort im Frühjahr 1906 wiedersehen.

Den anregenden Tagen in Schreiberhau folgt ein Aufenthalt des Ehepaars in Dresden. In Berlin schaut man sich noch die „Jahrhundertausstellung deutscher Kunst von 1775-1875" in der königlichen Nationalgalerie an. „Eine in jeder Hinsicht anregende Reise gemacht, wohl die feinste, die ich je gemacht", hält Modersohn im Anschluß an die gemeinsamen Ferien fest, und seine Frau schreibt am 17. Januar 1906 an Milly: „Wir haben eine wunderschöne Reise hinter uns."

Otto Modersohn an Carl Hauptmann:

Allmählich ist es wohl die höchste Zeit geworden, daß ich von mir hören lasse – 14 Tage sind wir nun schon wieder zu Hause. Das Wiedereingewöhnen in unsere Verhältnisse wollte mir gar nicht recht dies Mal gelingen nach den köstlichen Tagen bei Ihnen (...) Es ist wahr, unser Winter ist schrecklich, zum melancholisch werden. Ihr Gebirge hat dies Mal einen unauslöschlichen Eindruck auf mich gemacht. Diese Großartigkeit seiner Formen und Stimmungen erhebt uns selbst aus dem Alltag. Meine Kunst ankert ja in der Welt unserer Niederung, unserer Moore, aber menschlich hat mich das Gebirge erhoben und befreit, wie lange keine Landschaft. – Und nun die andere Seite: die Menschen. Ich weiß nicht, was mich mehr angeregt hat, diese oder jene Landschaft. Tagelang habe ich Heimweh gehabt, ich weiß nicht, wonach alles. Ganz allmählich finde ich mich erst in meinem Atelier wieder zurecht.

1. Februar 1906

„Mir brennt der Boden ein wenig unter den Füßen", wendet sich Paula Modersohn bereits vier Wochen nach ihrer Rückkehr, am 17. Februar, ungeduldig an Rilke in Paris mit der Bitte, er möge sich nach preiswerten Möbeln für sie umschauen. Ihre Vorfreude auf ein Wiedersehen ist groß. „Und nun weiß ich gar nicht, wie ich mich unterschreiben soll", bekennt sie in ihrem Brief: „Ich bin nicht Modersohn und ich bin auch nicht mehr Paula Becker. Ich bin Ich, und hoffe, es immer mehr zu werden. Das ist wohl das Endziel von all unserem Ringen."

Paula Modersohn weiß, daß sie eine radikale Entscheidung fällen muß. Für sie hat ihr Werk Vorrang vor allem anderen. Der Preis dafür ist hoch. Bernhard Shaw sprach von der wahren, harten Kälte

– „the true hard coldness" – des echten Künstlers. Will sie als Malerin dahin gelangen, was sie als „das Eine" bezeichnet, ihr „Endziel", will sie „erlösen", was sie in sich zu tragen glaubt und sich selbst treu bleiben, so bedeutet dieses zwangsläufig die so oft schon von ihrer Umgebung als rücksichtslos und egoistisch beklagte Abwendung von allen, die sie liebt.

Am 8. Februar 1906 war sie dreißig Jahre alt geworden und mit dreißig wollte sie an ihrem künstlerischen Ziel angekommen sein, wie sie ihrer Schwester Herma gegenüber formuliert hatte. Als die Künstlerin in der Nacht nach dem einundvierzigsten Geburtstag ihres Mannes, am 23. Februar 1906, in Bremen den Zug nach Paris besteigt, ist sie entschlossen, nicht mehr nach Worpswede zurückzukehren. Die Familie, selbst die ihr so verbundene Herma, reagiert erschüttert und verständnislos auf diesen Schritt. Noch am Abend ihrer Ankunft im Hotel in der Rue Cassette in St.-Germain schreibt Paula in ihr Tagebuch: „Nun habe ich Otto Modersohn verlassen und stehe zwischen meinem alten Leben und meinem neuen Leben. Wie das neue wohl wird. Und wie ich wohl werde in dem neuen Leben? Nun muß ja alles kommen."

Modersohn, der offenbar von den heimlichen Reisevorbereitungen seiner Frau nichts gemerkt hat, ist überwältigt vom Schmerz über ihre plötzliche Abreise:

Soeben erhalte ich Deinen Brief. Zu jeder Post rannte ich vergebens, schließlich tat ich es nicht mehr, weil ich meine Aufregung vor Kellner nicht verbergen konnte. O Deine ersten Worte! Laß bald mehr folgen – tausend Dank. Keine Nacht finde ich Schlaf – keinen Strich kann ich malen – kein Wort kann ich lesen – Du magst Dir ausmalen, wie ich lebe. Ich kann nur schreiben, schreiben an Dich – Gestern Heinrich Vogeler angekommen. Ich habe ihn noch nicht gesehen. Paula, alle Kisten und Kasten, alle Schubladen sind leer – o diese Entdeckung! In Bremen „Nach dem Regen" für 1500 (ohne Rahmen) verkauft. In Hannover „Frühling" für 1000 – was ist mir Geld und Gut in dieser Seelenpein. Daß ich so blind war und nicht Vorkehrungen traf! Gib' mir Hoffnung – ich ertrag's nicht.

2. März 1906

Nächtelang quält er sich mit Selbstzweifeln, wirft sich vor, das Leben und die Liebe über seine Kunst, sein Grübeln und Theoretisieren vergessen zu haben, und sucht nach Erklärungen für Paulas Entscheidung, ihn zu verlassen.

Aufschlußreich ist ein Brief des Malers an Carl Hauptmann vom 11. April 1906, in dem er dem Freund mitteilt, daß er den Grund für das Verhalten seiner Frau in ihrer Kinderlosigkeit sehe. Ähnlich wird es Modersohn 1919 in einem Brief an Gustav Pauli formulieren: „Unsere Ehe war kinderlos geblieben, meine Frau litt darunter und trug es anfangs für sich. Ich selber litt unter der Kinderlosigkeit nicht. Ich hielt meine Frau nicht recht für die Mutterschaft geschaffen. Mein Gedanke war immer, daß ihr Leben ganz ihrer großen Kunst gewidmet sein sollte."

Paula Modersohn an Otto Modersohn aus Paris:

Ich danke Dir für alle Deine Liebe. Daß ich nicht nachgebe, ist nicht Grausamkeit und Härte. Es ist für mich selber hart. Ich tue es nur mit dem festen Gedanken, daß ich nach einem halben Jahre Dich wieder quälen würde, wenn ich mich jetzt nicht genug prüfen würde. Versuche Dich an die Möglichkeit des Gedankens zu gewöhnen, daß unsere Leben auseinandergehen können.

Nun wollen wir längere Zeit nicht wieder darüber sprechen. Es hat keinen Zweck.

2. März 1906

Viele lange Briefe von Dir liegen vor mir und machen mich traurig. Es ist immer wieder derselbe Schrei in denselben, und ich kann Dir doch nicht die Antwort geben, die Du haben möchtest. Lieber Otto, laß eine Zeit ruhig verstreichen und laß uns beide abwarten, wie meine Gefühle dann sind. Nur, Lieber, versuche den Gedanken ins Auge zu fassen, daß sich unsere Wege scheiden werden.

Ich möchte so gerne, daß Du und meine Familie unter meinem Schritt nicht so littest. Aber wie soll ich es anfangen? Das einzige Mittel ist die Zeit, die alle Wunden langsam und allmählich heilt.

9. März 1906

Otto Modersohn an Paula Modersohn aus Worpswede:

Ich wollte Dir übrigens noch sagen: lebe auch gut, spare nicht zu sehr, Du hast es nötig. Deine Wünsche will ich nach Kräften gleich heute erfüllen (...) Was könnte ich alles für Dich tun! Du suchst Erlebnisse – gut, ziehe aus und suche sie, und wenn Dich eine Liebschaft lockt, folge ihr, ich bleibe Dir getreu, und ich erwarte Dich, denn Du bist mir dann immer noch eine Welt. Du suchst Freiheit. Nimm alle Freiheiten, reise, lebe von mir getrennt mal, wohne bei Brünjes auch des nachts, tue alles, was Deiner Natur nötig ist. Müssen wir uns denn darum trennen für's Leben? Das Leben ist flüchtig und die Jahre rinnen schnell dahin (...)
Und es war das alles mitverschuldet durch die eintönigen, einschläfernden Worpsweder Verhältnisse. Das wird nun anders. Denn wenn das Leben sinkt, sinkt auch die Kunst, beides hängt eng zusammen, muß sich gegenseitig durchdringen und befruchten. Ich fühle mich frisch und aufgelegt zu einem anderen Leben, volles Genießen, voller Freiheit und Freudigkeit. Der Frühling steht vor der Tür – er soll mich wach finden.
22. März 1906

Draußen liegt das Land in wundersam webender Frühlingsmondnacht. Soeben kam ich aus der Kuhle bei Brünjes, still saß ich da in glitzerndem Mondlicht, da lag der grün bemooste Stein, der die ersten Dokumente unserer Liebe barg – wie war mir weh, ach so namenlos weh zu Mute. Das Mondlicht spielte auf Deinem Atelierfenster, und die kleinen Fenster lugten verstohlen über die Hecke – wo, wo weilst Du? – Aus der Tiefe meines Herzens rede ich zu Dir – ich stehe vor Dir, ein Mann, schwer gebeugt von Leiden, ein ruhelos Irrender, ein Gramdurchwühlter. O warum hast Du mir diese tiefe Liebe eingeflößt und dann gehst Du fort und läßt mich allein! Wie ist mir alles, alles verödet und verwaist, Haus und Hof, Dorf und Land, seit Du fortgegangen. Ich liebte Dich fast vom ersten Augenblicke an, wo ich Dich sah, schon zu Helenes Zeit, ich liebte alles an Dir und in Dir, Du warst mir die Seele, der Inhalt meines Lebens, Du warst mir das Maß in allem und für alles. Mit Dir verglichen, was bestand? Wer liebte Dich

so, wie ich, wer wird und kann Dich so lieben? Deine Seele liebte ich, wie nichts auf dieser Erde, Dein Gefühl, Deine Kunst, Dein ganzes Menschtum, war mir das liebste, o, das weißt Du auch, wenn Du Dich fragst. O ich kenne Dich und Deine Seele, da ist viel in mir und an mir, das war Dir herzlich lieb vor anderen, auch heute noch.
6. April 1906

Paula Modersohn an Otto Modersohn aus Paris:

Eben las ich Deinen Brief. Er rührt mich tief. Es rührten mich auch die Worte aus meinen Briefen, die Du mir schreibst. W i e habe ich Dich geliebt. Lieber Rother, wenn Du es kannst, so halte Deine Hände noch eine Zeit über mir, ohne mich zu verurteilen. Ich k a n n j e t z t nicht zu Dir kommen, ich k a n n es nicht. Ich möchte Dich auch an keinem anderen Orte treffen. Ich möchte j e t z t auch gar kein Kind von Dir haben.-
Es ist vieles von Dir, was alles in mir wohnte und was mir entschwunden ist. Ich muß warten, ob es je wiederkommt oder ob etwas anderes dafür wiederkommt. Ich habe mir her und hinüberlegt, was wohl das Beste ist, was ich tue. Ich fühle mich selbst unsicher, da ich alles, was in mir und um mich sicher war, verlassen habe. Ich muß nun einige Zeit in der Welt bleiben, werde geprüft und kann mich selber prüfen. Willst Du mir für die nächste Zeit monatlich 120 Mark geben, daß ich leben kann? Für diesen Monat bitte ich dich sogar um zweihundert Mark, da ich am 15. meine Vierteljahresmiete bezahlen muß (...)
Ich danke Dir auch noch vielmals für die Anatomie und für die Gelben von der Ziegelei. Überhaupt danke ich Dir für alles, was Du an mir tust. Du weißt es und kennst mich im Grunde, daß ich nicht schlecht und herzlos bin. Es ist eben eine Sturm- und Drangzeit, durch die ich hindurch muß, und ich kann nicht umhin, meinen nächsten Menschen damit Schmerzen zu machen. Es ist mir schwer, daß ich dies Leid in Dein Leben bringe. Glaube mir, daß es mir selbst nicht leicht ist, doch muß man sich zu dem einen oder anderen Ausgang durchkämpfen.
9. April 1906

Otto Modersohn an Paula Modersohn:

Der Frühlingswind zieht leise durch die Föhren, der tiefblaue Himmel sieht hindurch – in meinen Händen liegt Dein Brief. Dank, Dank möchte ich Dir stammeln – wandle ich auch in Schmerzen, so hast Du ihnen die Bitterkeit genommen durch Deine Worte und dafür Dank. Fühle es, keiner meint es so gut mit Dir wie ich, zähle auf mich, rechne auf mich, Verurteilung, o nein, nur das tiefste Gefühl, dessen mein Wesen fähig ist, wohnt in mir. Keine Minute fast sind meine Gedanken fern von Dir. Die seelische Vereinsamung und die Verkennung, das ist das Schwerste. – Wenn die Welt froh und unbekümmert, als ob nichts gewesen, ihren Weg weiterging, ich konnte und kann es kaum ertragen; wenn ein Fräulein Rohne bei Vogelers sitzt, wo Du sonst saßt, wenn sie beim Kegeln sich breit machte – o wie verletzte mich das. Wer sprach von Dir und in mir schrie es: o ihr Puppen alle gegen sie! Die einen sind töricht und die anderen sind neidisch – ich stehe zu Dir und wenn ich die Hölle überwinden müsste, ich habe Dich in Deinen Tiefen erkannt und weiß, wer Du bist. So will ich jetzt versuchen, an die Arbeit zurückzukehren, bisher war es mir unmöglich, der Schmerz hatte mich völlig gelähmt.
11. April 1906

Unsere letzten Briefe haben sich gekreuzt. Im Überschwang meines Gefühls hatte ich Dir dringlicher geschrieben, als ich es später, als der Brief fort war, für gut hielt; ich möchte diese Worte zurücknehmen. Keine vermehrte Unruhe möchte ich in Deine Tage bringen; alles Gute möchte ich für Dich tun. Liebe Paula, wir wollen alles der Zeit anheim geben --- Ich will mutig und stark sein und arbeiten.
7. Mai 1906

Im März 1906 hatten sich Paula Modersohn und Rilke wiedergesehen. Er war der einzige Mensch, den sie abgesehen von ihrer Schwester Herma in Paris kannte. Sie verabredeten sich oft zu gemeinsamen Spaziergängen, und am 22. April nahm Rilke sie zur

Enthüllungsfeier von Rodins „Denker“ vor dem Pantheon mit, woran auch der Bildhauer Aristide Maillol und die Frau von Bernhard Shaw teilnahmen.

Trotz ihres starken Selbstbewußtseins klingen in den Briefen der Malerin an die Familie anfänglich Unsicherheit und Zweifel durch. Die künstlerische Herausforderung, der sich Paula Modersohn – in Bremen verhöhnt, in Paris völlig unbekannt – im Frühjahr 1906 stellt, setzt einen unbeugsamen Willen und den festen Glauben an ihre Arbeit voraus: „Denn ich werde noch etwas“, hatte sie ihrer Mutter zu Beginn des Jahres geschrieben. „Wie groß oder wie klein, das kann ich selbst nicht sagen, aber es wird etwas in sich Geschlossenes. Dieses unentwegte Brausen dem Ziele zu, das ist das Schönste im Leben.“

Mit Nachsicht und Zärtlichkeit fügt sich Otto Modersohn den Wünschen seiner Frau, schickt ihr regelmäßig Geld nach Paris. Im April reicht es sogar für eine Reise in die Bretagne mit der Schwester Herma. „Dein Geld kam noch schön zu rechter Zeit an, und es war mir sehr angenehm, vor der Reise meine Ateliermiete bezahlen zu können“, bedankt sie sich und fordert ihren Mann auf: „Willst Du nun wohl so gut sein und mir jeden 15. hundertzwanzig Mark schicken? Es fällt mir schwer, Dich darum zu bitten. Wenn Du für die nächste Zeit noch für mich sorgen willst, so tue es bitte, ohne daß ich Dich jeden Monat darum bitten muß.“

9. Kapitel

Wie ist mir alles verödet und verwaist

1906-1907

Otto Modersohns Aufzeichnungen aus dem Frühjahr 1906 deuten auch auf die eigene Ablösung von Worpswede hin. Das Winterleben am Weyerberg habe seinen Sinn völlig verloren, stellt er fest, Anregungen fehlten, man versauere, müsse auf Theater, Musik und Bekanntschaften mit interessanten Menschen verzichten. „Ich will im Winter in der Stadt leben: Berlin, München, Paris kommen hauptsächlich in Frage. Meine Paula hat mir die Augen geöffnet über all' das. Wie muß ich ihr dankbar sein." Mit Ausnahme einiger Skizzen produziert Modersohn in diesem Jahr fast nichts.

Im Pariser „Salon des Artistes Indépendants" waren vom 20. März bis zum 30. April 1906 Bilder von Georges Braque und Pierre Bonnard, Maurice Denis, Henri Matisse, Edvard Munch und Henri Rousseau ausgestellt. Unter den insgesamt rund 5500 Exponaten befanden sich auch Skulpturen des seit 1900 in Paris lebenden Bremer Bildhauers Bernhard Hoetger, der, wie Karl Eugen Schmidt in der „Kunstchronik" im April 1905 schrieb, „in seiner Heimat unbekannt und verkannt (...) gegenwärtig zu den vielversprechendsten jungen Bildhauern in Paris" gehörte.

Einen Eindruck von Hoetgers Arbeit muß Paula Modersohn bereits bei den Indépendants 1905 gewonnen haben, die sie zusammen mit Otto Modersohn besucht hatte. Beeindruckt und neugierig, den zwei Jahre älteren Kollegen jetzt auch persönlich kennenzulernen, der in einem Atelier in der Rue de Vaugirard in Montparnasse lebt und seit kurzem mit der russischen Konzertpianistin Helene Nathalie Haken, Lee genannt, verheiratet ist, macht sich die Malerin auf den Weg und besucht Hoetger in den Tagen zwischen dem 9. und 13. April 1906. Sie stellt sich ihm als Frau des deutschen Malers

Modersohn vor und bemerkt erst während eines zweiten Besuchs fünf Wochen später, daß sie selbst auch male.

Am 4. Mai 1906 macht Bernhard Hoetger seinen Gegenbesuch in Paula Modersohns Atelier. „Dort erlebte ich still und ergriffen ein Wunder", wird er schreiben. „Sie hing an meinen Lippen. Ich konnte ihr nur sagen: 'Es sind alles große Werke, bleiben Sie sich treu' (...) Sie war glücklich erlöst und schrieb mir am folgenden Tag einen rührenden Brief." In ihrem postwendenden Brief vom 5. Mai 1906, den es nicht im Original, sondern nur in einer Abschrift gibt (vermutlich der von Lee Hoetger), drückt die Künstlerin dem Bildhauer ihre tief empfundene Dankbarkeit über seinen Zuspruch aus: „Daß Sie an mich glauben, das ist der schönste Glaube von der ganzen Welt, weil ich an Sie glaube (...) Sie haben mir Wunderbarstes gegeben. Sie haben mich selber mir gegeben. Ich habe Mut bekommen. Mein Mut stand immer hinter verrammelten Toren und wußte nicht aus noch ein, Sie haben die Tore geöffnet. Sie sind mir ein großer Geber (...) Ich war ein bißchen einsam." Herma Becker, die ihre Schwester am 6. Mai im Atelier besucht und ganz ergriffen ist von ihrem Schaffensrausch, schreibt noch am selben Tag an Otto Modersohn: „Ja, nun ist sie felsenfest und glaubt und arbeitet, und es saust ihr nur so von der Hand."

In den Frühlingsmonaten des Jahres 1906 wird der Einfluß einiger französischer Moderner auf Paula Modersohns Malerei besonders deutlich. Gemälde wie „Kinderakt mit Storch" und „Sitzender Mädchenakt mit Blumen" entstehen und erinnern in ihrer kühnen, sich ganz von der Wirklichkeit abhebenden Farbigkeit und den breitflächig gemalten Figuren vor einem stilisierten Hintergrund an Gauguin. Vermutlich im März/ April 1906 malt die Künstlerin das „Bildnis Werner Sombart". Das Portrait ist auf ganz einfache, feste Konturen reduziert und wirkt verschlossen, fast maskenhaft. Schriftlichen Äußerungen Paula Modersohns aus diesen Monaten dem väterlichen Freund Carl Hauptmann gegenüber ist zu entnehmen, daß ihr Wiedersehen mit Werner Sombart in Paris, von dem sie sich offensichtlich viel versprochen hatte, eine „ziemliche Desillusion" gewesen ist.

Die Künstlerin wagt sich jetzt an ein Thema, das sich in Ansätzen wohl schon lange angedeutet hatte, aber nun erst in den Mittelpunkt ihrer Arbeit rückt: die Darstellung von Mutter und Kind. „Ich male lebensgroße Akte und Stilleben mit Gottvertrauen und Selbstvertrauen", schreibt sie am 21. Mai an Martha Vogeler. Den Mutter-Kind-Bildern folgen zahlreiche Selbstbildnisse. Auf der Suche nach sich und der ihr eigenen Kunst stellt sie sich immer wieder selbst dar. Am 25. Mai, ihrem 6. Hochzeitstag, malt sie jenen berühmten Halbakt, den sie mit der Unterschrift: „Dies malte ich mit 30 Jahren an meinem 6. Hochzeitstage" versieht und mit den Initialen ihres Mädchennamens unterzeichnet: „P.B." Ein kühnes und für jene Zeit ungeheuer provokatives Bild: Eine Frau stellt sich im Akt dar und deutet eine Schwangerschaft an, ohne schwanger zu sein. Diese sehr persönliche Darstellung darf wohl als Ausdruck ihres Wunsches nach einem Kind interpretiert werden. Aber ein Kind von Otto Modersohn wollte sie zu diesem Zeitpunkt nicht mehr haben. Einen Tag, nachdem sie ihr „Hochzeitsbild" gemalt hatte, notierte sie in ihr Tagebuch: „Wenn Ottos Briefe zu mir kommen, so sind sie wie eine Stimme von der Erde und ich selbst bin wie eine, die gestorben ist und in seligen Gefilden weilt und diesen Erdenschrei hört."

Während sie in Paris wie im Rausch arbeitet und mitten in der Nacht aufsteht, um mit einer Kerze ihre Bilder anzuleuchten, „prüfend, verurteilend und anerkennend" (Herma Becker, die der Schwester häufig Modell saß), umgibt sich Modersohn in seinem Worpsweder Atelier mit Studien und Stilleben seiner Ehefrau und malt mit ihren Farben. „Der Mann ist ergreifend in seiner großen und mächtigen Liebe, die sein ganzes Wesen füllt", schreibt Mathilde Becker an die Tochter, immer noch erschüttert, von dieser nicht ins Vertrauen gezogen worden zu sein und außerdem ihr zweites Zuhause in Worpswede verloren zu haben: „Es war Euer Haus, Euer Garten in Blüte, Dein Willkommen in weißem Kleide, Deine geliebten strahlenden Augen, die so viel Segen ausgießen konnten", heißt es am 8. Mai. „Ich kenne im ganzen Leben keinen Menschen, der die Kraft hat, sein Haus, seinen Tisch, seine Gäste so mit Lebensfülle zu durchwärmen wie Dir es verliehen ist." Es sei ihr alles zu eng gewesen und „nicht das und immer weniger das, was ich brauche", antwortet die Künstlerin der Mutter zwei Tage später: „Ich fange jetzt ein neues Leben an. Stört mich nicht. Laßt mich gewähren. Es ist so wunderschön. Die letzte Woche habe ich gelebt wie im Rausche.

Ich glaube, ich habe etwas vollbracht, was gut ist." An Otto Modersohn am 8. Mai 1906: „Es wird. Ich arbeite ganz riesig. Ich glaube, es wird. Schickst Du mir wohl umgehend die Wurmsche Farbensendung, die bei Brünjes steht. Das Atelier kündige bitte."

Modersohn schickt Farben, Geld, Briefe. Wie froh er über ihr künstlerisches Fortkommen sei, schreibt er und versichert seiner Frau, daß er warten könne. Mitte Mai 1906 offenbart er ihr seine jahrelange Furcht vor einer Schwangerschaft:

Nach unruhiger Nacht habe ich mich in aller Frühe hinausgemacht. Hier, bei den kleinen Birken hinter der Ziegelei, tritt Dein Geist so lebhaft und eindringlich mir entgegen (...)
- Der Wahrheit gemäß will ich nicht unerwähnt lassen, daß ich in den ersten Jahren Dich aus übergroßer Liebe nicht gern Mutter werden sah, ich konnte den Gedanken nicht ertragen, daß Dein Leben in Gefahr käme; ich wollte Dich, Dich selbst, Deinen Geist. (Ich mußte daran denken, daß Rembrandt seine Saskia im Wochenbett verloren).
Und im vorigen Jahr war es nicht nur dies, das fehlte. Ich war mit der Zeit zu sicher und bequem geworden in Deinem Besitz, ich ließ Dich nicht wie früher meine lebendige Zuneigung und Liebe fühlen. Könnte ich es je ungeschehen machen! Könnte ich noch einmal mein Leben führen an Deiner Seite, der Fernste würde fühlen, welches Glück da wohnte. – Ich ließ mich gehen, ich lebte in den Tag hinein, einseitig meiner Kunst hingegeben, ich habe Dich oft verletzt und gekränkt, ich sah und fühlte Deine Wünsche und Bedürfnisse nicht wie früher. Und Du hast ein so hohes und schönes Ideal und Maß in Dir – da wurdest Du irre an mir, und das Leben befriedigte Dich nicht, Du hattest es anders gemeint und gewollt, als Du Dich mit mir verbandest. Ach ich sehe alles, alles ein. Wie oft hattest Du mir gesagt: „nimm alles", „alles ist Dein". Und nun bist Du fort und Dein Gefühl und Dein Vertrauen zu mir ist verblaßt. Ach Paula, wie brennt die Selbsterkenntnis, die Selbstanklage, wo ich so klar fühle, daß ich durch mein Verschulden selbst mein Lebensglück mir nun geraubt (...)
Über Dein hoffnungsvolles künstlerisches Streben und Hoetgers aufmunterndes Urteil habe ich mich so sehr gefreut. Ich wünsche

Dir zu Deiner Arbeit alles Gute, alles Glück. – Das Geld und die Farben wirst Du erhalten haben, der Krug mit dem Malmittel war mir leider zerbrochen, als ich ihn verpacken wollte.-
15. Mai 1906

Als Modersohn zu Pfingsten nach Paris reist und seine Frau am 2. Juni mit einem Besuch überrascht, reagiert sie gereizt. Sie fühlt sich in ihrer eben erworbenen Freiheit gestört und möchte auf keinen Fall mit ihm nach Worpswede zurückkehren, wie er es sich erhofft hat. Sie bittet ihn, sie bis September in Ruhe zu lassen und dann zu sehen, „was wir uns noch gegenseitig zu geben haben."

„Diese Woche war sehr aufreibend für uns alle drei, und mir ist, als hätte ich eine schwere Arbeit getan", unterrichtet Herma Becker die Mutter in Bremen. „Es ist gut, daß Otto jetzt geht und versteht, daß im Augenblick nichts zu machen ist". Nach der Abreise schreibt Paula an Martha Vogeler: „Krank bin ich gar nicht, wie Otto Modersohn es meint. Ich bin fix und wohl und habe eine Riesenlust an meiner Arbeit."

Otto Modersohn an Paula Modersohn nach Paris:

Du hast mir selbst in dieser Zeit oft gesagt: Wie die fünf Jahre für Dich im Allgemeinen glücklich gewesen seien – wenn Du das wirklich fühlst, fordert doch die einfache Logik die Fortsetzung, nicht wahr? Du sagst mir: wie habe ich Dich geliebt. Deine letzten Worte im Frühjahr 1905 lauten: „Ich bin Dein, Du bist mein, des sollst Du gewiß sein – Immer Deine Paula." Und dieses Gefühl der Liebe soll so vergehen und verwehen – wenn Du mich wirklich erkannt, dann ist es ausgeschlossen. Vor Weihnachten, bei Deiner schweren Stimmung, sagtest Du mir: laß' nur, das wird besser, wenn ich älter bin, mir tut es leid um Dich. Und nach Weihnachten sagtest Du: berühre mich nicht, das ist aus. Was hat diesen Umschwung denn hervorgebracht? Du hast ganz vergessen, wo die Menschen sind, die Deine wahren Freunde sind und für Dein Glück alle Hände erheben – denen Du Dich anvertraust, die sind nicht Deine Freunde: sie würden nicht mit der Wimper zucken, wenn sie von Dir das schlimmste Unglück erführen, das glaube mir (...) Ich halte meine Hände mit unendlicher Liebe und

Güte über Dir seit wie vielen Monaten, wo andere verdonnern würden – was nützt es? Denke um Gottes willen nicht an die Fesseln, die Du Dir durch Deine Aussprache mit den Worpsweder Freunden geschaffen – sie müssen Dir nichts sein gegenüber meinem Schicksal. Wir können anderswo leben, wir können Gras wachsen lassen und wenn wir wollen, zurückkehren. Und dann denke überhaupt, daß wir, daß Du Deine Kunst fern von Worpswede und seinem Einfluß treiben kannst und daß doch unsere Ehe bestehen bleiben kann. Und nochmals, denke an die materielle Seite – bei Geldsorgen kann man nicht seine Kunst leben, Du am wenigsten.
5. Juli 1906

Otto Modersohn an Carl Hauptmann:

Meine Auffassung, daß meine Frau krank sei, hat sich nicht bestätigt. Sie hat sich unbefriedigt gefühlt, hat in ihrer Depression und Gereiztheit mit Frau Rilke gesprochen und die hat ihr dann den Gedanken der Trennung eingegeben. Diese Frau hat sehr viel Schuld an der Zuspitzung. Die hat auch Vogelers beeinflußt – sodaß meine Lage in W. gerade keine erfreuliche ist. Wir müssen nun Gras wachsen lassen über dieser unseligen Sache und zunächst an einem anderen Platze leben und da schlägt meine Frau Paris vor. Ich gebe mich drum der Hoffnung hin, daß alles gut wird u. besser u. schöner, wie vorher.
17. Juli 1906

In diese Zeit, zwischen Mitte Mai und Anfang Juni 1906, fällt die Entstehung des bedeutenden Portraits „Bildnis Rainer Maria Rilke". Der Dichter, nach einer belanglosen Auseinandersetzung mit Rodin von diesem fristlos entlassen, war inzwischen von Meudon wieder „in das alte Freisein" nach Paris gezogen und hatte Paula Modersohn in ihrem Atelier Modell gesessen. Durch Otto Modersohns unerwartete Ankunft mußten die Sitzungen abgebrochen werden – Rilke ist dann aber zu weiteren Sitzungen nicht mehr bereit gewesen mit der Begründung, er sei „während dieser vierzehn Tage in allerhand Arbeit hineingeraten, die mich sehr braucht, so daß ich jetzt nicht sitzen kann. Ich gehe früh oft nach der National-Bibliothek gerade für die Zeit, die ich Ihnen zu geben versuchte. Ist das sehr schlimm? Ich wollte es Ihnen selbst sagen." So mußte sein Portrait unvollendet bleiben: Das Bild ist auffällig klein. Es zeigt ein flächig gemaltes Gesicht mit einer hohen, eckigen Stirn und rot umrandeten Augen, die leer und starr blicken. Der ebenfalls rote Mund, den ein dunkler Bart umschließt, ist halb geöffnet. Heinrich Vogeler über das Bildnis des Freundes, auf das er nach Paulas Tod gemeinsam mit Otto Modersohn in ihrem Nachlaß stieß: „Das Bildnis Rainer Maria Rilkes, auf rötlich violett und seidengrau gestimmt: mönchische Weltabgeschiedenheit und scheinbare Weichheit, hinter der sich eine fantastische geistige Kraft verbirgt. Der eigentümlich sprechende Mund über dem schütteren Bart, der glanzlose wie nach innen gekehrte Blick der Augen, das alles wirkte traumhaft faszinierend." Es gibt keine direkten Äußerungen des Dichters zu diesem Bildnis, auf das er mit Erschrecken reagiert haben soll, und nichts weist darauf hin, daß es sein herzliches Freundschaftsverhältnis zu der Malerin beeinträchtigt hätte.

Im Anschluß an ihr Portrait des Dichters malt Paula Modersohn dreimal Bernhard Hoetgers Frau Lee. „Die Frau interessiert mich und wird mir immer lieber. Sie hat etwas Großartiges in sich", schreibt sie am 3. August an ihren Mann. Bernhard und Lee Hoetger hatten Paula Modersohn im Juli für ein paar Tage in ihr Haus nach Burs bei Paris eingeladen: „Hoetgers bleiben immer gleich liebevoll und fürsorglich für mich."

Am 10. August, nach diesen gemeinsamen Tagen auf dem Land und mehr als vier Monate nach der ersten Begegnung mit der Malerin, schreibt Hoetger einen Brief an Modersohn, der angesichts seiner anfänglich großen Begeisterung für sie merkwürdig klingt. Sein Lob habe nur dazu dienen sollen, „ihr Kraft zur Erwerbung ihrer Ziele zu geben", erklärt Hoetger. „ (...) denn wir können immerhin nur das große Talent Ihrer Frau als eine noch ungepflegte Mitgabe betrachten, die erst Blüten tragen kann, wenn ernste seelische Konflikte ihr die gute Pflege erkennen lassen und ruhiges Denken sie zur Anwendung derselben treibt."

Die innere Distanz zu ihrem Mann, ihr Freiheitsdrang und das Vertrauen in sich als Frau und Künstlerin müssen in diesen Wochen des Hochsommers 1906 so groß gewesen sein, daß Paula Modersohn den Willen und Mut hatte, sich trotz ihrer materiell ungesicherten Verhältnisse endgültig von ihrem Ehemann zu trennen und selbst für ihre „äußere Existenz“ zu sorgen. „Wenn im Grunde am Menschen etwas dran ist, so kann er machen, was er will, es wird sich alles zum Guten wenden“, schreibt sie am 12. August an Heinrich Vogeler. „Das hoffe und glaube ich auch bei mir. Und das gibt mir die Ruhe.“

Als die Tage nahen, da Modersohn, wie verabredet, nach Paris kommen soll, wendet sich seine Frau in einem Abschiedsbrief an ihn, bittet noch einmal um Geld und fordert ihn mit unerschütterlicher Bestimmtheit am 3. September auf: „Nun möchte ich Dich bitten um Deinet- und meinetwillen: Erspare uns beiden diese Prüfungszeit. Gib mich frei, Otto. Ich mag Dich nicht zum Manne haben. Ich mag es nicht. Ergib Dich drein. Foltere Dich nicht länger. Versuche mit der Vergangenheit abzuschließen.“ Diesem Brief folgt – nur sechs Tage später – ein weiterer Brief, in dem Paula ihre Entscheidung widerruft: „Mein herber Brief war aus einer großen Verstimmmung heraus geschrieben (...) Auch war mein Wunsch, kein Kind zu bekommen, doch ganz vorübergehend und stand auf schwachen Füßen. Es tut mir hinterher leid, ihn geschrieben zu haben. Wenn Du mich überhaupt noch nicht aufgegeben hast, so komme bald her, daß wir versuchen, uns wieder zu finden. Der Umschlag in meiner Meinung wird Dir merkwürdig vorkommen.“ Und sie bekennt: „Ich armes Menschlein, ich fühle nicht, welches mein richtiger Weg ist. All diese Verhältnisse sind über mich gekommen und ich fühle mich doch ohne Schuld. Ich will Euch ja nicht peinigen.“

Wenige Tage später, am 16. September, unterrichtet die Künstlerin ihre Schwester Milly, die ihr erstes Kind erwartet und die sie in der zweiten Augusthälfte in ihrem Ferienort Amorbach besucht hatte, über den neuen Stand der Dinge. Dieser Brief ist nicht nur aufschlussreich, weil er auf Bernhard Hoetger als Vermittler in der Modersohnschen Ehekrise hinweist, er offenbart auch einmal mehr Paulas Bedürfnis – bei allem Freiheitsdrang – nach menschlicher Gemeinschaft und familiärer Geborgenheit: „Die Ferien in Deinem lieben Amorbach sind mir wie ein Traum. Ich lebe wieder mein Leben und Streben. Wenn ich aber an Euch beide zurückdenke, so freue ich mich, daß Du Dir alle Sprünge verkniffen hast. Ich finde es klug und vernünftig von Dir. Bleib nur weiter so. Alles Schöne ist schwer." Sie schreibt weiter: „Otto wird nun doch herkommen. Hoetger hat einen Abend in mich hineingepredigt." An Modersohn am selben Tag: „Hoetgers bleiben den Winter über noch hier, und ich hoffe, Du wirst an ihm einen Freund finden. Er spricht sehr lieb von Dir. Daß ich Dir den letzten Brief schrieb, geschah auf seinen Rat."

Ob dieser Stimmungsumschwung allein auf Hoetgers Intervention zurückzuführen ist, man weiß es nicht. Vieles deutet darauf hin, daß die Malerin nach Monaten intensivster künstlerischer Arbeit bei dürftiger Ernährung und wenig Schlaf einen Zustand körperlicher Erschöpfung erreicht hatte, der Lee und Bernhard Hoetger aufgefallen sein und zu denken gegeben haben muß und sie veranlaßte, die Freundin eindringlich vor ihrem Plan zu warnen, das vertraute Umfeld in Worpswede aufzugeben. Zudem müssen sie gemerkt haben, daß Paula sehr allein war. Als sie Ende Juli den Wunsch hat, der offenbar unerträglichen Hitze in Paris zu entfliehen und sich Rilke anschließen möchte, der gemeinsam mit Clara und der Tochter Ruth Ferien in Belgien an der See macht, sagt dieser der Freundin ab. Erst in einem Brief aus Capri vom 17. März 1907 wird er ihr sein schlechtes Gewissen offenbaren, sie damals nicht eingeladen zu haben: „Ich war in jenen Tagen von dem Wiedersehen mit Clara und Ruth so absorbiert (...) Später aber glaubte ich zu fühlen, daß ich unrecht getan hatte mit meiner Antwort und unaufmerksam gewesen war in einem Augenblick unserer Freundschaft, da ich es nicht hätte sein dürfen."

Der Korrespondenz zwischen Otto Modersohn und Fritz Overbeck ist zu entnehmen, daß sich Modersohn schon vor dem Sommer 1906 vergeblich um Ausstellungsbeteiligungen für seine Frau bemüht hatte. Im Herbst 1906 sollte eine Schau der Worpsweder in der Bremer Kunsthalle gezeigt werden, an deren Vorbereitung er maßgeblich beteiligt war. Ende des Jahres sollte sie bei Gurlitt in Berlin zu sehen sein. Modersohn schlug seiner Frau vor, vier ihrer Bilder zu dieser Ausstellung zu geben, womit sie einverstanden war:

Du mußt auch bei dieser Ausstellung ausstellen. Ich habe für das Stilleben auf blaugrünem Grund mit Bambino und für die Äpfel auf roter Decke Rahmen bestellt. Außer diesen möchte ich das schlafende Kind (Bremer Bild) und den Kinderkopf mit Hut (wofür Vogeler Rahmen bestellt hat) ausstellen, auch vielleicht das große Stilleben mit der lila Decke und den Äpfeln im Korb. Wenn Du aber dort etwas Neueres hast, was Dir gut scheint, dann schicke es bald hierher, damit ich es rahmen lassen kann. Vorher können die Sachen gut bei Franz Vogeler ausgestellt werden.
10. August 1906

Otto Modersohn an Carl Hauptmann:

Wenn ich auch nach Paris gehe, so wird es nur für kurze Zeit sein; ich vergesse nie meine künstlerische Heimat. Aber künstl. Anregungen gibt's für mich dort und ich kann mit m. Frau, die viel weicher u. nachgiebiger ist, so am besten wieder ins Reine kommen. Wenn meine Arbeit getan, gehe ich fort. Ich gehe z.Zt. sehr gern fort von Worpswede, wo mich mein einsames Haus drückt und die Menschen meine Angelegenheiten zu sehr kennen. Ein fremder Ort ist mir darum sehr recht. Wie wohl fühlte ich mich neulich in Fischerhude, wenn ich nicht im Atelier sein müßte, wäre ich sicher dort geblieben.
13. August 1906

Ende Oktober 1906 reist Modersohn nach Paris. „Es wurde eine sehr denkwürdige, hochanregende Zeit. Ich wohnte am Boulevard de Montparnasse bei Mme Galby; verkehrten viel mit Hoetgers; mit Paula wurde alles alsbald gut. Museen, namentlich der Louvre, Kunsthandlungen lernte ich natürlich gründlich kennen, überhaupt die ganze wunderbare Stadt. Paula malte sehr viel: das italienische Modell mit dem Kinde, abends war ich immer in ihrem großen Atelier", notiert der Maler in seinem Reisetagebuch.

Im „Salon d'Automne" im Grand Palais – die offizielle Herbstausstellung der Pariser Kunstakademie und eines der wichtigsten gesellschaftlichen Ereignissse des Jahres – sehen Otto und Paula Modersohn u. a. Bilder von Bonnard, Cézanne, Delaunay, Derain,

Kandinsky, Matisse, Redon, eine Courbet- und eine Gauguin-Retrospektive mit insgesamt 227 Werken aus Privatsammlungen. In Modersohns Aufzeichnungen aus der gemeinsamen Pariser Zeit ist von Ausflügen nach Meudon zu Rodin die Rede, nach Barbizon und Fontainebleau, zu den Königsgräbern nach St. Denis und nach Versailles. Offenbar hat es nie eine Begegnung des Paares mit Gabriele Münter und Wassily Kandinsky etwa gegeben, die sich von Mai 1906 bis März 1907 in Paris aufhielten oder mit zeitgenössischen französischen Künstlern in den Cafés im Montparnasse-Viertel, in dem die Modersohns ihr Atelier hatten (49, Boulevard Montparnasse).

Im November werden in einer Ausstellung der Worpsweder in der Kunsthalle Bremen auch vier Bilder von Paula Modersohn gezeigt. Am 11. November 1906 erscheint dazu ein Artikel von Gustav Pauli in den „Bremer Nachrichten". Pauli hebt Otto Modersohns „tiefe, weiche und wohlklingende Farbigkeit" hervor und erinnert das Kunstpublikum an die „grausame Abfertigung" der jungen Paula vor sieben Jahren. Anerkennend äußert er sich über ihr „ernstes und starkes Talent".

Mathilde Becker ist außer sich vor Freude. „Was sagst Du zu dieser Fanfare", jubelt sie in einem Brief an ihre Tochter nach Paris (11. November), bekennt jedoch in der ihr eigenen freimütigen Direktheit: „Ich kann ja den Kopf nicht ausstehen, aber für Dich freut's mich doch riesig, daß dies geschrieben ist."

Paula Modersohn reagiert gelassen auf die Rezension aus Bremen. Sie empfinde eher Genugtuung als Freude, teilt sie der Schwester Milly mit. Ihr Gefühl sagt ihr: „Gut ist aber die Kritik für mein Auftreten in Bremen und wird vielleicht mein Weggehen aus Worpswede in ein anderes Licht stellen." Am 17. November schreibt sie an die Freundin Clara Rilke, die ihr Mitte Oktober schriftlich Unterstützung zugesagt hatte für den Fall, daß Paula allein bleiben wolle: „Ich werde in mein früheres Leben zurückkehren mit einigen Änderungen. Auch ich selbst bin anders geworden, etwas selbständiger und nicht mehr voll zu viel Illusionen. Ich habe diesen Sommer gemerkt, daß ich nicht die Frau bin, alleine zu stehen." Außer den ewigen Geldsorgen würde sie gerade ihre Freiheit verlocken, von sich abzukommen, erklärt sie: „Und ich möchte so gerne dahin gelangen, etwas zu schaffen, was ich selbst bin (...) Die Hauptsache ist: Stille für die Arbeit und die habe ich auf die Dauer an der Seite Otto Modersohns am meisten."

„Im Frühling ziehen Otto und ich wieder heim", erfährt die Schwester Milly am 18. November. „Der Mensch ist rührend in seiner Liebe." Ihren Aufzeichnungen zufolge muß Modersohn seiner Frau die Möglichkeit in Aussicht gestellt haben, ihren alten Wunsch nach einem Bauernhof zu erfüllen, auf dem sie ihr Leben „freier und breiter" gestalten könne „mit allerhand Getier um uns herum", wie sie schreibt. Paula Modersohn an Milly Rohland-Becker: „Ich denke jetzt so: wenn der liebe Gott mir noch einmal erlaubt, etwas Schönes zu schaffen, will ich froh und zufrieden sein, wenn ich einen Ort habe, wo ich in aller Ruhe arbeiten kann, und will dankbar sein für das Teil Liebe, was mir zugefallen ist. Wenn man nur gesund bleibt und nicht zu früh stirbt." Am 29. Januar 1907 schreibt sie der Schwester, die ihr Kind Mitte März erwartet: „Dein kleiner, großer Himmel krabbelt jetzt in Dir. Milly, ich mag nicht des längeren darüber reden." Drei Wochen später: „Wie man begierig ist auf solch ein kleines Geschöpf und wie man denkt, was es wohl für eins sein wird und wessen Gesicht es wohl haben wird und wessen Charakter." Am 9. März teilt die 31-jährige Malerin ihrer Mutter aus Paris mit, daß sie schwanger ist.

Zurück in Worpswede schreibt Paula Modersohn am 5. April an Rilke in Paris: „Ich sitze wieder in meinem kleinen Atelier bei Brünjes mit den grünen Wänden und unten hellblau. Ich gehe denselben Weg hierher wie in alten Zeiten und mir ist wunderlich zumute. Dies ist für mich die liebste Stube aus meinem ganzen Leben. Ich habe Wünsche zu arbeiten, um so mehr als ich die letzten Monate in Paris auch nichts tat. Nur habe ich in unseren allerletzten Tagen Cézanne gesehen, Wunderschönes aus seiner Jugend. Der Salon d'Automne wird ja eine Sonderausstellung von ihm machen

Beglückt über die „stille Harmonie der Herzen" im Modersohnschen Haus, berichtet Mathilde Becker der Tochter Herma nach einem Besuch in Worpswede am Himmelfahrtstag:

Haben wir alle einen schweren Albdruck gehabt und sind nun erwacht? Ich kanns nicht erklären und atme dankbar auf ohne zu grübeln. Kurt war verklärt und machte seiner Paulaschwes-

ter den Hof aus allen Kräften. Sie war so überaus reizend, Güte und Schalkhaftigkeit atmend. Man hatte nie das Gefühl. Hier sei etwas gekittet und geflickt, sondern überall fühltest Du Sicherheit, Durchsichtigkeit. Kurt meinte auch leise zu mir: dergleichen habe er nicht für möglich gehalten, es sei ein Wunder geschehen und dankbar müsse mans hinnehmen.
10. Mai 1907

Anfang Juli besucht Paula Modersohn Bernhard und Lee Hoetger in dem von ihnen gemieteten Schloß Holthausen (Westfalen), wohin auch Otto Modersohn in Kürze kommen soll. Sie schreibt an ihn nach Worpswede:

Hier schicke ich Dir meinen Kommodenschlüssel. Sei so gut und bringe mir ein Hemdlein, ein Höslein und eine Untertaille mit und das rosa Nachthemd. Ich hoffe doch bestimmt, daß Du noch kommst, wenn wir auch nicht mehr sehr lange hierbleiben. Lieber Kerl, ich freue mich, daß ich die Reise gemacht habe. Wer wagt, der gewinnt. Hoetger wirkt eigentlich nicht viel anders als in Paris, nur sagt seine Frau, er sei sehr nervös und das Gefühl, leberleidend zu sein, drückt ihn sehr. Er ist vielleicht in hohem Maße Hypochonder und ich glaube, Du könntest ihn mit Deiner Erfahrung ein bißchen davon herunterreden. Er redet von Dir mit großem netten Gefühl. Hier gibt es viele leere gekalkte Wände, auf die wir allerhand malen wollen. Wir hoffen sehr auf Deine Hilfe. Ich habe schon gesagt, Du könntest so gut burleske Sachen zeichnen so ein Ostade-Breughel-Stil (...) Komm nur bald. Mir geht es sehr gut.
Juli 1907

Bernhard Hoetger an Otto Modersohn:

Das Weibchen ist da, nun fehlt nur noch das Männchen! Ziehen Sie doch bitte ihre großen Flügel an und ziehen Sie in ihr Nestchen, welches wir für Sie bereitet haben. Ihr Weibchen wartet auf Sie. Aber bitte schreiben Sie nicht, daß Sie nicht können. Hier gibt es genug zu malen, auch glaube ich, daß

Ihnen die hiesige Landschaft liegt. Wir alle freuen uns sehr. Auf Wiedersehen, Ihre Hoetgers

Komm doch bitte bald. Hier ist es so schön. Das Haus ist ganz prachtvoll und hinterher ist es so schön, wenn wir darüber sprechen können. Ich bin gesund und munter und gar nicht angegriffen. Davon überzeuge Dich doch und telegraphiere, wann wir Dich abholen sollen. Alles grüße, P.
12. Juli 1907

Otto Modersohn reiste kurz nach dem 12. Juli ebenfalls für einige Tage nach Holthausen. Vermutlich unmittelbar nach dieser gemeinsamen Zeit bei den Freunden schreibt Paula Modersohn an Bernhard Hoetger: „Ich möchte das Rauschende, Volle, Erregende der Farbe geben, das Mächtige. Meine Pariser Arbeiten sind zu kühl und zu einsam und leer. Sie sind die Reaktion auf eine unruhige, oberflächliche Zeit und streben nach einfachem, großem Eindruck." In diesem Sommer entsteht in Worpswede Paula Modersohns berühmtes Bild „Armenhäuslerin im Garten". Breitschultrig, die schweren Hände im Schoß, sitzt die alte Frau neben einer großen, umgekehrt auf einen Stock gesteckten Glasflasche zwischen wilden Mohnblumen.

Im Oktober 1907 wendet sich die Malerin mit der schriftlichen Bitte an Rilke, ihr den Katalog vom 5. Pariser Herbtsalon zu schicken, wo in zwei Sälen eine Gedächtnisausstellung für den im Jahr zuvor verstorbenen Paul Cézanne eingerichtet worden ist. Der ist zu diesem Zeitpunkt in der Pariser Kunstwelt schon lange kein Unbekannter mehr und wird als hoffnungsvolle Herausforderung gehandelt; die Öffentlichkeit aber reagiert immer noch mit Irritation auf die Bilder des Sonderlings aus der Provence. Rilke hat sich anläßlich des Pariser Herbstsalons intensiv mit der Kunst Paul Cézannes auseinandergesetzt. Seine tief empfundene Bewunderung für ihn hielt er in seinen berühmten „Briefen über Cézanne" fest, die er an Clara schickte. Clara Rilke am 18. Oktober aus Oberneuland an Paula Modersohn: „Ich will in den nächsten Tagen nach Worpswede kommen und Ihnen einige von RM's Briefen lesen. Ich glaube, Sie werden sich auch freuen." In Erwartung dieser Briefe erinnert Paula die Bildhauer-Freundin noch einmal an ihr gemeinsames Cézanne-Erlebnis 1900 bei Vollard: „Wenn ich hier jetzt nicht absolut notwendig wäre, müßte ich in Paris sein." Kurz darauf schreibt sie an die Mutter: „Ich wollte wohl gern auf eine Woche nach Paris reisen, da sind 56 Cézannes ausgestellt." Die Cézanne-Schau im Pariser Herbstsalon wurde zum legendären Großereignis. Rilkes Briefe liefern ein einzigartiges Dokument dieses historischen Augenblicks.

Am 2. November 1907 bringt Paula Modersohn nach einer schweren Geburt ein gesundes Mädchen zur Welt, das nach Beckerschem Brauch den Namen der Großmutter erhält: Mathilde. „Otto lief in seiner Angst draußen herum und sah nach Kurt aus", wird Mathilde Becker der Tochter Milly am 5. November berichten.

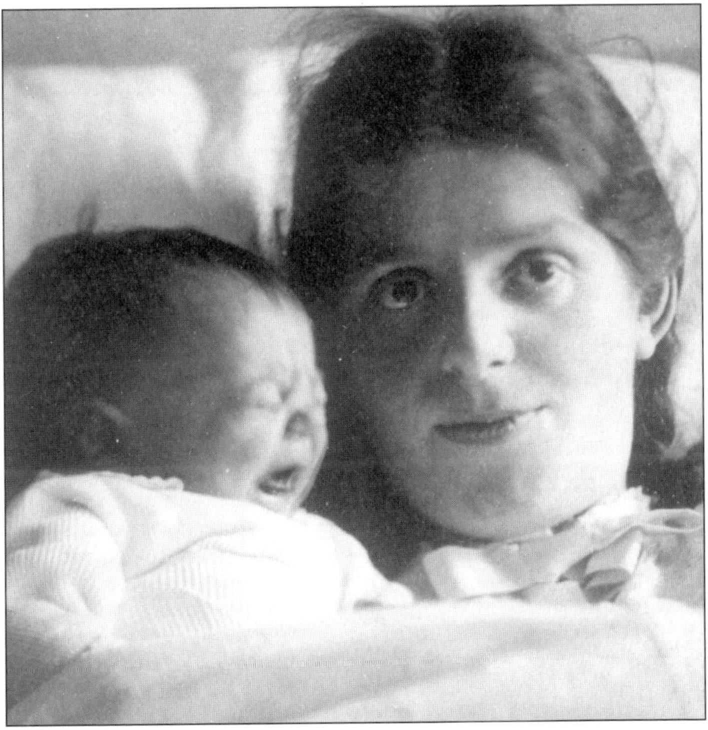

Paula Modersohn-Becker und Tochter Mathilde, November 1907

„Plötzlich trat Dr. Wulf aus dem Hause dunkelrot mit Schweiß übergossen und streckte Otto die Hände entgegen: ‚Gratuliere! Ne prachtvolle kleine Deern!' – ‚Lebt sie denn?' fragte Otto zitternd. ‚Na ob und eine Stimme hat sie wie ein Löwe!'" An ihre Tochter Herma schreibt Mathilde Becker nach Paris: „Paula ist von einer himmlischen Heiterkeit, Modersohn will den Garten vergrößern, von Dreyers pachten oder kaufen, denn Paula erklärt, sie wolle künftig viel im Garten malen. (Gott sei Dank)."

Wegen starker Schmerzen im Bein, vom Arzt als eine Art Nervenschmerz diagnostiziert, wird der Wöchnerin für einige Zeit Bettruhe verordnet. Am 20. November stirbt Paula Modersohn an einer Embolie.

Otto Modersohn:

In dem Zimmer, worin sie ihre Niederkunft erwartete, mußten liebe Gegenstände und Bilder sie umgeben. Da verlosch ganz unerwartet am Beginn einer neuen Zeit ihr Lebenslicht. Grausam entriß der Tod sie ihrer heißgeliebten Kunst und zerstörte die herrlichsten Hoffnungen. „Wie schade", waren ihre letzten Worte. Ihre Ahnung vom frühen Tode war zur Wirklichkeit geworden. Dieses jähe Ende aus blühender Gesundheit und reichstem Leben war für mich lange nicht zu fassen (...) Knappe zehn Jahre hatte Paula nur schaffen können; sie hatte ihre Zeit mit Feuereifer genutzt. Es ist nicht auszudenken, was noch alles entstanden wäre, wenn sie noch länger gelebt hätte. Sie träumte in den letzten Monaten viel von Italien, das sie nie gesehen, von Akten im Freien, von großfigurigen Bildern. Man konnte nur ahnen, was sie der Welt noch geschenkt hätte.

10. Kapitel

Nach schwerer Zeit ein neuer Stern

Worpswede, Fischerhude 1908-1909

„Tage grosser Herzensnoth, die über Sie gekommen! Ich habe, und wir alle hier, nicht nur ich, haben mit Ihnen aus tiefer Seele gelitten". Carl Hauptmann schreibt am 9. Dezember 1907 aus Schreiberhau an seinen trauernden Freund Otto Modersohn nach Worpswede. „Es ist etwas Grosses um den Tod und um unsere Toten. Es kann eine heilige Kraft ausgehen aus dieser dunklen Quelle. Das allein mag mir jetzt die Hoffnung geben, indes ich Sie gebeugt weiß. Seien Sie eingedenk, daß wir leben müssen trotz alledem, und daß es ein Reich des Traumes gibt, darin wir Künstler heimisch sind über Tod und Leben hinaus."

Modersohn hat seine Frau auf dem kleinen Worpsweder Kirchfriedhof neben seiner ersten Frau Helene bestatten lassen. Damit ist Paulas Wunsch nach einer eigenen Grabstelle „im alten Stück" zwar nicht erfüllt worden, aber bei der Gestaltung ihres Grabes hält sich Modersohn zusammen mit seinem Freund Heinrich Vogeler genau an die Vorstellungen der Künstlerin. Vor ein paar Jahren, am 24. Februar 1902, hatte Paula Modersohn in ihrem Tagebuch notiert, nachdem sie an Helene Modersohns Grab gewesen war: „Ich habe manchmal an mein Grab gedacht und wie ich es mir anders denke als das andere. Es muß gar keinen Hügel haben. Es sei ein viereckig längliches Beet mit weißen Nelken umpflanzt. Darum läuft ein kleiner sanfter Kiesweg, der wieder mit Nelken eingefaßt ist, und dann kommt ein Holzgestell, still und anspruchslos und da, um die Wucht der Rosen zu tragen, die mein Grab umgeben. Und vorne im Gitter, da sei ein kleines Tor gelassen, durch das die Menschen zu mir kommen, und hinten sei eine kleine anspruchslose stille Bank, auf der sich die Menschen zu mir hinsetzen. Es liegt auf unserem Worpsweder Friedhof, an der Hecke, die an die Felder stößt, im alten Stück, nicht im Zipfel. Auf dem Grab stehen vielleicht zu meinen Häupten zwei kleine Wacholder, in der Mitte eine kleine schwarze Holztafel mit meinem Namen ohne Datum und Worte. So soll es sein. Daß da eine Schale stünde, in die man mir frische Blumen setzte, das wollte ich wohl auch."

Nach dem Tod der Malerin sehen sich Familie und enge Freunde mit einem Nachlaß konfrontiert, der sie in seiner künstlerischen Fülle überwältigt und in seinem Umfang überrascht. Rilkes müssen angesichts der Gemälde „enthousiasmiert" gewesen sein, wie Modersohn am 1. Februar 1908 an Herma Weinberg schreibt, Rudolf Alexander Schröder war „ganz erschüttert" und „ganz ergriffen" und Heinrich Vogeler erinnert sich: „Hier erlebten wir feierliche Stunden vor dem großen Werk, das Paula hinterließ."

Mögen die Betroffenen die Bedeutung der Kunst Paula Modersohn-Beckers zu diesem Zeitpunkt wohl erkennen, bewußt dürfte ihnen kaum sein, daß ihre Figurenbilder und Stilleben, Selbstbildnisse und Landschaften, die sich hier auf engstem Raum stapeln, bereits zur Kunst der Avantgarde des neuen Jahrhunderts gehören und ihr Tod einen unermeßlichen Verlust für die deutsche und europäische Kunst bedeutet.

Zu den Worpsweder Künstlern, die sich gegenüber Otto Modersohn für Ausstellungen von Werken Paula Modersohn-Beckers einsetzen, gehört Fritz Overbeck. Am 3. Januar 1908 bittet er den Freund in einem Brief, Bilder seiner Frau zu einer in Düsseldorf geplanten Ausstellung zu schicken: „ (...) sie hat ja solche Schätze hinterlassen, daß eine Auswahl da nicht im mindesten schwer ist. Ich sprach auch einmal mit Pauli über die Sache; er würde seinerseits gern eine größere Collection von ihren Arbeiten ausstellen und wird möglicherweise, während Du hier bist, darüber mit Dir unterhandeln wollen. Für mein Gefühl könnte das nicht nur eine höchst künstlerische Ausstellung werden, sondern auch eine Ehrung der teuren Toten, von der es wohl überflüssig ist, zu sagen, daß sie die im höchsten Maße verdient."

Die erste Nachlaßausstellung findet 1908 im Kunst- und Kunstgewerbehaus Franz und Philine Vogeler in Worpswede statt. Für die Übernahme des Ateliers der Künstlerin interessiert sich Clara Rilke, die zu diesem Zeitpunkt zwar nicht in Worpswede lebt, es aber als „Zuflucht" mieten möchte. Aus Sorge, der Raum könne zu schnell in andere Hände gelangen, bittet sie Otto Modersohn am 22. Februar 1908: „Mir ist, als hätte Paula einmal gesagt, daß die Miete 10 M betrage, ist es so? – Ich freue mich, daß es auch in Ihrem Sinne ist, wenn ich das Atelier habe und ich bitte Sie, doch alles so zu lassen wie es ist. Lassen Sie sich mit allen Entschließungen Zeit, denn ich möchte gerade darum gern die Räume behalten, damit sie nicht so schnell in andere Hände kommen – dann will ich sie ja auch als Zuflucht haben, wenn ich nach Worpswede komme, doch wird das immer nur vorübergehend sein. Mir ist nichts lieber, als wenn Paulas Bilder und Dinge möglichst lange an ihrem lieben Ort bleiben." Allerdings wird es nie dazu kommen, daß Clara Rilke das Atelier ihrer Freundin übernimmt.

Nach Auskunft Rudolf Alexander Schröders in seinen Erinnerungsaufsätzen von 1932 und 1947, waren Modersohn-Beckers Bilder aus ihrem Brünjes-Atelier zunächst in das Atelier von Otto Modersohn und kurz darauf in die Worpsweder Turnhalle gebracht worden, damit man sie dort sichten und ordnen konnte: „Dann fand ich mich eines Tages mit Heinrich Vogeler zusammen in Modersohns kleinem Atelier auf dem Worpsweder Schulhofe, in dem der gesamte Nachlaß der Verstorbenen zusammengebracht war. Der größte Teil alles dessen, was nun in viele Häuser, in viele Museen gewandert ist, ist damals durch unsere Hände gegangen. Ein wundersamer Tag. – Trauer um die so jäh Hinweggenommene und immer neues Staunen über den schier unerschöpflichen Reichtum des Hinterlassenen erfüllte und bewegte uns gleichermaßen. Wir sonderten, wir wählten; wir trugen das Schönste zusammen und teilten wieder anders ein, wenn noch Schöneres zum Vorschein kam." (1932).

Im Mai 1908 kommt Besuch aus Paris zu Otto Modersohn nach Worpswede. Bernhard und Lee Hoetger möchten den Nachlaß der verstorbenen Künstlerin mit der Begründung sichten, sie habe ihnen einen beträchtlichen Teil ihrer letzten Pariser Bilder zugesagt. Otto Modersohn weiß von dem Versprechen seiner Frau, aber er kann sich auch erinnern, daß es „e i n Bild" war, das sie Hoetgers überlassen wollte, nämlich den „Akt mit dem Kind auf dem Arm." „Den nahmen Sie aber nicht, weil sie es nicht mochten", wird er in einem Brief an Hoetger 1919 anmerken. Der Bildhauer-Freund darf sich dennoch siebzehn Werke auswählen und auch späteren Wünschen

Hoetgers gibt Modersohn bereitwillig nach, wenn er glaubt, damit das öffentliche Ansehen der Künstlerin zu fördern und zur Verbreitung ihrer Kunst beizutragen.

Großherzig verspricht Bernhard Hoetger, sich mit einer Arbeit zu bedanken. Paula Modersohns schlichtes Grab mit den Nelken und der kleinen Holztafel soll durch ein würdiges, von ihm entworfenes Denkmal ersetzt werden. Ein vermutlich auf Anregung Heinrich Vogelers entstandener erster Entwurf des Bildhauers unmittelbar nach dem Tod der Malerin, der auf dem Grabstein drei unbekleidete weibliche Figuren vorsieht, die Vergangenheit, Gegenwart und Zukunft verkörpern sollen, wird vom zuständigen Worpsweder Kirchenvorstand am 6. August 1911 abgelehnt. Begründung: Die Gemeinde könne an dem Denkmal Anstoß nehmen. Ginge es nach Modersohns Wünschen, würde er das Grab seiner Frau am liebsten so einfach belassen, wie es ist. Die Familie Becker aber, vertreten durch Kurt Becker, den Bruder der Künstlerin, drängt Hoetger, sein Versprechen endlich einzulösen und ein Denkmal zu errichten. Die Sache wird sich hinziehen.

Otto Modersohn fühlt sich in diesen Monaten nach dem November 1907 „leer und einsam". Er kommt kaum zum Arbeiten und verkauft wenig. Erst im Frühsommer 1908 scheint sich seine Stimmung allmählich ein wenig aufzuhellen. Im Tagebuch hält er Rückschau und formuliert Wünsche, Sehnsüchte und Hoffnungen im Hinblick auf sein zukünftiges Leben: „Ganz mein Leben soll es sein wie ich endlich ganz meine Kunst erobern will", nimmt er sich vor. Ohne Groll und Bitternis, aber kritisch und irritierend offen, zieht der 43-Jährige in langen Passagen noch einmal Bilanz in Bezug auf seine Ehe mit Paula. Punkt für Punkt führt Modersohn auf, worin er sich charakterlich und mental so grundlegend von ihr zu unterscheiden glaubte, und warum es während der gemeinsamen Jahre zunehmend zu Konflikten hatte kommen müssen. In seinen Augen war sie „zu intellektuell, geistig, stolz und hochmütig, zu leidenschaftlich und intensiv dem Leben gegenüber, zu schroff und zu kritisch gegen andere, zu wenig einfühlsam und liebevoll". Er hingegen empfand sich als „einfacher, schlichter, in die kleinen Dinge des Alltags verliebt und sie genießend, nicht leidenschaftlich, nicht so ablehnend gegen andere Menschen, gutmütig", und hatte immer „Lust zum

Liebkosen." „Wie liebte ich gemütliches, behagliches Familienleben, wie sehr Gemeinsamkeit in allem, wie liebte ich die Winterabende – Paula war ganz anders: einsam und selbständig."

Es bleibt dahingestellt, ob Modersohn so kurz nach dem Verlust seiner Frau gefühlsmäßig schon wieder zu einer neuen Bindung bereit sein kann. Zwar kreisen seine Gedanken ununterbrochen um dieses Thema, aber sie muten so unruhig, fast gehetzt an, daß man annehmen möchte, es verberge sich dahinter ein Druck, der eher von außen kommt als inneren Bedürfnissen entspricht.

Unmittelbar nach Paulas Tod hatte sich ihre in Basel lebende Schwester Milly Rohland-Becker angeboten, für das Neugeborene zu sorgen. Milly war im März 1907 selbst Mutter geworden und konnte neben ihrer eigenen Tochter Jane auch die kleine Nichte Mathilde nähren. Die beiden Mädchen wuchsen wie Schwestern auf und das warmherzige Haus der Familie Rohland-Becker in Basel wurde Mathildes vorläufiges Zuhause.

Otto Modersohns Freunde machen sich Gedanken über die familiär ungeklärte Situation des Witwers. Seine kleine Tochter Mathilde, Tille genannt, in Basel und die zehnjährige Elsbeth häufiger bei ihren Großeltern Schröder in Bremen als bei ihm – eine Dauerlösung kann dieses natürlich nicht sein. Selbst Bernhard und Lee Hoetger haben Vorschläge parat. „Sie denken an Clara für mich", notiert der Maler in seinem Tagebuch. Vor allem aber sorgt sich Modersohns Schwiegermutter Mathilde Becker um die Zukunft ihrer kleinen Enkelin und auch Kurt Becker rät dem Schwager, sich schnell nach einer neuen Frau umzusehen.

Otto Modersohn, Tagebuch:

Wunderbare Gedanken in jeder Hinsicht erfüllen mich heute abend – für meine Kunst und mein Leben, wie seit langen Monaten nicht. Wie sehnte ich mich oft nach innerer Fülle in dieser schweren Zeit – und sie kam mir nicht. Ich füllte meine Tage aus mit diesem und jenem, das Innere aber blieb leer und einsam. Heute ist es anders. Ich glaube, zum ersten Mal seit langer Zeit empfinde ich ganz warm und köstlich meine persönlichen Ziele, um die es sich zu leben wirklich lohnt. Der Tiefstand in allem hat es hervorgebracht. Nicht bloß, daß ich an meiner Einsam-

keit schwer trage, all die Monate, auch die künstlerischen Erfolge bleiben dies Jahr aus (...) Ich fühle klarer wie je den Weg: Form, leuchtende Farbe und delikate Technik. Paula hat mich riesig angeregt. Dick, pastos, Lage auf Lage, wie legiert, abkratzen teilweise – weiter malen: geträumt, so meine Kunst. Natur, aber frei, verarbeitet. Der Naturalismus schlechtweg führt mich nie zum Ziel. Übertragene Natur, wie bei Paula und ganz persönlich. Es kann und muß die größte Kunst werden hier in Worpswede nach Paula und überhaupt. Alle sind gesunken, ich auch. Ich kann und muß Seelenwerke schaffen, ganz, ganz eigene, persönliche (...) Ein ganz Eigener kann und will ich sein. Meine reichen Stoffe, meine Farbe, meine Form, in meiner Technik, die ich endlich klar ahne – (...) Gewiß, Paula war wunderbar, reich und köstlich – aber sie baute ihre Welt, meine verkümmerte oder ich vergaß sie darüber mit der Zeit. Ich muß meine Welt, mein Leben bauen (...) Mit Paula konnte ich es nicht, trotz allem. Da war ich immer nur mittuend. Es ist ein wichtiger Abschnitt in meinem Leben.
11. Juni 1908

Paula wächst immer mehr, sie steht als eone der größten Künstlerinnen da, das wußte und ahnte ich lange.
4. Juli 1908

Im Juni entflieht Otto Modersohn seinem „verwaisten Haus" in Worpswede und hält sich vorübergehend in dem zwanzig Kilometer entfernten Fischerhude auf, bevor er Ende Juli ganz nach hier übersiedelt. Fremd ist ihm dieser kleine Ort nicht. Im Oktober 1896 ist er mit seinem Freund Fritz Overbeck schon einmal hier gewesen, und er kann sich gut an die zwei, drei Ausflüge erinnern, die er vor ein paar Jahren gemeinsam mit seiner Frau Paula und Heinrich Vogeler gemacht hat, an die „große Baderei" in der Wümme, an das „Frühstück im Akt" anschließend.

Zahlreiche Wasserarme der Wümme durchziehen das eigenwillig schöne, unter Eichen gelegene Bauerndorf. An seinen Ufern wuchern Wasserdorst, Blutweiderich und der langblättrige Ehrenpreis. Im Sommer staken die Bauern auf flachen Holzkähnen zu den üppigen Viehweiden außerhalb des Ortes, um die Kühe zu melken.

Wohnhaus in Fischerhude „im Pool“ bis 1915

Fischerhude, An der Wümme, Postkarte

Zur Zeit der Ernte rumpeln hochrädrige Wagen über das Kopfsteinpflaster und füllen die Luft mit Staub und dem satten Geruch nach Heu. Im Herbst, wenn die Wiesen überschwemmt, wenn Störche und Reiher in Richtung Süden gezogen sind, machen Schwärme von Wildenten in Fischerhude Station.

„Nun weißt Du, daß mir Fischerhude schon lange lieb ist in seiner Ursprünglichkeit und daß es mir liegt. Darum ging ich hierhin", schreibt Modersohn an Vogeler. „Ich bin hier ganz konzentriert auf die Arbeit, mir sagt das neue, jungfräuliche Leben hier sehr zu, mir gefällt die Geborgenheit, in der ich lebe. – Ich muß neu beginnen nach diesem fürchterlichen Schlage, neu aufbauen – in Worpswede konnte ich es nicht, hier am fremden Ort geht es besser. Ich bin mit manchem hier ins Reine gekommen. Wie lange ich hier noch bleibe, weiß ich selbst nicht."

Modersohn ist überrascht zu hören, daß sich kürzlich auch der Maler Heinrich Breling (1849-1914) mit seiner Familie ganz in Fischerhude niedergelassen und im Ortsteil Bredenau ein Haus gebaut hat. Breling ist sechzehn Jahre älter als Modersohn und trägt den Titel „Königlicher Professor". Der in Burgdorf bei Hannover als Sohn eines Grenzaufsehers und Posthalters geborene Breling hatte seine Sommerferien oft in Fischerhude verbracht. Dank seines großen zeichnerischen Talents war er an der Technischen Hochschule in Hannover angenommen und schließlich an der Münchner Akademie bei Wilhelm von Dietz zum Genremaler ausgebildet worden. König Ludwig II. von Bayern ernannte ihn 1882 zum außerordentlichen Professor und 1883 zum Maler am Hof. Zu Brelings Freunden zählten Künstler wie Kaulbach, Kühl und Trübner. 1886, nach dem Tod Ludwig II., war Breling wieder in seine norddeutsche Heimat, nach Hannover zurückgekehrt und hatte die Sommer häufig in Fischerhude verbracht.

Jetzt, im Jahr 1908, ist Heinrich Breling 59 Jahre alt und möchte ganz in Fischerhude leben, um hier zu malen. Bevorzugte Motive sind Szenen des dörflichen Lebens; die Kornernte und der Hochzeitsbitter, ein Tischler bei der Arbeit und das Interieur eines Stuhlflechters. Otto Modersohn über seine erste Begegnung mit Breling, als er im Sommer 1896 zusammen mit Fritz Overbeck eine Wanderung nach Fischerhude machte: „Wir kamen in das alte Bauernhaus, dort saß in der Küche ein Maler, so wie wir uns die Maler von Barbizon vorgestellt hatten. Ernst und bedächtig schnitt er das Schwarzbrot für die einfache Abendtafel und gab die Scheiben nach links, denn um ihn herum saßen seine fünf Töchter, eine schöner als die andere."

Heinrich Breling und seine aus München stammende Frau Amalie, geb. Mayer (1856-1933) haben insgesamt sechs Töchter: Amelie (1876-1966), Louise (1883-1950), Josephine (1889-1978), Henriette(1891-1982), Emma (1892-1973) und Olga (1896-1995). Louise, die Zweitälteste, die neben der Schule eine Gesangsausbildung erhalten hatte und seit 1904 Konzert- und Opernsängerin in Hagen war, hält sich 1908 vorübergehend in Berlin auf.

Otto Modersohn begegnet der Fünfundzwanzigjährigen flüchtig ein erstes Mal im August 1908 im Haus des Malers Wilhelm Heinrich Rohmeyer (1882-1936) in Fischerhude; ein zweites Mal sieht er sie im Oktober auf dem Richtfest ihres elterlichen Hauses in der Bredenau, zu dem er eingeladen und sie eigens aus Berlin angereist ist. Ein paar Tage später hört der Maler Louise zum ersten Mal in einem Konzert: „Sang wundervoll."

Angesichts dieser „riesig aparten" jungen Sängerin mit den roten, schulterlangen Locken schwärmt er:

Gleicht einem Rosetti-Mädchen- das köstliche Haar, der lichte Teint, der akzentuierte Mund, die Nase und die Augen, der Hals, Hände und der hohe und doch volle Wuchs. Dabei wirkt sie sehr weiblich. Sehr echt und tugendsam, bescheiden, in ihren rätselhaften Augen etwas Ringendes, Strebendes, Feines, Stilles (...) sie erfüllt mich mit Illusion, Berlin mir lieb, weil sie hingeht, wie früher Paris durch Paula. Ihr Äußeres gibt mir diese Illusion und ihr Geistiges. – Ich kann sie mir wunderbar denken zwischen meinen alten Sachen in Worpswede in feinem Kleide. Sie verbindet wie Paula körperliche und geistige Reize, dabei originell wie nie ein Stadtmädchen ist. Fischerhude ist meine Bestimmung und durch Zufall sah ich sie. Ihr Ideal ist auf dem Lande leben, das muß ich haben.

Fischerhude, 1908

Louise Breling, 1908

„Ich male jetzt noch einige Studien und dann beginne ich gleich zu Hause und ich denke, im November fahre ich nach Berlin", nimmt sich Otto Modersohn am 7. Oktober 1908 vor. Er reist Anfang November ab, um bei den Vorbereitungen für eine Ausstellung mitzuhelfen, die im Mai des darauf folgenden Jahres bei dem Kunsthändler Paul Cassirer stattfinden und neben Arbeiten von Vincent van Gogh, Pierre Auguste Renoir, Edouard Manet und Claude Monet auch 44 Gemälde von Paula Modersohn-Becker zeigen soll. Täglich besucht er Louise Breling, die zusammen mit ihrer Schwester Josephine, Jossy genannt, in der Prinz Georgstraße wohnt und lädt sie oft zum Essen ein. Gemeinsam schauen sie sich Ausstellungen an, machen einen Ausflug nach Potsdam. Am 17. November ist Modersohn wieder in Fischerhude.

Unter der Leitung von Gustav Pauli, der sich seit Anfang des Jahrhunderts nachhaltig für die moderne französische und auch deutsche Malerei eingesetzt hatte, war die Kunsthalle Bremen zu einem der wichtigsten Orte zeitgenössischer Kunst in Deutschland geworden. Am 4. Dezember 1908 wird hier eine Ausstellung Paula Modersohn-Beckers mit 47 Gemälden und Studien aus ihrem Nachlaß eröffnet, die dem Publikum als „Ereignis" angekündigt worden ist. Dieses Ereignis ist kulturpolitisch brisant und markiert den Beginn einer heftigen, kontrovers geführten Debatte, in der es einerseits um die Bedeutung ihrer Arbeiten geht und zum anderen um die alten Vorbehalte gegenüber moderner Kunst ganz allgemein. Die hanseatische Öffentlichkeit fühlt sich durch einen Beitrag provoziert, den Gustav Pauli am 13. Dezember 1908 in den Bremer Nachrichten unter dem Titel „Zweierlei Kunst" publiziert. „Schön", „lieb" und „gefällig" empfinde das Publikum die alte Kunst, „jung", „häßlich" und „unmoralisch" die zeitgenössische, erklärt der Kunsthallendirektor am Beispiel von Paula Modersohn-Becker und wirft dem konservativen Lager vor, es mangele ihm an einer „tieferen Beziehung zur Kunst". Das Werk der Worpsweder Malerin ist für Gustav Pauli ein Anlaß mehr, seine klare Position zu verfechten und sich – mit Hugo von Tschudi in Berlin und Alfred Lichtwark in Hamburg, dessen Nachfolger Pauli 1914 wurde – für die modernen Künstler seiner Zeit und die französischen Impressionisten einzusetzen. Eine ähnliche Öffentlichkeit erreicht Paula Modersohn-Becker erst wieder in den außerordentlichen Huldigungen der Zwanzigerjahre.

Otto Modersohn und Louise Breling sehen sich in der Vorweihnachtszeit 1908 in Fischerhude wieder. „In Berlin war sie voller Erwartungen, sie hatte im September mein Interesse gemerkt", notiert Modersohn in den letzten Dezembertagen. Ihr verhaltenes Schweigen in Fischerhude, das ihn irritiert, kann er sich nur so erklären: „Schließlich reiste ich so ab und schrieb spät und nichtssagend. Da wird sie sehr enttäuscht und traurig gewesen sein."

(Dienstag) Morgens Ankunft (...)
Zuerst sah ich Jossy – dann Louise – sie hatte einen grauen Hut mit blauem Schleier auf. Ich trug ihre Tasche. So pilgerten wir nach Bredenau. Sie sagte wenig, ging nicht neben mir. Kurz vor dem Hause setzte sie sich in Trab, die Jüngeren winkten entgegen – im Hause von der Rückseite eintreten sah ich den Vater mit Tränen in den Augen, Jossy kam mit großen glänzenden Augen in die Wohnstube, wie Louise, die später hereinkam. Ich ging, sollte abends wiederkommen. Abends warmes Abendessen, sahen beide etwas angegriffen aus von der Reise. Sahen uns nur flüchtig an.
22. Dezember 1908

Während der Weihnachtsfeiertage fährt Modersohn mit seiner Tochter Elsbeth zur Schwiegermutter Becker in die Schwachhauser Chaussee nach Bremen, wo auch Milly Rohland-Becker mit ihrer Tochter Jane und der dreizehn Monate alten Mathilde zu Besuch ist. In aller Offenheit weiht er die Familie seiner verstorbenen Frau in sein Gefühlsleben ein und nimmt sie mit nach Fischerhude, um dort ein Konzert im Breling-Haus zu hören. Hier begegnen sich Mathilde Becker und Louise Breling zum ersten Mal. Otto Modersohn, Tagebuch: „Um 1/2 8 zum Conzert. Sitzen alle in Mäntel gehüllt vorm Ofen. L. wie ein Marmorbild, hält sich zurück, spricht mit Frau Rosenbrock. Sie sang wundervoll, Jossy spielte fein, meine Schwiegermutter begeistert, klatscht riesig, alle gefallen ihr. – Dankt ihr besonders, sitzt neben mir, ich gebe ihr Butterbrot und Limonade. – Nach dem Konzert lädt meine Schwiegermutter

Otto Modersohn in seinem Fischerhuder Atelier, um 1914

alle mit der Mutter zu Körbers ein. L. saß still da in ihrem hellen Kleidchen, mein Weihnachtsgeschenk."

Otto Modersohn aus Fischerhude an Louise Breling in Berlin:

Ich komme am Donnerstag, den 14. mittags in Berlin an und würde mich sehr freuen, Sie am Nachmittag in der Prinz Georgstraße zu treffen. Sollten Sie verhindert sein, hinterlassen Sie bitte ein Wort an der Tür ob und wann ich Sie am Abend treffen kann.
12. Januar 1909

In dieser furchtbar ernsten Stunde drängt es mich, Ihnen einiges zu sagen. Ich muß es Ihnen noch einmal versichern, daß Sie den tiefsten Eindruck auf mich gemacht haben, daß ich Sie mit meinem ganzen Herzen liebe. All' meine Gedanken sind nur Sie (...) Nur wenn Ihr Herz auch innerlich frei und ungebunden ist, kann es so sprechen, wie es zu mir getan. O daß nicht eine späte und bittere Reue Sie befällt und unglücklich macht – Sie und mich (...) Mein ganzes Leben, alles bin ich bereit nach Ihnen und Ihrem Geschmack einzurichten, Sie glücklich zu machen würde mein wahres und höchstes Verlangen sein, das versichere ich Ihnen (...) Nach schwerer Zeit ging mir in Ihnen ein neuer Stern auf.
Berlin, 15. Januar 09

Louise Breling an Otto Modersohn:

Es ist traurig, Sie hier so ganz allein in Berlin zu wissen und nichts von Ihnen zu sehen. Sie kommen doch noch zu uns, ehe Sie wieder nach Hause gehen? Ich bin, so glaube ich, wieder ganz ruhig geworden. Sie haben mir einen stillen Frieden gegeben nach allem Leid, das ich überstanden habe. Hoffentlich machen wir Ihre Adresse ausfindig.
16. Januar 1909

Die von Otto Modersohn erhoffte Leichtigkeit hat das Wiedersehen mit Louise Breling in Berlin zweifellos nicht gehabt. Im Gegenteil, es ist eher „schwer und lastend" gewesen und liegt ihm bis zu jenem 19. Januar „wie Blei in den Gliedern", als sich unter seiner

Post endlich ein Brief von ihr befindet, den er umgehend beantwortet: „O wie soll ich es Dir sagen und schildern, welche seligen Gefühle durch mich hindurchgingen." Zwei Tage sei er noch in Berlin geblieben und durch die Stadt geirrt in dem festen Glauben, sie noch einmal zu sehen, offenbart er der Freundin. „War abends auf der Prinz Georgstraße – alles dunkel. O diese Tage werden mir ewig im Gedächtnis sein. Am Sonntag daßelbe; immer schaute ich mal nach, ob ein Lebenszeichen von Dir im Hotel angekommen. Ich konnte die kalten Berliner Gesichter nicht mehr ertragen, da entschloß ich mich ganz plötzlich, heim zu reisen."

Otto Modersohn an Louise Breling:

Nun hab' Geduld und sei ganz froh, wir müssen uns bald sehen. Wo Du bist, ist mir der Himmel und ich bin wohl und glücklich, wenn ich Dich sehe. Sieh mal nach, ob in der Prinz Georgstraße ein Zimmer zu vermieten ist, wochenweise, vielleicht gar in Deinem Hause, oder ob da ein Hotel liegt in der Nähe, dann möchte ich dort wohnen. Die Ausstellung bei Cassirer ist nun acht Tage später. Ich muß Dich bald sehen, ich habe eine unendliche Sehnsucht (...)
Mein Louisel, es ist noch etwas Zeit bis zum Abgang der Post, da muß ich mit Dir noch plaudern, es ist mir eine so köstliche Beschäftigung. Die Sonne lacht in mein Zimmer hinein, als ob sie wüßte, daß da drinnen ein seliger Mann sitzt, der seinen ersten Brief an seine Heißgeliebte schreibt. Mit Körber habe ich schon wegen meiner baldigen Abreise gesprochen (wegen der Ausstellung natürlich), ebenso werde ich es heute abend in der Bredenau tun. O daß nun alle Deine lieben Schwestern meine Schwägerinnen und Schwestern werden! Und Dein guter Vater und Deine Mutter sollen sich freuen! Merkwürdig, was hat mir dieses Fischerhude alles gebracht: zuerst, nach monatelangem Herumirren fühlte ich mich hier menschlich genesen, dann kam ich zu allerlei künstlerischen Klärungen und schließlich – das Höchste und Beste: nahte mir die Liebe. Alles ist in mir neu geworden in diesem lieben Dorfe, das mir ans Herz gewachsen. O Du sollst es mit mir genießen. Louisel, Du machst mich so glücklich in Deiner tiefen Liebe für dieses Land.
19. Januar 1909

Zurück in Worpswede, mag Modersohn nicht in seinem eigenen Haus wohnen. Er sucht bei Heinrich Vogeler Unterschlupf, der ihm rät, es ganz aufzugeben. Vogeler an Modersohn am 28. Januar 1909: „Eine für uns beide so große Freude, daß wir wissen, daß Du nun glücklich bist und ein neues Leben mit einem so prachtvollen Menschen zusammen aufbauen kannst". Am 30. März: „Daß Du für's erste nicht in das hiesige Haus einziehst, ist etwas, worauf ich für deine junge Frau immer gehofft habe, mir war es nur zu schwer, es Dir gegenüber auszusprechen. Aber jetzt kann ich ja meinen Grundgedanken ruhig aussprechen: Gib' das unglückliche Haus ganz auf. Ich spreche hier lediglich als dein Freund, dem alles daran liegt, Dich mit einer geliebten jungen Frau glücklich zu sehen, alles andere muß dagegen in den Hintergrund treten."

Am 14. April 1909 heiraten Otto Modersohn und Louise Breling im Elternhaus der Braut in Fischerhude-Bredenau und beziehen im Anschluss an ihre Hochzeitsreise zusammen mit der elfjährigen Elsbeth ein Bauernhaus im Pool, einem Ortsteil von Fischerhude. Otto Modersohn in seinem Reisetagebuch:

Neujahrskarte von Heinrich Breling an seine Tochter Amelie vom 1.1.1906, v.l.n.r.: Heinrich Breling mit seinen Töchtern, Emma, Olga, Henriette und Josefine, Bleistiftzeichnung auf Postkarte, Geklebt, 9,3 x 14 cm

14.-22. April Hochzeitsreise. Bei furchtbarem Orkan fuhren wir im offenen Wagen nach Ottersberg – Folge Rheumatismus – von da nach Hannover. Dort durch kaltes Bier gründlich den Magen verdorben; Kunstausstellung, köstliche Frühlingsstimmung in Herrenhausen (Palmengarten, botanischer Garten mit victoria regia), dann Braunschweig. L. seufzt in ihrem grünen Kleide, da es plötzlich sehr warm wurde. Besuch bei der schönen Mme Vuillermoz, die L. gut kannte (Sängerin am Hoftheater). Rieseneindruck vor Rembrandts Familienbild.
April 1909

„Die Schauende" von Bernhard Hoetger, für die Louise Modersohn-Breling Modell stand, in der Fischerhuder Wohnung im Pool.

Die Voraussetzungen, unter denen die 26-jährige, aus München gebürtige Sängerin Louise Breling ihr Leben mit dem Worpsweder Landschaftsmaler Otto Modersohn in Fischerhude beginnt, sind denkbar schwierig, ohne daß sich das Paar der Komplexität seiner Lage und des damit zusammenhängenden Konfliktpotentials zu diesem frühen Zeitpunkt bewußt sein dürfte. Modersohn ist achtzehn Jahre älter als seine Frau, zweifacher Witwer und Vater von zwei Töchtern, die aus zwei verschiedenen Ehen stammen. Für die Familie gibt Louise Breling ihren Beruf als Sängerin auf und wird auch Malerin, eine Entscheidung, die das Ehepaar Modersohn in Anbetracht der zunehmenden Popularität Paula Modersohn-Beckers sowohl öffentlich als auch privat vor eine Zerreißprobe stellen muß.

Im Frühjahr 1909 erscheint Rainer Maria Rilkes berühmtes „Requiem für eine Freundin". Dieses Trauergedicht, eine Hymne in Erinnerung an Paula Modersohn-Becker, schrieb Rilke in drei Tagen, vom 31. Oktober bis zum 2. November 1908, also noch vor Beginn der umstrittenen Ausstellung Paula Modersohn-Beckers in Bremen im Dezember. Nur einen Tag nach Beendigung seines Requiems, am 3. November 1908, wendete sich der Dichter in einem Brief an Sidonie Nadherny von Borutin: „ Ich war hier, in meinem hohen Zimmer; ich schrieb den ganzen Tag. Eine unerwartete starke Strömung von Arbeit war unversehens heraufgekommen; ich schrieb und vollendete (...) ein Requiem für eine rührende, vor einem Jahr fort genommene Gestalt: eine Frau, die aus den großen Anfängen eigener künstlerischer Arbeit zurück glitt in die Familie zunächst und von da ins Verhängnis und in den unpersönlichen, nicht selbst vorbereiteten Tod."

Mit dem Requiem schreibt sich Rilke sein Erschrecken, seine Betroffenheit und seinen Schmerz über den Verlust der Freundin von der Seele. Im Gegensatz zu anderen Toten, „so rasch zuhaus im Totsein, so gerecht, so anders als ihr Ruf", erscheint ihm die verstorbene Paula Modersohn-Becker immer noch gegenwärtig. Ihr Geist begegnet ihm und fordert ihn zu einer Auseinandersetzung mit ihrem Leben und ihrem vorzeitigen Tod heraus: „Nur du, du kehrst zurück; du streifst mich, du gehst um, du willst an etwas stoßen, daß es klingt von dir und dich verrät."

Das Requiem hat die von Rilke stets gefürchtete „alte Feindschaft zwischen dem Leben und der großen Arbeit“ zum Thema und wirft am Ende die Frage nach der Schuld am Tod der Künstlerin auf, der Schwangerschaft und Geburt zum Verhängnis geworden sind:

Doch jetzt klag ich an:
den Einen nicht, der sich aus dir zurückzog,
(ich find ihn nicht heraus, er ist wie alle)
doch alle klag ich in ihm an: den Mann
Denn dieses Leiden dauert schon zu lang,
und keiner kanns; es ist zu schwer für uns;
das wirre Leiden von der falschen Liebe,
die, bauend auf Verjährung wie Gewohnheit,
ein Recht sich nennt und wuchert aus dem Unrecht.
Wo ist ein Mann, der Recht hat auf Besitz?
Wer kann besitzen, was sich selbst nicht hält,
was sich von Zeit zu Zeit nur selig auffängt
und wieder hinwirft wie ein Kind den Ball (...)
Denn d a s ist Schuld, wenn irgendeines Schuld ist:
die Freiheit eines Lieben nicht vermehren
um alle Freiheit, die man in sich aufbringt.
Wir haben, wo wir lieben, ja nur dies:
einander lassen; denn daß wir uns halten,
das fällt uns leicht und ist nicht erst zu lernen.

„Der Mann“ hat die Malerin aus ihrer künstlerischen Arbeit gerissen und sie in Besitz genommen, eine Auffassung von der Liebe, die Rilke verurteilt, obgleich er seiner Frau Clara ein ähnliches Schicksal bereitet hat, deren Laufbahn als Bildhauerin ebenfalls durch die Geburt eines Kindes unterbrochen wurde. Zwischen den Zeilen wird Otto Modersohn für den frühen Tod seiner Frau verantwortlich gemacht und so verhilft Rilke, gewiß nicht willentlich, aber wirksam, der wachsenden Legende von der unverstandenen, unter dem Drängen des Gatten gegen ihren Wunsch ins Eheleben und zur Mutterschaft gezwungenen Malerin zum Durchbruch.

Otto Modersohn mit Louise Modersohn-Breling und den Töchtern Elsbeth und Mathilde im Fischerhuder Garten um 1910

11. Kapitel

Eines der anregendsten Bilder moderner Kunst „Der Protest deutscher Künstler“

1911

„Mohnfeld“ heißt ein Gemälde von Vincent van Gogh (1853-1890), das seinen Platz seit 1911 in der Kunsthalle Bremen hat. Van Gogh malte es Ende Juni 1889, kurz nachdem er sich in die Heilanstalt Saint-Paul-de-Mausole in Saint-Rémy begeben hatte, in der er ein ganzes Jahr verbringen sollte. Seine starke Tiefenwirkung erzielt das Bild vor allem durch die Mischung der zentral-perspektivischen Flucht mit der flächig angelegten Landschaft im Hintergrund. Es war das erste Motiv außerhalb der Anstaltsmauern, das van Gogh malte.

Als Gustav Pauli dieses Gemälde im Winter 1910 für die Sammlung des Kunstvereins in der Kunsthalle Bremen für 30.000 Reichsmark erwirbt, entbrennt in der Hansestadt eine heftig geführte Auseinandersetzung zwischen konservativen Kunstanhängern und Befürwortern moderner Kunst, die als der sogenannte „Van Gogh-Skandal“ in die Kunstgeschichte eingehen wird. Initiator und Herausgeber der Streitschrift „Protest deutscher Künstler“ ist der ehemalige Kollege aus der Worpsweder Künstlergemeinschaft, der Maler Carl Vinnen. Sein Protest, 1911 in Jena veröffentlicht, richtet sich gegen die Überfremdung deutscher Museen durch ausländische Kunst und wird von 123 Künstlern und 17 Kritikern unterschrieben. Künstler wie Käthe Kollwitz, Friedrich von Kaulbach und die Worpsweder Hans am Ende und Fritz Mackensen stimmen der Schrift zu. Otto Modersohn und Heinrich Vogeler unterzeichnen sie nicht.

Vinnen schreibt: „Angesichts der großen Invasion französischer Kunst, die sich seit einigen Jahren in den sogenannten fortgeschrittenen deutschen Kunstkreisen vollzieht, scheint es mir ein Gebot der Notwendigkeit zu sein, daß deutsche Künstler ihre warnende

Stimme erheben und daß sie vor dem Einwande, sie treibe dazu nur der Neid, nicht zurückschrecken."

Gustav Pauli reagiert umgehend mit einer Gegenschrift, die im Piper Verlag, München, erscheint. Ihr Titel: „Im Kampf um die deutsche Kunst. Die Antwort auf den Protest. Mit Beiträgen deutscher Künstler, Galerieleiter, Sammler und Schriftsteller": „Wenn Vinnen aber meint, daß über Cézanne, van Gogh und Gauguin der Weg nicht weiterginge, so ist das ganz genau falsch. Denn die E n t w i c k l u n g geht immer weiter (...) Nur wissen wir noch nicht, w e l c h e n Weg die Entwicklung über Cézanne und van Gogh hinaus nehmen werde (...)."

Zu den Unterzeichnern gehören neben zahlreichen anderen Künstlern, Schriftstellern und Museumsdirektoren die Sammler und Galerieleiter Karl Ernst Osthaus (Hagen), Alfred Lichtwark (Hamburg) und die Kunsthändler und Sammler Paul Cassirer (Berlin), Albert Flechtheim (Düsseldorf) und Alfred Walter Heymel (München). Im Gegensatz zu Vinnen kritisiert Pauli, daß moderne französische Kunst seit den Malern von Barbizon in deutschen Museen kaum vertreten sei, und wirft Vinnen vor, nur unzureichend informiert zu sein. Zwischen 1899 und 1910 habe die Kunsthalle Bremen 84 moderne deutsche und nur 13 moderne französische Werke erworben, erklärt Gustav Pauli, und die Preise der französischen und auch englischen Bilder seien im Vergleich zu den deutschen gleich, ja, oft niedriger. Carl Vinnen selbst verschloß sich moderner Kunst nicht, als er sich 1908 und 1909 in einer künstlerischen Krise befand und durch eine Reise nach Paris im Winter 1908/09 dort Anregungen suchte. Ende 1909 erhoffte er sich durch Gespräche mit Modersohn weitere Klärung. Neben seiner Kritik an der Ankaufspolitik von Museumsdirektoren wie Hugo von Tschudi in Berlin oder Gustav Pauli in Bremen wendete sich Vinnen zwar gegen die Überschätzung und Nachahmung „fremden Wesens", nicht aber grundsätzlich gegen einen internationalen künstlerischen Austausch. Zu den bildenden Künstlern, die sich im „Kampf um die Kunst" gegen Vinnen und eine nationalistische Ankaufspolitik wendeten, gehörte neben Max Pechstein, Gustav Klimt, Wassily Kandinsky, Lovis Corinth, Max Liebermann, August Macke und Max Beckmann auch Otto Modersohn. Aus den Tagebuchnotizen des Malers, der sich intensiv mit der westeuropäischen Malerei auseinandergesetzt und das „Mohnfeld" während seines Berlin-Aufenthaltes Ende November 1910 in einer Van-Gogh-Ausstellung bei Paul Cassirer gesehen hatte, wird deutlich, daß in seinen Augen ein Kunstwerk nicht politischen, nationalen oder anders gearteten Ausgrenzungen unterworfen sein darf. Die Kunsthistorikerin Barbara Vetter: „Modersohn sah sich in keiner Weise bedroht von ausländischer Kunst und hatte trotz seiner anhaltenden künstlerischen Suche bereits genug professionelles Selbstbewußtsein". In seinem Beitrag schreibt Otto Modersohn:

> *So wie ich mich über die Erwerbung des van Goghschen Mohnfeldes für die Bremer Kunsthalle gefreut habe, als eines der anregendsten Bilder moderner Kunst, werde ich mich über jedes gute Bild fremder Herkunft freuen, das auf deutschem Boden seine Stätte findet, weil es die in guter Entwicklung befindliche deutsche Kunst befruchten wird. Die dafür aufgewandten Mittel sind unerheblich, weil sie reichlich Zinsen tragen werden. Die Kritik, die diese Werke dem Verständnis des Volkes näher bringt, erfüllt eine hohe Mission. Die Nationalität spielt bei der Kunst überhaupt keine Rolle, es kommt lediglich auf die Qualität der Kunst an. Der französischen Kunst gebührt in vieler Hinsicht der Vorrang als der eines besonders für die bildenden Künste hochbegabten Volkes, von der wir Deutschen viel lernen können. Wenn sich die Kunst bei uns in den letzten Jahren gehoben hat, so verdanken wir das in erster Linie der bei uns immer bekannter gewordenen französischen Kunst.*

Neben den öffentlichen kunstpolitischen Debatten prägt eine tiefgreifende persönliche Entscheidung das Jahr 1911: Otto und Louise Modersohn besuchen die Familie Rohland-Becker in Basel in der Absicht, die inzwischen vierjährige Mathilde im Anschluß an die gemeinsame Zeit mit nach Fischerhude zu nehmen, damit sie von nun an bei ihnen lebe. Für das kleine Mädchen ist es gewiß nicht einfach, in einer ihm fremden Umgebung mit ganz „neuen" Eltern konfrontiert zu sein, zu denen sie jetzt „Vater" und „Mutter" sagen soll.

Anläßlich des 80. Geburtstags seines Vaters brechen die Modersohns mit der Tochter Mathilde Mitte April 1912 zu einer zweiwöchigen Reise in das thüringische Blankenburg zum Bruder Ernst auf, von wo es über Nürnberg und Ulm nach München weiter und schließlich nach Italien gehen soll. „Willy und Hans, Rudolf, Laura und Grete waren auch gekommen – die ganze Gesellschaft aß zusammen im Gasthof, nachher ließen wir uns alle photographieren. Mein Vater war noch recht rüstig", notiert Otto Modersohn erfreut über das gelungene Familienfest. Anfang Mai verabschieden sich die Fischerhuder von Blankenburg. Unterwegs, kurz vor München, übergeben sie die kleine Mathilde dem Kindermädchen von Milly Rohland-Becker, das sie für die Zeit der Abwesenheit ihrer Eltern mit nach Basel nimmt. „Tille war sehr traurig über die Trennung und weinte sehr", hält Otto Modersohn in seinem Reisetagebuch fest.

Zusammen mit Louises ältester Schwester Amelie Breling, die sich bereits seit ein paar Tagen in München aufhält, schauen Modersohns die Alte und Neue Pinakothek an und stärken sich im Hofbräuhaus. Sie machen eine Tour nach Schleißheim und besuchen dort Heinrich Brelings früheres Haus. In Venedig sind Hotelzimmer gebucht. „Wundervoll war der Fischmarkt, was für Stoffe für Stilleben. Wir fuhren heraus mit der Gondel nach Murano, besahen die Glasfabrik, kaufte für Louise eine Kette." Über Verona führt die Reise weiter nach Florenz. Modersohns besuchen Bernhard Hoetger und seine Frau, die dort eine Villa gemietet und Louises jüngste Schwester Olga Breling zu Gast haben. „Von Hoetgers Hause hatte man einen herrlichen Ausblick auf Florenz und die ganze Umgegend. Nach dem Besuch in Hoetgers Atelier, wo er nur seine Arbeiten zeigte, machten wir einen gemeinschaftlichen Spaziergang durch das üppige Land."

Wogende Weizenfelder mit Ölbäumen und dazwischen Girlanden mit Weinreben. Enrico servierte uns das Abendbrot, besonders die in Öl gebratenen Artischocken waren köstlich. Der Mond mußte uns dann heim geleiten in dunkler Nacht, durchglüht von Glühwürmchen. Der zwischen engen Mauern sich hinschlängelnde Weg war uns recht unheimlich, besonders, wenn ein zweirädriger

Wagen in scharfem Tempo daherkam und man sich glatt an die Mauer drücken mußte. Herrliche Genüsse boten die Uffizien und die Pittigalerie, famos der Bargello (wo wir Gerhart Hauptmann und Frau, beide ganz in Weiß, vor Donatello sahen).
Reisetagebuch

Überwältigend großartig wirkt die Medici-Kapelle auf die Reisenden aus Norddeutschland, herrlich ist der Ausflug nach Fiésole zusammen mit Olga und Amelie Breling, unvergesslich die Landschaft mit ihren pittoresken Pinien und Zypressen, die Gedanken an Bilder von Böcklin auslöst. Im Zug fahren die Vier nach Pisa und an der Küste entlang nach Genua weiter und schließlich, über Mailand, nach Basel. Dort werden sie von Hans und Milly Rohland am Bahnhof abgeholt. Otto Modersohn: „Tille lag schon im Bett. Andern Tags machten wir mit den Kindern eine Landpartie, kamen durch ein Schweizer Dorf, erstiegen einen Berg mit Ruine und Ziegenherde. Abends langten Olga und Amelie von Luzern an. Andern Tags ging's mit Tille nach Hannover, wo wir abends spät ankamen und im Hospiz übernachteten; andern Tags dann heim nach Fischerhude."

„Du hast ja alles famos in die Hände genommen mit Katalog etc. Hoffen wir endlich auf eine gerechte Würdigung von Paulas Kunst", wendet sich Heinrich Vogeler am 20. Januar 1913 aus Berlin-Charlottenburg an Otto Modersohn: „Die Drucke von Paulas Platten hast Du wohl schon bekommen. Ich habe lieber nicht zu viel drucken lassen, da einzelne doch sehr wenig mehr wie Andeutungen sind. Die alte Frau mit den großen Händen sieht ja prächtig aus. Die Gänsemagd ist ja sehr durchgeätzt leider in der Luft, aber der untere Teil ist ja sehr interessant. Die Wüstheit der Technik ist außerordentlich interessant und voller reicher Leidenschaftlichkeit. Mir selber geht es momentan finanziell sehr schlecht, sonst hätte ich Dir schon eine Anzahlung auf den Wassertemperakopf von Paula gemacht. Aber es soll mein erstes sein, wenn ich etwas mehr aus dieser ‚Jahresanfangsbedrängnis' bin. Hoffentlich kommst Du diesen Frühling endlich länger nach Worpswede. Wir sollten mehr zusammensein." Aus einem Brief Vogelers an Modersohn vom 4. Februar 1913 geht hervor, daß er inzwischen nach Hagen gereist ist, um bei dem Sammler

Karl Ernst Osthaus eine Paula Modersohn-Becker-Ausstellung zu hängen: „Osthaus war verhältnismäßig kühl den Sachen gegenüber, doch glaube ich das Eine: Einen ganzen Monat kann sich so ein ernsthafter Mensch diesem Eindruck nicht erwehren, dann hat's ihn ganz. Osthaus interessierte sich vor allem für das Selbstbildnis mit dem Ölzweig. Das war mit 250 M. angesetzt, meiner Meinung nach zu billig. Ich würde überhaupt noch die Selbstportraits unverkäuflich setzen. Osthaus müßte natürlich vorher befriedigt werden, wenn er auf dem Kauf besteht".

Am 12. Februar 1913 schreibt Heinrich Vogeler an Otto Modersohn:

Ich habe die Sachen gehängt, da ich das Gefühl hatte, diese erste Kollektion müßte mit allem Nachdruck heraus, zumal durch den Gratisversand des Kataloges die Kreise der Museumsdirektoren interessiert sind. Daß ich nichts ohne Dich unternehme ist selbstverständlich, ich habe nur mit Osthaus gesprochen wegen der Selbstportraits, weil wir beide seinerzeit diese zuletzt als nicht verkäuflich bestimmt hatten (nachdem die Preisliste schon fest war). Jedenfalls, wenn Du jetzt gleich an Osthaus schreibst und Dich auf meine Rücksprache mit ihm beziehst, so kannst Du ruhig die Selbstportraits als unverkäuflich bestimmen, aber O. die Freiheit lassen, wenn er will, eins zu kaufen (er wird das mit dem Kamelienzweig nehmen).
Deine Entdeckung ist ja herrlich, in den ersten Märztagen komme ich herüber nach Fischerhude. Hoffentlich bist Du mit meinem Hängen in Hagen zufrieden, es war nicht ganz leicht und das Licht nicht prima. Am besten hängt PM auf Weiß.
Es war ein Abgesandter von Keller&Reiner da, der bittet um die Kollektion im Oktober. Heute kommt ein Herr aus Posen in derselben Angelegenheit. Ich schreibe Dir am Schluß des Briefes, Du setzt Dich dann wohl mit allen in Verbindung.
Osthaus wird schon warm werden. Ich werde ja aus dem Mann deshalb nicht recht klug, weil er immer fragt und seine Ohren öffnet. Da ich voll wahrer Begeisterung war und mir seine Lieblinge sehr gegen den Strich sind, war ich in der Lage recht frei und begründet, mit ihm über alles zu reden und hoffe, daß er sich auf

Heinrich Vogeler: Der Maler Otto Modersohn, 1912
Westfälisches Landesmuseum, Münster

die Dauer des unerhörten Eindruckes dieser lebendigen Schöpferkraft Paulas nicht erwehren kann.
Worpswede, 12. Februar 1913

Otto Modersohn an Heinrich Vogeler:

Die Bilder sind in München ausgestellt, wie mir kürzlich Frau Rilke erzählte, als sie hier war. Deine Bilder und alle aus Privatbesitz auch, außer Hoetger natürlich, der definitiv abgelehnt und wütend auf diesen Kunstsalon schimpft. Wohin geht nun die Kollektion, nach München? Von Posen und Berlin habe ich kein Wort gehört, da möchte ich Dich fragen, was haben die Leute gesagt, wollen sie die Bilder jetzt? Oder in Halle, von wo mir Stoermer schrieb? Im Herbst will Pauli in der Kunsthalle eine ganz große Ausstellung machen – aber für die nächste Zeit ist nichts in Aussicht. Es wäre zu wünschen, wenn wir (schon v. Frachten wegen) einen Platz in Norddeutschland ausfindig machen könnten. Wegen der Kisten und Rahmen werde ich nach München schreiben, der Mann heißt doch Anton Duama, nicht wahr? Schade, daß die dortigen Bilder nicht in Hagen waren. Von Stoermer finde ich es allerdings sehr eigentümlich, daß er sich nicht besser darum gekümmert hat.
- Wofür man nicht alles Bilder hergeben soll. Die Universität Münster bittet mich um ein Bild für eine Stiftung zur Bekämpfung von Krebs und Lepra.-
Was machst Du und was malst Du; ich freue mich, etwas bei Dir zu sehen von Deinen Berliner Arbeiten. Ich freue mich, daß man nun bald wieder draußen arbeiten kann (...) Wenn Du kannst, komm' doch mal her, Du hast einen Gaul, ich aber nicht; für uns ist es leider viel schwieriger.
21. März 1913

Das Folkwang Museum des Sammlers Karl Ernst Osthaus in Hagen ist die erste Station der von Otto Modersohn und Heinrich Vogeler zu Beginn des Jahres 1913 organisierten Ausstellungstour der Werke von Paula Modersohn-Becker durch mehrere deutsche Städte. Es folgen München, Jena und Elberfeld, wo der Sammler von der Heydt dem Publikum seine privaten Räume öffnet. Anschließend sind die Bilder wieder in der Bremer Kunsthalle.

In den fünf Ausgaben von Januar bis Mai 1913 der Propaganda-Zeitschrift „Güldenkammer" der Kaffee HAG, erscheinen erstmals Briefe und Tagebuchaufzeichnungen Paula Modersohn-Beckers. Die Auswahl stammt von Sophie Dorothee Gallwitz.

Am 15. Oktober 1913 bringt Louise Modersohn ihren Sohn Ulrich im Krankenhaus in Bremen zur Welt. Als eine der ersten gratuliert Mathilde Becker, deren Beziehung zu den Modersohns eng und herzlich ist. „Geschenkt kann man kaum sagen (ich weiß ja heute, wie mir zumute war), denn wir Mütter erkämpfen uns unser höchstes Glück redlich, aber da ist ein unvergeßlicher Augenblick, wo man direkt aus der Hölle ins Paradies gleitet." Louise Modersohn an Otto Modersohn:

Mein geliebter, geliebter Mann! Zwar hatte ich mir vorgenommen, Dir rasch auf einer Postkarte zu schreiben und nun wird's doch wieder ein Brief, denn Postkarten sind mir zu fürchterlich, man kann sich nichts Intimes darauf mitteilen. Trotzdem kann ich Dir heute nur wenig berichten. Unser Junge gedeiht vorzüglich und wird schon sehr vernünftig, die letzte Nacht hat er einfach durchgeschlafen von 10 Uhr abends an bis 7 Uhr in der Frühe, ohne einmal aufzuwachen und zu schreien und heute am Tage hat er auch nur getrunken und geschlafen. Sein kleiner Nabel ist schon vollständig geheilt und dabei ist er heute 8 Tage alt. Da war es heute sehr ruhig um mich, denn es war auch der erste Tag, an dem endlich einmal kein Besuch kam. Auch von Tille und Milly habe ich nichts gehört. So lag ich denn recht still und hatte Zeit, über alles Mögliche nachzudenken und warf nur hier und da mal einen Blick auf unser schlafendes Kindchen. Wenn es an meiner Brust liegt, da bin ich so glücklich und muß dabei immer an Dich denken, wie restlos lieb wir uns haben und wie unser Kindchen ein rechtes Kind der Liebe ist. Jahre möchte ich überschauen können, aber wozu? Wenn wir beide uns immer so zugetan sind, dann wird es schon gedeihen und nicht allein unser Bübchen, nein alles in und um uns und auch Du, Du Lieber!

23. Oktober 1913

Die Verbundenheit Mathilde Beckers mit Louise Modersohn und ihrer Familie kommt auch in einem Brief zum Ausdruck, den sie anläßlich von Heinrich Brelings Tod am 6. September 1914 schreiben wird: „Nun ist das längst Gefürchtete eingetreten, der größte Schmerz Deines Lebens hat Dich getroffen, der Tod hat Euch den besten Vater genommen. Was Otto mir zuerst von Euch erzählte, was zuerst meine Teilnahme wachrief, das war dies seltene Verhältnis zwischen Euch und Eurem Vater. Wie stand er doch unsichtbar als Euer Mittelpunkt da, man fühlte, daß er es war, der Eurem Leben die geistige Richtschnur gab. Zuletzt sah ich ihn auf Ulrichs Taufe, verklärt im Besitz des kleinen Enkelsohnes. Und hernach im Atelier, als er Paulas Zeichnungen bewunderte: ‚Die hat nicht gelogen‘, sagte er voll ernsthafter Anerkennung."

12. Kapitel

Intim, fein, durchgebildet bis ins Letzte

1914 – 1919

Die übliche Frühjahrsreise nach Blankenburg zum Geburtstag seines Vaters macht Otto Modersohn im Jahr 1914 ohne seine Frau, die mit dem eben geborenen Ulrich in Fischerhude bleibt. Ein schlechtes Allgemeinbefinden, unruhiger Schlaf und die große Sorge um den Vater, der unter heftigen Fieberattacken leidet, überschatten diese Reise, die vom 14. bis zum 24. April dauert und Modersohn abschließend noch zu Ausstellungsbesuchen nach Dresden und Berlin führt. Vom 9. bis zum 21. Juli ist er dann zusammen mit Louise, die von allen Lolo genannt wird, Ulrich, Elsbeth und Mathilde zwölf Tage auf Wangerooge, wo auch Mathilde Becker mit ihrer Tochter Milly und deren Kindern Ferien macht: „Wir wohnten nebeneinander. Die Tage taten uns sehr wohl. Köstlich war das Gefühl, wenn wir am sonnigen Morgen am Strande gingen, die Wogen heranrauschten, die silbernen Möwen und Seeschwalben über uns in der blauen Luft".

Ich malte eine Reihe Aquarelle und diese Tätigkeit brachte mich in den Verdacht der Spionage. Eines Abends waren Lolo und ich in den Dünen gewandert, da sahen wir von dem benachbarten Fort einen Marineartilleristen in weißer Uniform auf uns zu kommen. Beim Abendbrot war uns schon aufgefallen, daß mehrere Posten um unsere Veranda, worin wir aßen, strichen. Sie hatten gewartet, bis wir herausgingen. Der Posten redete uns an mit den Worten: ‚Was machen Sie hier?' Ich erwiderte: ‚Ich sitze hier und meine Frauschaft dort'. Er antwortete darauf: ‚Das ist höchst verdächtig, so schätzt man Entfernungen ab'. In wenigen Minuten legte er seine mächtige Pranke auf meine Schulter und erklärte mich für verhaftet. Er pfiff einem zweiten, der spornstreichs heraneilte und fort ging's unter ihrer Bedeckung zum Dorfe. Auf dem Wege

trafen wir einen Unteroffizier, der von unserem Gastwirt schon aufgeklärt war und uns alsbald wieder frei ließ. Freilich wurde unsere Post noch kontrolliert. Mutter Becker amüsierte sich rasend über die Geschichte und ulkte einige Marineoffiziere an. Die Luft war so unheilschwanger, daß ich am nächsten Tage schon wieder verhaftet wurde (...) Man fahndete auf einen russischen Spion; ich mochte mit meiner großen schwarzen Hornbrille und mit meiner gelben Mütze den Leuten merkwürdig genug erscheinen.- Schließlich bekam ich vom Kommandanten einen Ausweis, aber mir war die Lust vergangen; wir fuhren heim (...) Das war gut für uns, denn einige Tage später brach der große Krieg aus und alles mußte sofort die Insel verlassen, so wurde die Abreise für Milly mit ihren Kindern sehr beschwerlich.
Reisetagebuch 1919

Am 28. Juni 1914 hatten die Tageszeitungen getitelt: „Ermordung des österreichischen Thronfolgers Erzherzog Franz Ferdinand von Habsburg und seiner Gemahlin durch bosnische Nationalisten." Die „Schüsse von Sarajewo" stürzen die Welt in die Apokalypse: Deutschland bekundet seine Bündnistreue gegenüber Österreich-Ungarn, mit der Kriegserklärung Österreichs an Serbien wird auch das Wilhelminische Deutschland in den kriegerischen Strudel gerissen. Am 1. August erfolgt die deutsche Mobilmachung und die Kriegserklärung an Rußland, in den Tagen darauf die an Belgien, Großbritannien, Frankreich und Bosnien. An diesem 1. August 1914 beginnt der Erste Weltkrieg.

Einer Massenpsychose gleich und in rasantem Tempo breiten sich Chauvinismus und Nationalismus in Deutschland aus. Die Bewegung erfaßt vor allem Akademiker, Intellektuelle und Großbürger, macht aber auch vor vielen Künstlern sowohl des impressionistischen als auch des expressionistischen Lagers nicht Halt. Der Maler Ernst Ludwig Kirchner bricht umgehend seinen Aufenthalt auf der Insel Fehmarn ab und kehrt nach Berlin zurück, seine Freunde Max Pechstein und Emil Nolde, auf der Suche nach dem „Paradies" in der Südsee unterwegs, reisen sofort heim. Mitglieder der Berliner Sezession – Ernst Barlach, Lovis Corinth und Max Liebermann – schließen sich in Publikationen wie dem „Bildermann" dem wilhelminischen Hurra-Patriotismus an, Franz Marc und viele andere erwarten vom heroisch-romantischen Mythos des Krieges die weltverändernde Katharsis und die Entstehung eines geläuterten „geistigen Europa". Viele sehen sich in fataler patriotischer Pflicht und melden sich freiwillig. Max Beckmann und Otto Dix halten in ihren Zeichnungen und Radierungen die grausige Wirklichkeit des Krieges fest, Ernst Ludwig Kirchner ist bereit, den Opfergang für das Vaterland anzutreten. Karl Schmidt-Rottluff ergreift die Chance, „möglichst Starkes zu schaffen", um „die Dinge plötzlich in ihrer furchtbaren Gewalt" zu sehen.

In Worpswede melden sich die beiden Reserveoffiziere Fritz Mackensen und Hans am Ende als Freiwillige beim Heer und selbst für den 42-jährigen Heinrich Vogeler bedeutet dieser Krieg eine willkommene Möglichkeit, sich aus einer erstarrten persönlichen und künstlerischen Situation zu befreien. Seine Frau Martha, mit der er die drei Töchter Marieluise, Bettina und Martha hat, hat sich von ihrem Mann abgewendet und ein Verhältnis mit einem Studenten begonnen. Sie, immer Teil seiner Traumwelt, seines Lebens, seiner Kunst und sein am häufigsten gemaltes Modell, hat sich in Ludwig Bäumer, einen späteren Aktivisten der Bremer Räterepublik verliebt und lebt mit ihm auf dem Barkenhoff. Vogeler, verzweifelt und hoffnungslos, duldet Marthas Liaison mit dem kaum Zwanzigjährigen, versucht sogar, der Kinder wegen in Freundschaft mit ihm zu leben. „Es war mir, als könne ich keinen Ausweg finden aus meiner inneren Belastung als die Flucht aus diesem Leben."

Der Künstler meldet sich freiwillig bei den Oldenburger Dragonern. „Ich ziehe hinaus, um (...) zu leben", schreibt er an seine Frau Martha. „Ich suche das Leben, das an anderer Stelle ungewertet verkümmert." Otto Modersohn versichert er am 24. Juni 1914: „Jetzt schreibe ich nur, um Dir zu sagen, wie trotz allem bei mir Dir gegenüber ein und daßelbe Gefühl bleibt, wie von Alters her."

Einer Beförderung Heinrich Vogelers zum Unteroffizier folgt, im Februar 1915, der Einsatz in den Karpaten und schließlich die Versetzung in die Nachrichtenabteilung des Generalstabs. Dieser beauftragt den berühmten Worpsweder, den Feldzug des deutschen Militärs künstlerisch zu begleiten. In sicherer Entfernung von der Front hält der Portrait- und Landschaftsmaler seine Beobachtungen von Menschen aus dem Volk in den Kriegsgebieten des Ostens in kleinen Zeichnungen fest. „Kein Ausweg, irgendwie beim Alten anzuknüpfen. Vielleicht letzte Romantik, vielleicht Todessehnsucht führte mich, als Kriegsfreiwilligen, mit 42 Jahren in den Krieg – ich fand das Leben, wie es wirklich war. Ich erkannte bald, daß es sich nicht um einen Volkskrieg, sondern um das Werk einer rücksichtslosen Ausbeuterklasse handelte, die die politische Dummheit der Werktätigen benutzte, um aus ihrer Überproduktion heraus neue Märkte und neue menschliche Ausbeutekräfte zu erobern."

Was der überzeugte Pazifist Heinrich Vogeler als Offizier an der Front erlebt, erschüttert ihn und macht ihn zum Rebellen. In seinen Erwartungen enttäuscht, ergriffen vom Grauen, angewidert von Korruption und Profitsucht innerhalb des Stabs und dem oft menschenverachtenden Verhalten der hohen Militärs, zweifelt er zunehmend am Sinn dieses Krieges. Einzig die Ereignisse in Rußland wecken sein Interesse. Von dort hört man, daß sich Soldaten, Arbeiter und Bauern zu Aufständen gegen den Zaren Nikolaus II. zusammengeschlossen haben und mit seinem Rücktritt den Frieden fordern. Machte nicht Rußland genau jene Entwicklung durch, die auch in seinen Augen notwendig war? Gab nicht die bolschewistische Propaganda die Antwort auf die Frage nach den Zielen dieses Krieges? „Plötzlich fühlte ich mich in der alten Welt heimatlos, aber auch, daß ich nicht verlassen war; ich fühlte, daß Millionenmassen wirklich arbeitender Menschen gewillt waren, die Welt zu verändern."

Während der letzten Kriegsmonate wird der Barkenhoff zunehmend zur Pilgerstätte für Revolutionäre und linke Intellektuelle, für Kriegsgefangene aus Rußland und Frankreich, die zur Zwangsarbeit bei Worpsweder Großbauern verurteilt worden waren. Nächtelang sitzen sie um den großen Tisch in der Diele, reden über die Revolution in Rußland und die Möglichkeiten eines politischen Umsturzes in Deutschland. Heinrich Vogeler setzt sich mit der Gestalt Trotzkis auseinander und studiert die Werke von Fourier, Proudhon und Kropotkin. In seiner Schrift „Expressionismus der Liebe – der Weg zum Frieden" formuliert er seine gesellschaftspolitischen Ziele. Er nimmt Kontakt zu den Kommunisten in Bremen auf und entwirft Plakate. Als die Staatsgewalt nach der Novemberrevolution und dem Rücktritt Wilhelm II. am 9. November 1918 vorübergehend an revolutionäre Arbeiter- und Soldatenräte übertragen wird, wird Heinrich Vogeler nicht nur als Referent in die Kreistadt Osterholz gerufen, sondern auch in den Arbeiter- und Soldatenrat gewählt. Aus dem glühenden Pazifisten wird auf einmal ein Revolutionär. Nur die sozialistische Volksrepublik und ihre internationale kommunistische Tendenz entspreche seinen Vorstellungen, erklärt Vogeler den Studenten in Münster, Kassel und Göttingen und hält der rebellischen Menge der Werftarbeiter in Bremen Vorträge über den Umsturz der alten und den Aufbau einer neuen Ordnung. Um die Jahreswende 1918/19 kommt es in Berlin und besonders auch in Bremen zu schweren Kämpfen zwischen den Regierungstruppen und den radikalsozialistischen und spartakistischen Kräften. Rosa Luxemburg und Karl Liebknecht werden ermordet. Mitglieder der Arbeiter- und Soldatenräte werden zur Fahndung ausgeschrieben, Verhaftungen folgen. Auch auf dem Barkenhoff in Worpswede, der unmittelbar nach Zerschlagung der Räteregierung zum Schlupfwinkel für Revolutionäre und Flüchtlinge geworden ist, werden Großrazzien durchgeführt. Heinrich Vogeler flieht in das von ihm erbaute Sommerhaus „Am Stryck" seines Freundes Löhnberg in das sauerländische Villingen. Martha Vogeler verlässt ebenso den Barkenhoff. Mit ihren drei Töchtern baut sie auf einem abseits vom Dorf gelegenen Grundstück das „Haus im Schluh" auf und richtet dort ihre Weberei ein.

Ein junger Tischler, eine Arbeiterin aus Berlin, ein Zimmermann, ein Maler und viele mehr – nach Kriegsende findet sich am Fuße des Weyerbergs eine Schar von Menschen zur „Arbeitsgemeinschaft Barkenhoff" zusammen, die sich ab November 1921 „Arbeitsschule Barkenhoff" nennen wird. Heinrich Vogeler, kein Mitglied der Kommunistischen Partei, aber an ihrem linken Rand in anarchistischen und syndikalistischen Organisationen aktiv, ist trotz des Scheiterns der Novemberrevolution optimistisch und will den Kritikern und Spöttern mit seinem Gesellschaftsmodell vorführen, daß eine landwirtschaftlich-handwerkliche Produktionskommune mit Tischlerei, Schmiede, Imkerei, Sägerei und schließlich auch einer „Arbeitsschule" einen exemplarischen Beitrag im Rahmen einer gesellschaftlichen Neuerung liefern und ein Vorbild für das Prinzip der Volksherrschaft sein kann.

Unter den vielen jungen Leuten, die 1919 nach Worpswede kamen, um bei Heinrich Vogeler auf dem Barkenhoff zu arbeiten, war auch der im dänischen Vejle geborene Matrose holländischer Abstammung, Jan Bontjes van Beek (1899-1969). Er hatte die Schule abgebrochen, um als Freiwilliger zur kaiserlichen Kriegsmarine zu gehen. Dort war sein späterer Schwager, Fritz Schmidt, sein Vorgesetzter. Jan war zwanzig Jahre alt und, wie Heinrich Vogeler, begeistert von den Idealen des Kommunismus. Bei Bernhard Hoetger, der seit 1918 in Worpswede lebte, begegnete er der jüngsten Tochter von Heinrich Breling, der Tänzerin Olga Breling. Sie lädt ihn in ihr Elternhaus nach Fischerhude ein, wo er auch Olgas ältere Schwester Amelie Breling kennen lernt. Die Bildhauerin schlägt dem künstlerisch begabten Jan Bontjes van Beek vor, in ihrem Atelier töpfern zu lernen.

Jan und Olga heiraten im Frühjahr 1920. Drei Kinder werden geboren, erst die beiden Töchter Cato und Mietje und dann der Sohn Tim. Bei einem Gesellen des Töpfermeisters Valentin Frank aus Undenheim/Rheinpfalz erweitert Bontjes van Beek die Kenntnisse des Drehens und baut 1922 in der Bredenau den ersten Ofen.1923 geht er nach Berlin, um im führenden Lehr- und Versuchslaboratorium Prof. Dr. Segers mehr über Glasur zu lernen. Der Erfolg seiner Ausbildung in Berlin wird sich bereits 1925 zeigen. Die vergrößerte Werkstatt in Fischerhude trägt inzwischen den Namen „Fischerhuder Kunstkeramik“, für die ab 1925 ein Stempelzeichen angewendet wird: ein Fisch in linearen Umrissen, in dessen Fläche sich die drei Buchstaben FKK befinden.

Otto Modersohn, der aus gesundheitlichen Gründen seit seiner Studienzeit vom Militär befreit war, antwortet mit zunehmender Schweigsamkeit auf die politischen Entwicklungen. Das Tagebuch verstummt. Mit den rückblickenden Aufzeichnungen in sein Reisetagebuch beginnt er erst nach dem Ende des Krieges im Jahr 1919. Mit Ausnahme der kleinformatigen Holzbilder von 1915 bis 1917 und einigen wenigen Bildern auf Leinwand im großen Format ist er während der Kriegsjahre nicht besonders produktiv.

Im Sommer 1915 hält er sich vorübergehend in Berlin auf. Im Oktober verlässt er mit seiner Familie Fischerhude und zieht wieder in sein Worpsweder Haus zurück.

Im Frühjahr 1916 brechen Otto und Louise Modersohn zu einer Reise nach Franken auf, der ersten ihrer insgesamt sieben längeren und für die künstlerische Entwicklung der beiden Maler bedeutenden Reisen in diese süddeutsche Landschaft um Wertheim und Würzburg.

Es ist Anfang Mai, alles blüht, ein warmer Sonnenschein liegt über den terassenförmig angelegten Weinbergen. Die beiden Reisenden aus Norddeutschland sind beglückt. In Würzburg beeindruckt sie das barocke Schloß mit der berühmten Decke von Tiepolo im Treppenhaus und der Schloßgarten, in dem Menschen zwischen Fontänen, Akazienbäumen und pittoresken Grotten lustwandeln. Sie besichtigen Wertheim, das von einer mächtigen Ruine gekrönt wird, und stärken sich bei Kaffee und Kuchen in Miltenberg, bevor es nach Amorbach im Odenwald weitergeht, wo sie sich die große barocke Kirche des Schloßes der Fürsten von Leiningen und das nahe Kloster anschauen. Täglich notiert Otto Modersohn seine Eindrücke im Reisetagebuch, macht Bleistiftzeichnungen zu den ihm wichtigen Sehenswürdigkeiten: „Am Marktplatz kehrten wir in einem Gasthof ein. Sehr schön war ein Nachmittagsspaziergang in die nahen Berge bis zu einer alten Kapelle ohne Fenster, Türen und doch mit Altar, Bildern, Blumen und Vogelnestern, die Sonne brannte hinein. Eine merkwürdige, romantische Sache; ich mußte an Schwind denken. Von dort oben hatte man schöne Blicke in den Odenwald und auf Amorbach zu unseren Füßen. Wir lagerten uns und ich skizzierte Lolo im Grase liegend“.

Zu diesem Zeitpunkt ist Louise Modersohn zum zweiten Mal schwanger – am 13. Oktober 1916 wird sie ihren Sohn Christian zur Welt bringen. Dem Aufenthalt in Amorbach schließt sich eine kurze Visite Aschaffenburgs mit der Gemäldegalerie im Schloß an, dann geht es weiter über Michelstadt und Heidelberg, Mannheim und Darmstadt nach Frankfurt. Otto Modersohn, Reisetagebuch: „Im Städelschen Institut sahen wir köstliche Bilder von Renoir, Leibl, Liebermann, Trübner, Corot, Velasquez, Brouwer, stärkten uns in einer Konditorei und fort ging's nach Marburg. Diese Stadt behagte uns ganz besonders. Universität, Schloß hoch am Berge, der Blick auf die Dächer, von Blütenbäumen umgeben (...) Am 9. Mai fuhren wir über Kassel nach Hannover, übernachteten im Hotel und fuhren anderntags über Bremen nach Worpswede. – Die Erinnerung an all das Genossene ließ uns sehr schwer in Worpswede einleben und immer werde ich mich an diese Reise gern zurückerinnern.“

Im Dezember 1916 stellt Emil Waldmann erstmals die kleinen westfälischen Landschaften in der Kunsthalle Bremen aus, die er bei seinem Besuch in Modersohns Atelier entdeckt hatte, und erwirbt die „Landstraße bei Münster“ von 1887. Waldmann in den „Bremer Nachrichten“ im Dezember 1916:

> *Die große Worpsweder Überraschung aber bietet Otto Modersohn. Er war, wenigstens nach unserem Dafürhalten, immer der am vielseitigsten Begabte aus der Gruppe, und deshalb war es befremdlich zu sehen, daß er zeitweise etwas experimentierte und offenbar ein wenig die Richtung verloren hatte: Er wollte heraus aus dem großen Format und der dekorativen Wirkung. Jetzt hat er wieder einen sehr glücklichen Weg gefunden. Er malt kleine Bilder, intim, fein, durchgebildet bis ins Letzte und von einer bezaubernden frischen Grazie der Empfindung. Aufgegeben hat er nichts von seinen ursprünglichen Vorzügen, mit denen er Ende der 90er Jahre des vorigen Jahrhunderts so erfolgreich hervortrat. Gewonnen aber hat er eine ruhigere und sichere Vertiefung.*
> Dezember 1916

Angeregt durch Waldmanns Reaktion auf die kleinen westfälischen Landschaften hatte Otto Modersohn auch wieder kleinformatige Bilder gemalt, die ebenfalls in der Ausstellung zu sehen waren. Aber die Stimmung in Worpswede und das Leben in jenem Haus, in dem er mit Paula sechs Jahre gewohnt hat und wo sie gestorben ist, wirken zunehmend bedrückend auf ihn und seine Frau. Das Ehepaar fühlt sich an diesem Ort „höchst unglücklich“, was nicht verwundert, fällt doch auch die Errichtung der allgemeines Aufsehen erregenden Hoetgerschen Skulptur „Werden und Vergehen“ für Paula Modersohn-Becker auf dem Worpsweder Friedhof in diese Zeit. Mathilde hört im Ort und in ihrer gleich an den Friedhof grenzenden Schule, das Grabmal werde für ihre Mutter Paula aufgestellt – eine Nachricht, die sie natürlich irritiert, glaubt sie doch, daß Louise ihre leibliche Mutter sei.

Anfang Mai 1917 siedeln Otto und Louise Modersohn mit ihren Kindern endgültig wieder nach Fischerhude über. In dem Ortsteil Wilhelmshausen haben sie eine Atelierwohnung im Haus des Tischlers Freese nahe der Wümme gemietet– das Bauernhaus im Pool, in dem sie zuvor gewohnt hatten, war zwischenzeitlich durch Blitzschlag abgebrannt. Die beiden Söhne Ulrich und Christian sind jetzt vier und ein Jahr, die Töchter Elsbeth und Mathilde neunzehn und zehn Jahre alt. Elsbeth wird im Herbst 1917 das Elternhaus verlassen und eine Hauswirtschaftslehre in der „Agnesschule" in Lauterberg/ Harz absolvieren, um sich anschließend in Bremen zur Säuglings- und Kinderkrankenschwester ausbilden zu lassen. Auch Mathilde wird nur noch für kurze Zeit in Fischerhude sein. Sie hat die Grundschule hinter sich und geht inzwischen auf die höhere „Janson-Schule" in Bremen. Da der Schulweg von Fischerhude bis zum Bahnhof Sagehorn und die anschließende Bahnfahrt nicht nur umständlich, sondern besonders bei schlechtem Wetter beschwerlich sind, entscheiden Otto und Louise Modersohn zusammen mit Mathilde Becker, daß die Enkelin zur Großmutter in die Schwachhauser Heerstraße ziehen solle, zu der die Familie eine herzliche Beziehung hat. Erst hier, durch einfühlsame Erzählungen der Großmutter, wird Mathilde erfahren, daß sie die Tochter von Paula Modersohn-Becker ist. Ähnlich wie ihre Halbschwester Elsbeth beginnt Mathilde nach dem Tod der Großmutter Becker im Jahr 1926 ihre Ausbildung zur Säuglings- und Kinderschwester in einem Schwesternheim der Bremer Kirchbachstraße, wo sie auch wohnen wird.

Mit der Veröffentlichung des Buches „Eine Künstlerin – Paula Becker-Modersohn, Briefe und Tagebuchblätter" im Rahmen einer großen Ausstellung in der Kestner-Gesellschaft, Hannover, im Jahr 1917 ist eine Affäre verbunden, die an der Legende um das Künstlerpaar Otto und Paula Modersohn weiter webt. Verantwortlich für die Auswahl der Brief- und Tagebuchaufzeichnungen ist Sophie Dorothee Gallwitz, eine aus Wernigerode stammende Opern- und Oratoriensängerin, die inzwischen in Bremen lebt, als Musik-, Mode- und Literaturkritikerin bekannt geworden und Paula Modersohn-Becker offenbar im Sommer 1907 einmal flüchtig begegnet ist.

Inzwischen ist Sophie Dorothee Gallwitz auch Herausgeberin. Ihr Buch leitet Paula Modersohn-Beckers große Popularität ebenfalls bei jenen Lesern ein, die weniger an Kunst interessiert sind. Es ist ein Buch, das als literarische Sensation gefeiert wird. Man empfiehlt es sich gegenseitig, tauscht sich aus. Keine andere Publikation über die Malerin konnte – bei einer Auflage von 45.000 Exemplaren bis 1936 – einen annähernd großen Erfolg verbuchen.

Die Auswahl der 1917 publizierten Texte setzt sich vorwiegend aus Aufzeichnungen der Mädchen- und Brautzeit zusammen.

Paula stellt sich hier als Tochter aus bürgerlichem Haus dar, christlich und konservativ erzogen, vor Lebensfreude sprühend. Verzückt schwärmt sie von der Natur, ist dankbar und demütig gerührt, daß sie alles so intensiv empfinden darf, auch wenn sie nur kurz leben werde, wie sie ihrem Tagebuch anvertraut. „Fromm" bemerkt sie Fortschritte in ihrer Kunst. Sophie Dorothee Gallwitz hat die Auswahl der 1917 publizierten „Briefe und Tagebuchblätter" sorgsam mit der Familie Becker – und später auch mit Otto Modersohn – abgestimmt, das darf als gewiß gelten. Dabei ist nicht immer auf eine strenge und umfassende Chronologie geachtet, sondern, aus Rücksicht auf private Umstände und persönliche Wünsche, auch gekürzt und ungenau zitiert worden. In ihrem Vorwort zur ersten Ausgabe betont Sophie Dorothee Gallwitz, zu Lebzeiten seiner Frau habe nur Otto Modersohn das Streben und Schaffen seiner Frau gewürdigt. Nur wenig erfährt der Leser über die gemeinsamen Ehe- und Ehekrisenjahre und aus der Pariser Zeit. Kein Brief von Hoetger. Viele wichtige Aspekte werden ausgespart. So entsteht ein sehr verkürztes Bild dieser bedeutendsten deutschen Künstlerin.

Kaum ist das Buch erschienen, beginnen in Worpswede die ersten Gerüchte über „Fälschungen" der Originaltexte zwecks einer Idealisierung der Modersohnschen Ehe zu kursieren. Die Briefe seien falsch datiert, Brautbriefe in die Ehejahre gebracht und Frau Gallwitz von der Familie Becker solange „bearbeitet" worden, bis sie eine „Umfärbung" vorgenommen habe, lautet der Vorwurf. Urheber der Verleumdungen soll, so kommt es auch dem Verleger Peter Suhrkamp zu Ohren, „der Maler Dülberg" sein, ein Mann, der früher an der Kunstgewerbeschule in Hamburg gelehrt und während des Krieges für längere Zeit in Worpswede gelebt hat. Jetzt ist er

Lehrer an der Odenwaldschule. Peter Suhrkamp an Sophie Dorothee Gallwitz am 4. September 1919: „Er gab, meine ich, schrieb ich das nicht? – als seine Quelle Pauli an. Möglich auch Hoetger? Doch weiß ich es nicht bestimmt (...) Ich habe, als ich Ihnen das Gerücht mitteilte, nichts anderes angenommen, als daß Sie dem endlich auf den Leib rücken würden. Gewisse Menschen können auch die Toten nicht in Ruhe lassen."

Dülbergs Behauptung lautet, die Modersohnsche Ehe sei von Anfang an unglücklich und voller Konflikte gewesen und die Malerin habe ihrem Mann in Wirklichkeit weder menschlich noch künstlerisch nahe gestanden.

Noch vor Kriegsende erfährt das Buch eine zweite, 1920 eine dritte, stark mit Texten aus den Jahren der Ehekrise erweiterte Auflage, die bei Kurt Wolff in München erscheint. Nur zwei Menschen hätten ihre Kunst zu ihren Lebzeiten zu schätzen gewußt, heißt es jetzt aus der Feder von Frau Gallwitz: Otto Modersohn und Bernhard Hoetger.

Im Sommer 1919 hat Bernhard Hoetger sein Grabmal für Paula Modersohn-Becker auf dem Worpsweder Friedhof endlich fertig gestellt. Es ist die Replik einer Mutter-Kind-Plastik aus Gußstein, deren Vorbild Hoetger 1911 auf der Mathildenhöhe in Darmstadt aus Muschelkalk gegossen hatte. Olga Breling hatte ihm dazu in seinem Fischerhuder Atelier Modell gestanden.

Auf einem hohen, gemauerten Sockel mit Inschriftentafel lagert eine lebensgroße, zurücksinkende, halbentblößte Frauenfigur, den Blick zum Himmel gerichtet. Auf ihrem Schoß kauert ein kleines nacktes Kind, das in den Händen einen Apfel hält. Mutter und Kind sollen die Begriffe „Werden" und „Vergehen" veranschaulichen. Die Inschrift lautet: „Paula Modersohn-Becker 1876-1907. Denen die Gott lieben müssen alle Dinge zum Besten dienen."

„Von meiner Mutter höre ich, daß das Grabmal schön und würdig fertig gestellt ist", schreibt Kurt Becker-Glauch im Sommer 1919 an Bernhard Hoetger nach Worpswede. „Ich freue mich sehr darüber und frage mich nur, weshalb es so viele Jahre hat dauern müssen, denn zu viele Vorwürfe wegen der Unfertigkeit, die wie Pietätlosigkeit wirken mußte, sind inzwischen auf mich gefallen." Becker-Glauch ist empört. Es ärgert ihn, daß Hoetger nicht nur so lange mit der Fertigstellung des Grabmals gewartet hat, sondern Mathil-

Paula Modersohn-Beckers Grab mit Hoetgers Grabmal von 1917 auf dem Worpsweder Friedhof

de Becker obendrein auch noch bat, ihm „den großen Halbakt, das einzige größere Werk, das sie von Paula besaß, zu all den anderen Bildern“ noch hinzuzugeben und sich schließlich erdreistet, die Rechnung der Steinmetzen an die Familie Becker zu schicken:

Als wir Ihnen seiner Zeit die nach Paulas Wünschen angelegte Stelle für Ihr Werk überließen, haben wir das natürlich in erster Linie getan, um die Tote zu ehren. Ganz wesentlich mitgesprochen hat aber die Erwägung, daß es Ihnen besonders vergönnt sein sollte, der Freundin damit gleichsam Ihr eigenes Totenopfer zu bringen und gleichzeitig damit einen Gegenwert zu schaffen für die hohen Werte, die Sie als Erster aus der Erbschaft entnommen hatten. So sehr war jeder Einzelne von uns überzeugt, daß es sich um eine Gegenleistung Ihrerseits, die durch das Empfangene voll abgegolten war, handelte, daß wir durchaus nicht einverstanden waren, als meine Mutter Ihnen auf Ihre Bitte, den großen Halbakt, das einzige größere Werk, das sie von Paula besaß, zu all den anderen Bildern in ihrer Güte noch hinzugab.
Sommer 1919

In seinem Antwortbrief vom 23. Juli 1919 weist Bernhard Hoetger jede Form von „geschäftlicher Anschauung der Dinge“ von sich, bezeichnet es als leichtfertige Behauptung ohne festen Hintergrund, das Selbstbildnis der Künstlerin von Mathilde Becker „verlangt“ zu haben, unterstreicht zum wiederholten Mal, die „Dinge nicht kapitalistisch“ zu sehen, sondern „rein menschlich und künstlerisch“ und betont immer wieder, er sei der Einzige gewesen, der ihre Kunst zu Lebzeiten verstanden und sie gewissermaßen entdeckt habe und ihr jetzt zu öffentlicher Anerkennung und Geltung verhelfen könne: „Ich freue mich, daß ich der Paula dankbar sein kann, daß sie mich in schweren Stunden, wenn es sich um mein weiteres künstlerisches Schaffen handelte, unterstützt hat. Paula würde glücklich sein, wenn sie wüßte, daß einige ihrer Bilder mir helfen, weiterzuschreiten.“

Hoetgers Brief an Kurt Becker-Glauch enthält indirekt auch gegen Otto Modersohn gerichtete Angriffe. Er bezeichnet ihn zum einen als „kapitalistischen Erben“ und wirft ihm andererseits vor,

Paula Modersohn-Beckers Werke nach ihrem Tod zu niedrig bewertet und „schamlos verschleudert“ zu haben. In seiner Ehre gekränkt schreibt Modersohn am 30. August 1919 an den Bildhauer:

Von solch lächerlich niedrigen Preisen, wie Sie sie anführen, ist nie die Rede gewesen. – Bei Ihren späteren Bilderkäufen haben Sie mich gedrängt, meist niedrigere Preise anzusetzen, als ich für angemessen hielt; wenn ich dennoch darauf einging, geschah es nicht deshalb, weil ich die Arbeiten gering einschätzte, sondern um Ihnen entgegenzukommen, da wir damals noch in freundschaftlichen Beziehungen standen. Unverständlich blieb mir, wenn ich es auch nicht aussprach, daß Sie von der Schlußsumme noch 20% abzogen, selbst bei den Verkäufen an Baron von der Heydt. Sie waren damals so erpicht auf die Bilder (bemerkten, daß 6-7 Bilder für mich genügten), daß ich eine größere Anzahl vor Ihnen verbarg und diese dadurch mir und meinem Kinde erhielt, weil ich damals einen Krach vermeiden wollte, der sonst sicher eingetreten wäre. – Ich erinnere Sie ferner daran, daß wir die Preise für die meisten Bilder gemeinschaftlich festsetzten, das letzte Mal im Frühjahr 1917 im Beisein von Frau Philine Vogeler, in deren Ausstellung und in meinem Hause bis spät abends (...) In Ihrem Brief behaupten Sie, daß Sie das Denkmal geschaffen hätten, um der Toten, ihren Verwandten und der übrigen Welt gegenüber die gebührende Achtung zu verschaffen. Meinen Sie wirklich, daß man sich durch ein Grabdenkmal Achtung verschaffen kann? Dann ist die Achtung also käuflich; dann sind also die Millionäre, die sich ihr Grab mit einem kostbaren, gewichtigen Denkmal schmücken lassen, dadurch für die Welt groß und geachtet. Wer weiß oder fragt danach, was auf den Gräbern eines van Gogh oder Cézanne sich befindet. – Meine verstorbene Frau bedurfte wahrlich nicht eines Denkmals, um sich Achtung zu verschaffen; das beste und dauerndste Denkmal hat sie sich doch wohl durch ihre Werke selbst gesetzt; wer damit nichts anzufangen weiß, der wird wohl schwerlich durch Ihr Denkmal dazu bekehrt werden. – (...) Ich möchte noch bemerken, daß meine Frau Ihnen nur ein Bild geschenkt hat; den Halbakt mit dem Kind auf dem Arm; das Bild mochten Sie später aber nicht. Ich habe noch Briefe von Ihnen aus jener Zeit, aus denen klar hervorgeht, daß ich Ihnen die Bilder überlassen habe und daß keine Schenkung von meiner verstorbenen Frau in Betracht kommt. 'Schicken Sie mir einige Bilder, solche, die viel von ihr sprechen und Sie machen uns glücklich. Ich glaube, daß Sie mich verstehen, denn mein Wunsch ist alt und wäre sicher von ihr erfüllt worden und somit liegt nichts näher als meine Schwäche, meinen Wunsch Ihnen zu sagen'.- Nach Empfang der Bilder schrieben Sie mir im Juli 1908: 'Auch die wunderbaren Geschenke, Erinnerungen an das große Schaffen dieser von uns allen so geliebten, eigenartigen Frau machen uns dankbar'. – Ich weiß ja wohl, daß Ihrem ersten Entwurf Schwierigkeiten gemacht wurden und sich dadurch die Aufstellung anfangs verzögerte. Später haben Sie es dann wohl eher verbummelt.

Im Sommer '16 wurde das Denkmal endlich aufgestellt, der Sockel einfach gemauert, die tragenden Löwen, die Frauengestalt des Entwurfs fehlten, ebenso die Vasen. Da ich nicht benachrichtigt war, mußten die vielen Rosen elend verdorren, die das Grab schmückten.

Und als Sie mich im Herbst 1916 zu sich riefen und mir erzählten, daß die Mutter Ihnen den Halbakt überlassen hätte, nachdem sie es anfangs abgelehnt – ich hatte sie in Ihrem Namen darum gebeten – sagten Sie, nun wollten Sie auch rasch alles fertigstellen, wie wir damals zusammen besprachen.

Es geschah aber wieder – nichts. Erst als mein Schwager in seinem dringenden Wunsche, das Denkmal nun endlich nach fast 12 Jahren fertig zu sehen, forderte, das Denkmal müsse fertig und wenn es auf seine Kosten geschehe, da wurde die letzte Hand angelegt. Ich hätte meiner Frau viel lieber das schlichte, heitersonnige Grab gelassen, das sie sich selbst gewünscht und genau beschrieben. Den Wunsch eines Toten sollte man erfüllen. Im Jahre 1908 schrieben Sie mir: 'Die Tafel und die Nelken sollen ja bestehen, die muß sie haben.' Und was ist schließlich von diesem Geiste geblieben? Dieser stille Blumengarten versöhnte Tod und Leben und entsprach verständlich ihrem Wesen. Ich will damit keine Kritik an Ihrem Werk üben. – Sie meinen, keiner hätte ihr freundschaftlich, menschlich und künstlerisch so nahe gestanden

wie Sie. Ich will mit Ihnen darüber nicht richten! In schwerer Zeit hatte sie Sie gefunden, sie hatte Anregungen von Ihnen empfangen und Sie von ihr. Wenn ich an ihre große und ernste, naive und rührende Menschlichkeit denke, die so ganz und allein der Kunst hingegeben war, an ihr bescheidenes Brünjes-Atelier und mir daneben Ihr jetziges üppiges Leben und Umgebung vorstelle, so will mir scheinen, daß da doch eine große Kluft sich auftut.
30. August 1919

„Kindlich, spießig und schlau zugleich". Bernhard Hoetgers Antwort auf Otto Modersohns Brief ist voller Zorn, Zynismus und Polemik:

Sie können nicht wissen, ob mir Paula Modersohn-Becker, der Sie absolut Fremder waren, Bilder geschenkt hat, auch sind Sie zu fern dem Streben der Toten gewesen, daß Sie heute über die Frau nicht zu urteilen vermögen (...) Paula M. Becker wollte sich von O.M. scheiden lassen, weil tausend Dinge ihr in ihrer Ehe nicht genügten. Dinge, die ich als Freund bis ins Kleinste erfahren habe durch sie selbst. Ich habe trotz der Verdächtigung als Vermittler für die Gemeinschaft von O.M. und P.M. Becker gewirkt und das werfe ich mir heute vor. Ich freue mich, daß ich gerade P.M.B. dankbar sein kann, deren Produktivität und Qualität mir die Möglichkeit geben wird, meiner Kunst zu folgen. Von dieser Freundin bin ich gern Erbe mit, sicher so gern wie Sie und auch mit demselben Recht, denn wir waren beste Freunde. Hüten Sie sich, diese Eindeutigkeit, diese Reinheit anzutasten und hüten Sie sich, mich aus der Reserve zu locken, ich kenne in diesen Dingen, die mir heilig sind, keine Scherze.
10. September 1919

„Verleumdung, Beleidigung, Unsinn, Unwahrheit", notiert Modersohn auf einem Zettel, bittet seinen Bruder, den Juristen, um Prüfung der „rechtlichen Lage" und schwingt sich noch einmal zu einem Brief an den Bildhauer mit der Bitte auf, „innerhalb 8 Tagen mir vollste Genugtuung zu gewähren, andernfalls werde ich die Sache zur weiteren Verfolgung meinem Rechtsanwalt übergeben."

13. Kapitel

„Mit wiederholtem Dank für Ihren aufklärenden Brief"

Gustav Pauli 1919

„Durch Briefe und Tagebücher, die zum Teil gedruckt wurden, leidlich unterrichtet", wie er einleitend selbst bemerkt und sich auf Gespräche mit der Familie Becker stützend, verfaßt Gustav Pauli, inzwischen Direktor der Hamburger Kunsthalle, die erste Monographie über Paula Modersohn-Becker. Sie erscheint 1919 im Kurt-Wolff-Verlag in Leipzig in der Monographienreihe „Das neue Bild". Herausgeber ist Carl Georg Heise, Museumsdirektor in Lübeck und auch Herausgeber der in München erscheinenden Halbjahresschrift „Genius".

Der Textteil des „Paula Modersohn-Becker" betitelten Buches umfaßt 35 Seiten, sein Abbildungsteil 58 Schwarzweiß-Tafeln. Ein Gemäldeverzeichnis führt 259 Werke an. Alle Besitzer der Bilder Paula Modersohn-Beckers sind namentlich aufgelistet, die Anzahl der sich in ihrem Besitz befindlichen Bilder ist angegeben. Danach besitzen im Jahr 1919 neben Sammlern wie Geheimrat Freiherr von der Heydt oder Hermann Bahlsen, der Familie Becker und vielen anderen, Bernhard Hoetger fünfzig Gemälde und eine nicht genau angegebene Reihe von Zeichnungen, Philine Vogeler achtunddreißig Gemälde und darüber hinaus Zeichnungen und Otto Modersohn zehn Gemälde und Zeichnungen.

In Paulis Monographie bekommt erstmals neben der Kunst der biografische Aspekt Gewicht. In vier Textteilen verknüpft der Autor die persönliche mit der künstlerischen Entwicklung der „Frühvollendeten", die, jung und talentiert, nach der ersten Ausstellung in Bremen 1899 zum „armen Opfer" höhnischer Kritik wird, über die sie „verwundet" schweigt, mutig nach Paris aufbricht, um sich schließlich „mit der siegesgewissen Zuversicht eines reichen und vollen Herzens, ihr Leben müsse sich verdoppeln in dem Widerhall, den ihre Seele in der des geliebten Gefährten finde" an Otto Modersohn zu binden. Mit dem „hellseherischen Instinkt des Weibes" sich ihres frühen Todes gewiß und sehr bald nach ihrer Eheschließung mit dem Landschaftsmaler in „den Konflikt zwischen ihrer Lebensaufgabe und der Stellung, welche die Sitte der Gesellschaft ihr an der Seite ihres Gatten anwies" getrieben, bricht sie wieder nach Paris auf, um „allein im Gewühl der Millionen, unbekannt, nur von ganz wenigen gewürdigt", ungestört für sich zu arbeiten. Sie entdeckt Cézanne und der Bildhauer Bernhard Hoetger wird für sie „bedeutungsvoll". Sie löst sich schließlich, im Jahr 1906, von allem, was sie „daheim fesselte". Aber: „Allein die daheim ließen sie nicht, und endlich gab sie dem Drängen nach. Im Frühjahr 1907 folgte sie dem Gatten und kehrte zurück in ihr kleines Haus in Worpswede (...) Im November genas sie eines gesunden Mädchens. Anfangs schien alles gut zu gehen, aber die nächste Zeit brachte ihr körperliche Beschwerden; gewisse Störungen des Blutumlaufs nötigten ihr Bettruhe auf, die sie in ihrer Lebhaftigkeit ungern ertrug. Ein vorzeitiges Aufstehen führte das Verhängnis herbei; am 21. November verschied sie plötzlich an einem Herzschlage."

Die Legende von der einsamen, verkannten, zu Unrecht ins Eheleben gezwungenen Malerin kann weiter wachsen. Anders als bei Rilke ist hier nicht in Konsequenz der Mann für den Tod verantwortlich, doch aus mangelndem Verständnis schränken Familie und Mann sie willentlich ein. Pauli fragt sich: „Hätte sie es vermocht, (...) allen Hemmungen der häuslichen Existenz zum trotz nach neuen Zielen fortzuschreiten?".

Als Quellen für seine Monographie hat Gustav Pauli die zum engsten Umkreis der Künstlerin gehörenden Freunde wie Clara Rilke-Westhoff und Rainer Maria Rilke und auch den Ehemann Otto Modersohn nicht befragt. Biografische Fehlinformationen und Informationsmängel, die dem Buch zugrunde liegen, provozieren Otto Modersohn derartig, daß er am 19. Juni 1919 an Gustav Pauli schreibt:

Mit größtem Interesse habe ich Ihre Monographie über meine verstorbene Frau gelesen. Ich bin erfreut, daß das Werk nun erschie-

nen ist und das Andenken an die große Künstlerin dadurch in der Kunstwelt dauernd wach gehalten wird.
Gerade weil ich Ihr Werk so hoch schätze und ich als früherer Gatte das lebhafteste Interesse daran habe, daß die Dinge wahrheitsgetreu geschildert werden, scheint es mir aber geboten, daß ich Ihnen einige Berichtigungen mitteile. Sie werden mir nicht verübeln, wenn ich Ihnen ganz offen alles sage, was ich beim Lesen des Buches empfunden habe. Wir müssen doch bemüht sein, ein möglichst objektives Bild von ihrem Leben zu zeichnen. Das vermisse ich z.B. in Bezug auf unsere Ehe.
Sie erzählen von unserer Verlobung mit folgenden Worten: 'Nun aber trug sie Bedenken, sich gleich zu binden. Sie wollte zuvor noch lernen, reifen, einen Abschluß machen, aber zuletzt gab sie nach und bald verlangten die bevorstehenden Pflichten der Hausfrau eine Ausbildung von ganz anderer Art'. – Woraus folgern Sie ein Bedenken ihrerseits, da es sich in Wirklichkeit ganz anders verhalten hat. Paula drängte zur Verlobung und Heirat, die ich gerne etwas hinausgeschoben hätte wegen des recht kurzen Zeitraums nach dem Tode meiner ersten Frau. Meine Eltern verübelten mir geradezu die frühe Wiederverlobung. Natürlich folgte Paula Becker nur ihren reinen und starken Gefühlen, und da sie sich über Konventionen leicht hinwegsetzte, veranlaßte sie mich zu diesem frühen Schritt. Ihre Eltern wünschten ihre Kochausbildung in Berlin, die sie aber nach wenigen Wochen zu ihrer Eltern Verdruß und meiner Freude abbrach.
Die weitere Schilderung läßt einem Unbefangenen mich geradezu als einen Störenfried ihres Künstlertums, der ihr überall im Wege stand, erscheinen. Man sieht unsere Ehe unglücklich und voller Konflikte vom Anfang an bis zur Trennung im Jahre 1906. Diese Befreiung gönnte ich ihr aber nicht; ich holte sie alsbald wieder nach Worpswede, wo sie dann im Herbst 1907 starb.
Durch ihre Schilderung geht eine Tendenz, die ich als u n r i c h t i g bezeichnen muß. Selbst wenn ihr in ihrem Tagebuch einige traurige Worte entschlupft sind, und sie sich vermutlich in dem schweren, verbitterten Jahre 1906 in dem Sinne ausgesprochen hat, wieviel Zeugnisse von ihr, die das Gegenteil beweisen, stehen dem gegenüber. In dem letzten Sommer ihres Lebens war

das vollständig von ihr abgefallen; sie war voller Hingabe und Dankbarkeit zu mir, dankbar darüber, daß ich sie in dem Sturm- und Drangjahr 1906 nicht hatte fallen lassen, sondern ihr über diese Zeit hinweggeholfen hätte.

„Lieber, wenn Du kannst, so halte Deine Hände noch eine Zeit über mir, ohne mich zu verurteilen. Ich danke Dir für alles, was Du an mir tust. Es ist eben eine Sturm- und Drangzeit, durch die ich hindurch muß" – schrieb sie mir am 9.4 1906. Paula fühlte sich tatsächlich in unserer Ehe frei. Dieses Gefühl kommt z.B. überzeugend zum Ausdruck in ihrem Brief vom 15.4.1904: „Ich fühle mich so göttlich frei". „Weißt Du, daß Du im Hintergrund meiner Freiheit stehst, das macht sie so schön. Wenn ich frei wäre und hätte Dich nicht, so würde es mir nichts gelten". – Oder: „Manchmal scheint es mir gar nicht glaublich, daß ich Dich und Elsbeth und unser kleines Häuschen besitze. Und wenn ich dann darüber nachdenke, so fühle ich, daß es gerade dieser wundervolle, gewisse Besitz ist, der mir die Ruhe gibt, an all diese Dinge so gesammelt und glücklich heranzutreten".

In großen Zügen möchte ich Ihnen nun ein Bild unserer Ehe entwerfen. Unsere Kunst hatte uns zusammengeführt. Schon zu Lebzeiten meiner ersten Frau war Paula häufiger Gast in unserem Hause, oft war sie in meinem Atelier, lange und höchst interessiert vor meinen gezeichneten Kompositionen, die sie mehr liebte als meine Malereien. Ihre glühende Liebe zur Kunst neben ihrer anmutigen Erscheinung fesselten mich von Anfang an.

Als sie 1900 in Paris weilte, setzten wir den Verkehr brieflich fort. Da trat unerwartet der Tod meiner ersten Frau ein, durch deren schweres Leiden meine Tage sehr bedrückt gewesen waren.

Voller Hoffnung und Glück trafen sich unsere Neigungen zur wahren Freude ihrer Familie. Der spätere Konflikt unserer Ehe hatte im wesentlichen einen anderen Grund, als Sie es schilderten. Das werden Sie auch aus den Briefen ersehen, die ich in der neuen, vermehrten Auflage der Briefe und Tagebuchaufzeichnungen, die bei Kurt Wolff im Herbst erscheinen wird, veröffentlichen werde.

Unsere Ehe war kinderlos geblieben, meine Frau litt darunter und trug es anfangs für sich. Ich selber litt unter der Kinderlosig-

keit nicht. Ich hielt meine Frau nicht recht für die Mutterschaft geschaffen. Mein Gedanke war immer, daß ihr Leben ganz ihrer großen Kunst gewidmet sein sollte.
Meine Ahnung hat mich leider nicht getäuscht. – Nach brieflicher Aussprache folgte ich ihr im Herbst 1906 nach Paris, denn ich litt selbstverständlich bei meiner Hochschätzung und Liebe für ihr Menschen- und Künstlertum unter unserer Trennung, und wir verlebten zusammen einen köstlichen, harmonischen Winter in Paris, meine Frau fühlte sich alsbald Mutter werden zu ihrem großen Glücke.
Weihnachten waren wir zusammen in Bremen, Ostern 1907 kehrten wir nach Worpswede zurück.-
Wie hoch ich von Anfang an Paula als Künstlerin schätzte, schon zu einer Zeit, als sie Anfängerin war und noch keiner von ihr sprach oder etwas von ihr hielt, ersehen Sie aus meinen beiliegenden Tagebuchblättern.
Allen gegenüber habe ich sie verteidigt und ihr stets die Mittel und die Freiheit gegeben, ihrer Kunst ganz zu leben. Die Aufenthalte in Paris gewährte ich ihr gern.- Als sie sich damals von mir trennte, gab ich ihr weiter die Mittel, dort in Paris zu leben, wovon mich Heinrich Vogeler abzuhalten versuchte. Keiner betrat ihr kleines Atelier, auch Vogeler, mit dem wir sehr viel verkehrten und den Paula als Mensch schätzte, hat sich niemals um ihre Kunst gekümmert, was sie oft schmerzlich empfand. Stets und ständig vertröstete ich sie auf die Zukunft, die den Menschen schon die Augen öffnen werde. Sie nannte mich ihren getreuen Ekkehard.
Unsere Kunstrichtungen waren ja verschieden, das hinderte aber nicht, daß wir sehr glücklich und im anregenden Verkehr miteinander lebten, was ihre Briefe ja hinreichend bezeugen.
Paula schätzte Vogeler, wie gesagt, als Menschen und liebte den reizenden Verkehr in seinem gastlichen Hause. Seine spitze Kunst hat ihr nie gelegen, auch sein Kunstgewerbe nicht, das sie zu „prätentiös" nannte.
Das Märchenbild, das sie unter seiner Einwirkung hat entstehen lassen, war tatsächlich durch mich und meine Märchenkompositionen jener Zeit, die sie sehr liebte, angeregt. Scherzeshalber for-

derte ich sie eines Tages dazu auf, obgleich es ihr eigentlich nicht lag.
Als charakteristisch ist mir – um das hier aufzuführen – in Erinnerung geblieben, als sie in ihren letzten Lebenstagen einige Früchte auf der Bettdecke arrangierte und sie mit den Worten betrachtete: "Das sind meine Märchen".
Hoetger hat Paula in Paris 1906 kennengelernt, nicht 1903, wie Sie irrtümlich auf Seite 37 schreiben. Sie hat ihn also nur ein Jahr gekannt.
Erlauben Sie mir nun noch einige Worte über ihre Kunst. Es liegt mir im folgenden fern, an Ihren Darlegungen Kritik üben zu wollen, ich führe sie lediglich an als meine Beobachtungen und Erfahrungen. Ich möchte zunächst bemerken, daß Gauguin ihr sehr nahestand. Die Gedächtnisausstellung desselben im Salon d'Automne 1906 vermittelte besonders diese Bekanntschaft, die sich noch durch Besuche der Sammlung Fayet sehr verstärkte.
Außerdem war sie sehr von van Gogh angetan (z.B. die große Arlesierin La Berceuse, das Sonnenblumenstilleben etc.). Spuren dieser beiden findet man vielfach in ihren Werken.
Die Flächenaufteilung Cézannes, seine Licht- und Schattenführung, unbekümmert um den Gegenstand, die Aufteilung der Fläche innerhalb der Dinge lag ihr fern. Deutsche Photographien, nach Cézanneschen Landschaften, die ich mir gekauft hatte, waren ihr unverständlich, ja mußten es sein nach ihren damaligen Bestrebungen.
Vielleicht hätte sie später ihren Standpunkt geändert. Ihr Kunstziel drückte sie oft mit den Worten aus: „Das Ding an sich in Stimmung".
Paula liebte es, die Dinge mit möglichster Ausschaltung der die große Form leicht zerreißenden Licht- und Schattenwirkungen recht aus der Nähe zu schildern, darum malte sie, wie sie mir oft sagte, gerne Stilleben, und darum hatte sie geringeres Interesse an der Landschaft, wo das Ding an sich keine Rolle spielt und Fernwirkungen bedeutsam sind. Gerade die Raumtiefe durch intimste Nuancierungen gegeben, ist für Cézanne ja charakteristisch, wie es ja auch Emile Bernard schildert und mir Osthaus im vorigen Sommer aus Cézannes eigenem Munde erzählte.

Paula malt gewissermaßen alles als beseeltes Stilleben, das Ding an sich betonend, vom Gegenstand ausgehend. Cézanne war ganz frei vom Gegenstand, seine Stilleben wirken oft wie Unwetter, seine Früchte wie Blumen etc.
Paulas Farbe war ganz anderer Art wie die sanft bewegten, wogenden Flächen Cézannes. Sie schrieb im Sommer 1907 „Ich möchte das rauschende, volle, erregende der Farbe geben, das mächtige. Meine Pariser Arbeiten (1906/07) sind zu kühl und einsam und leer. Sie sind die Reaktion auf eine unruhige, oberflächliche Zeit und streben nach einfachem, großem Eindruck."- Sie schätzte die Arbeiten ihres letzten Pariser Jahres – um das hier anzuführen und denen man oft zu sehr fremden Einfluß anfühlt, nicht sehr.
Zu ihrem Leidwesen sah sie die Gedächtnisausstellung für Cézanne im Herbst 1907 nicht, auch die Sammlung Pellerin nicht, wo sie die pastos gemalten Köpfe aus Cézannes Frühzeit gerne gesehen hätte. Sie schätzte M. Denis, den sie auch besuchte. Ihre Andacht im Louvre verrichtete sie besonders vor den frühen Italienern, sie liebte die kleinen Legenden Fiesole's, die Schlachtenbilder Uccellos etc. In Köln begeisterten sie immer die Bilder der Alt-Kölner Schulen und im Musee Guimet in Paris war sie ständiger Gast vor den persischen Malereien, sie liebte das Grafsche Werk über die ägyptischen Portraits und eine Reihe Photos nach indischen Skulpturen, die ihr eine Tante mitgebracht hatte.
Jedes noch so mit Form gepaarte impressionistische Empfinden lag ihr fern. Liebermann war ihr ein Greuel, mit Rembrandt konnte sie wenig anfangen, noch weniger mit Rubens und Franz Hals.
Künstler, die Dinge fast ohne Luftwirkungen schilderten, wie jene Primitiven, kamen ihren Neigungen entgegen. Im Anfang interessierte sie sich für Böcklin, wir lasen das Schicksche Tagebuch, später hatte sich das fast ins Gegenteil gewandelt. Ein näheres Verhältnis verband sie dann später mit Marées, seine statuarischen Gestalten, seine absolute Ruhe waren ihr sehr lieb; alles Unruhige, Bewegte stieß sie ja ab, z.B. der leidenschaftliche, aufgeregte Delacroix. An Marées fesselte sie auch der technische Vorgang sehr. Von Marées hat sie den gemauerten, lagenweisen Farbenauftrag geradezu übernommen, den sie dann nach dem

Trocknen mit dem Messer glättete und dünn übermalte. In dieser Hinsicht reizte sie auch Descamps in seinen kleinen Bildern der Sammlung Thom, Thierry im Louvre und oft Courbet. Das Material, womit sie malte, war Öltempera (von Wurm München), nicht Ölfarbe, die sie pastos trocken ohne Malmittel auf saugendem Grunde anwandte. Nur bei schnell entstandenen Skizzen nahm sie die Farbe mit Malmittel verdünnt.

Ihre ungewöhnliche Selbständigkeit und ihr klarer Instinkt fanden früh ihren eigenen Weg. Aus obigem erhellte sich schon, daß die „Worpsweder" mit ihrer Kunst nichts zu tun hatten. Ihr Verhältnis zu Vogeler habe ich vorhin schon erwähnt. Zu Mackensen führte sie lediglich das Bestreben, sich im Zeichnen zu vervollkommnen.

Ihre Vorliebe für alles Tiefe und Satte in der Farbe, namentlich in der früheren Zeit, entstammte weniger der Sympathie für meine damalige Kunst als dem Charakter des schwertonigen Landes, das sie besonders in der Dämmerung und im Spätjahre liebte. Die hellen, klingenden Farben Frankreichs störten sie geradezu. Von sogenannter 'Heimatkunst' habe ich zu keiner Zeit etwas bemerkt.

Darf ich schließlich noch einige kleine Berichtigungen anfügen: Auf Seite 17 erzählen Sie, daß Overbeck und Frau und ich Paula Becker und Clara Westhoff in Paris besuchten und nach einigen schönen Wochen in fröhlicher Fahrt die beiden heim holten. Die Sache trug sich etwas anders zu: Es spielte sich in Wirklichkeit in jenen Tagen eine Tragödie ab, von Fröhlichkeit war keine Rede. Am dritten Tage unserer Anwesenheit in Paris erreichte mich die telegraphische Nachricht vom tragischen Tod meiner Frau. Am selben Tage fuhren wir ab. Paula Becker und Clara Westhoff folgten alsbald nach.

Die in ihrem Buche aufgeführten, also im Besitz von Frau Philine Vogeler befindlichen Werke gehören mir. Das Verzeichnis meiner Bilder weist große Lücken auf. Ich habe mir von Anfang an eine Reihe der schönsten Arbeiten reserviert (für meine Tochter), die ich fast nie gezeigt habe, weil mir von gewisser Seite zu sehr zum Verkauf zugesetzt wurde. Daß diese Arbeiten nicht die schlechtesten sind, können Sie sich denken; einige derselben (von den in

Ihrem Verzeichnis fehlenden) habe ich auf der jetzigen Kollektivausstellung in Dresden ausgestellt. Ich besitze auch die beiden wohl bedeutendsten Selbstportraits Nr. 46 und 47, die Sie irrtümlich als Frauenbildnisse bezeichnen. Folgende Bilder aus meinem Besitz fehlen in Ihrem Verzeichnis: (es folgen 48 Titel)

Ich möchte noch erwähnen, daß der „Junge" auf Nr. 79 ich selbst bin und daß die Schlüsselblumen der Nr. 247 Huflattichblüten sind, die sie als erste Frühlingsboten Worpswedes und wegen ihrer dekorativen Wirkung besonders liebte, es sind die „Gelben von der Kuhle" ihres Tagebuchs.

Wäre nicht eine kurze Schilderung ihrer anmutigen Persönlichkeit für einen Freund ihrer Kunst wertvoll und interessant? Ich füge einige Aufzeichnungen, die ich im Januar 1901 niederschrieb, während sie in der Brautzeit in Berlin „kochte" bei, die einen Anhalt in dieser Hinsicht geben.

Wichtiger noch scheint mir zu ihrer Charakterisierung ein Hinweis auf ihre Arbeitsart. Wer das aus der Nähe sah, wie ich, war geradezu ergriffen und man räumte ihr gern alles aus dem Wege, um ihr behilflich zu sein. Gleich nach dem Frühstück verließ sie das Haus, das sie nur zu den Mahlzeiten wieder aufsuchte, alle Stunden des Tages ihrer Arbeit hingegeben. Der Sonntagmorgen war in ihrem Atelier stets dem Betrachten und Besprechen ihrer Wochenarbeit gewidmet. In Paris im letzten Jahre ging ihr Arbeitseifer so weit, daß sie am Tage das Atelier kaum verließ, und nur des Abends zum Essen fortging, trotzdem sie sich in anderen Umständen befand. Ich suchte sie manches Mal davon abzuhalten, weil es mir über ihre Kräfte zu gehen schien und ich um sie besorgt war, sie lehnte es mit dem Hinweis ab, daß sie ihre Lebenszeit, die vielleicht nur kurz wäre, ausnützen müßte.

In welchem Kontrast zu ihrer ernsten und großen, naiven und rührenden Menschlichkeit steht die Art, wie gewisse Kreise sich jetzt die Bedeutung ihres Werkes zu Nutze machen. Zunächst darf i c h absolut nichts von ihrer Größe gewußt und geahnt haben, s i e haben sie „entdeckt". Wenn sie sich der Werke nach ihrem Tode nicht angenommen, dann wären sie untergegangen. Sie sind geschäftig am Werke, ihre Taschen zu füllen mit ihrem Ruhm.

Die Sache wird noch soweit kommen, daß ich die Dinge der Öffentlichkeit übergeben muß. Wie gern hätte ich Ihnen damals „Das Mädchen auf dem Stuhle" verkauft, das jetzt in der Kunsthalle hängt. Mir wurde es von Hoetger rund abgeschlagen mit der Bemerkung, daß er sich unter keinen Umständen trennen wollte (wofür er 800,- Mark gegeben). Und was geschah: unmittelbar darauf verkaufte er selbst das Werk an Sie. Es ist tief bedauerlich und schmerzlich für mich, daß gerade um die reine und hohe Persönlichkeit dieser Frau sich ein Kreis von Menschen bemüht, der mit seiner gewinnsüchtigen Gesinnung so schlecht zu ihrem Andenken paßt.
Mein Schreiben ist länger geworden als ich gedacht; ich hoffe, Sie verübeln mir nicht meine Offenheit. Ich ließ mich nur von dem Bemühen leiten, dem Andenken dieser seltenen Frau, mit der ich das Glück hatte, einige unvergeßliche Jahre zu verleben, ein wahrheitsgetreues Denkmal zu setzen. Keiner hat wohl solche Einblicke in ihr Wesen tun können, wie ich. Es wäre mir schmerzlich, wenn dauernd die Schilderung meines Verhältnisses zu ihr in der Weise, wie es in Ihrem Buche geschehen, festgelegt wäre. Ich bedauere es sehr, daß wir uns vorher nicht über das Thema unterhalten haben. Ich darf mich wohl der Hoffnung hingeben, daß Sie bei der nächsten Auflage eine Änderung im obigen Sinne vornehmen werden.

Dr. Gustav Pauli an Otto Modersohn, Hamburg, 1. Juli 1919:

Für Ihren Brief vom 19., den ich nach kurzer Abwesenheit in München hier vorfinde, kann ich nur danken. Ein Autor sollte sich ernstlich viel mehr über Berichtigungen und sachliche Kritik freuen, die seine Arbeit verbessern, als über Lobsprüche, die ihm für gewöhnlich nur schmeicheln.
Sehr bedaure ich es nun, nicht vorher ausführlich mit Ihnen gesprochen zu haben. Zweimal mißglückte die Absicht, Sie zu sehen und zu sprechen. So war ich für das Bild der Persönlichkeit Ihrer Gattin auf ihre gedruckten und einige ungedruckte Briefe angewiesen und auf Unterhaltungen mit einigen ihrer Freunde – abgesehen von dem Eindruck ihres Werkes und dem sehr flüch-

tigen ihrer lebenden Persönlichkeit. Daß sie von der Mutter und dem Bruder zu ihrer Zeit nicht sonderlich gewürdigt worden sei, hatte ich gehört und konnte es mir aus dem Eindruck von Unterhaltungen wohl denken. Nun bestätigen Sie es selber.
Wenn ich nun Offenheit mit Offenheit erwidern darf, so will ich gestehen, daß es mich gewundert hat, daß Sie fast alle der bedeutendsten Bilder von Ihrer Gattin an Herrn Hoetger und, wie ich von Frau Ph. Vogeler verstanden habe, an diese verkauft haben. Was ich in Ihrem Besitz sah, schien mir dem gegenüber weniger beträchtlich zu sein, meist Studien, von denen ich manche absichtlich weggelassen habe. Sollte es zu einer neuen Auflage kommen, was ich für sehr wohl möglich halte, so werde ich selbstverständlich Ihre Korrekturen sorgsam berücksichtigen und die von Ihnen vermißten Bilder und Studien ansehen, und, soweit es sich mit meiner Auffassung und Überzeugung verträgt, Nachträge oder Änderungen vornehmen. -
Für das Verzeichnis der Arbeiten und Ihrer Besitzer bin ich, wie es nicht anders möglich war, den Angaben Ihrer Angehörigen, auch den Ihrigen gefolgt. (Natürlich habe ich – mit Ausnahme eines in England bewahrten Bildes, alles gesehen). Aber von den von Ihnen angeführten Besitzern in Dresden, Bremen, Braunschweig und Hamburg war mir von Ihnen keiner genannt, als ich Sie 1917 befragte und als es noch Zeit war, Korrekturen einzufügen.
Sehr ärgerlich ist mir nun die Preissteigerung von den Bildern Ihrer Gattin durch die beiden Frauen Vogeler und Hoetger. Nachdem ich die Hamburger Kunsthalle übernommen hatte, habe ich wiederholt versucht, etwas wichtiges zu erwerben. Hoetger lehnte mehrmals ab mit dem Bemerken, er wolle überhaupt nicht oder nicht mehr verkaufen – wie ich recht vermutete, um die Preissteigerungen abzuwarten, zu der natürlich jede Publikation wieder etwas beiträgt. Eben jetzt hat mir der Dr. Löhnberg in Hamm für die Alte mit den über der Brust gekreuzten Händen einen so exorbitanten Preis abverlangt (offenbar auf Grund einer Belehrung durch die Damen Vogeler), daß ich dem Besitzer erwidern mußte, noch nicht die Hälfte seiner Forderungen schienen mir (und nicht mir allein) als der faktischen Nachfrage entsprechend berechtigt zu sein. Auch mir ist es übrigens begegnet, daß Herr Hoetger mir

die Absicht, zu verkaufen, bestritt und daß mir sehr bald darauf ein ihm gehöriges Bild von anderer Seite, durch Vermittler angeboten wurde. Beide Male zu übertriebenen Preisen.
Mit wiederholtem Dank für Ihren aufklärenden Brief und mit verbindlichen Grüßen, Ihr ergebenster Pauli

Kaum hat Otto Modersohn die Irrtümer berichtigt, die Gustav Pauli seiner Auffassung nach unterlaufen sind, sorgt ein neuer Skandal für Aufregung. Der Worpsweder Maler Ewald Dülberg (1888–1933), in Hamburg tätig als Lehrbeauftragter und Theatermaler, hatte bereits das Gerücht von der „Färbung" des Briefbuches über Paula Modersohn-Becker in die Welt gesetzt. Jetzt behauptet er, Modersohn lebe von den Arbeiten seiner verstorbenen Frau und sonne sich in ihrem Ruhm, „an dem er keinen Anteil" habe. Darüber hinaus unterstellt Dülberg Louise Modersohn-Breling, sie bediene sich bei der Signierung ihrer „eigenen dillettantischen Machwerke"

Otto Modersohn, Elsbeth und Mathilde Modersohn, Ulrich, Louise und Christian Modersohn, um 1920

der Initialen Modersohn-Beckers. Otto Modersohn lasse dieses ruhig zu, erregt sich Dülberg, und billige es der geschäftlichen Ausschlachtung wegen.

„Wir arbeiten uns also nach Ihrer Ansicht gegenseitig in die Hände, um die Welt zu täuschen um niedrigster, gemeinster, materieller Gesinnung wegen“, schreibt Louise Modersohn-Breling am 29. Oktober 1919 an Ewald Dülberg:

Erschwerend ist dabei der Umstand, daß Sie diese unerhörte Anschuldigung nicht an mich persönlich, sondern an eine dritte Person richten, bei der Sie meinen Mann und mich verdächtigen wollen.
Ich habe niemals ein Bild mit dem Monogramm PMB unterzeichnet. Ich heiße Louise Modersohn-Breling, an diesem Namen gibt es nichts zu deuteln! (...) Wenn Sie sich meine dilettantischen Machwerke ernsthaft angesehen hätten, mußten Sie meine besonders klare Signierung, ein deutliches LMB, das auch handschriftlich absolut keine Ähnlichkeit mit dem PMB der Paula Modersohn-Becker hat, erkennen.

„Ich nehme die Behauptung, die ich gar nicht beabsichtigt hatte, Sie legten sich einen falschen Vornamen zu, also durchaus zurück und bedaure, daß mir dieser Irrtum unterlaufen ist“, entschuldigt sich Dülberg am 1. November 1919 in einem Brief an Louise Modersohn-Breling, will sich aber dennoch nicht von seiner „persönlichen Meinung“ distanzieren, daß allein die Initialen MB für Verwirrung sorgen:

Meine persönliche Meinung darüber geht dahin, daß ich es für eine eher merkwürdige Taktik halte, Bilder mit Initialen – ob sie nun objektiv zur Führung dieser Initialen berechtigt sind oder nicht – eines Künstlers zu signieren, dessen Ansehen und Ruhm feststehen, und dessen Werke auf dem Kunstmarkt sehr hoch notieren. Erschwerend ist für mich dabei der Umstand, daß – wieder nach meiner persönlichen Meinung – Ihre Bilder durchaus dilettantisch sind, nur daß der naive und trotzdem aus Gründen der Kunstmarkt-Konjunktur kauflustige Betrachter durch die

Verwendung der Initialen sehr leicht irre geführt werden kann. Denn er wird, wenn er kunstpolitisch orientiert ist, wohl wissen, daß eine Frau Modersohn als eine große Künstlerin gilt, kann aber unmöglich wissen, daß die jetzige Frau Otto Modersohns auch malt, und daß ihr Mädchenname zufällig auch mit einem B anfängt. Ob durch diese Signatur tatsächlich eine Irreführung erfolgt ist, weiß ich nicht.

„Herr Dülberg", erwidert Louise Modersohn-Breling dem Maler umgehend, „aus Ihrem Antwortschreiben vom XI 19, das ich heute erhielt, ersehe ich, wie groß Ihr Vorurteil gegen mich sein muß (...) Ich finde, es ist etwas ganz anderes, ob ich PMB oder MB oder LMB unterzeichne:

Sie unterschlagen wieder vollständig das L. aus dem Grunde, weil dann Ihre ganzen Beschuldigungen hinfällig sind. Hätte ich MB unterzeichnet, so hätte mich allerdings niemand daran hindern können. Immerhin hätte ich einen Laien oder Kunstverständigen täuschen können und das wäre in der Tat eine schändliche Handlung meinerseits.
Ein jeder, der eine Arbeit der Paula Modersohn kaufen will, wird niemals ein Bild kaufen, das mit LMB signiert ist!!
Aus diesem Grunde und weil mein Mann und ich solchen üblen Verdächtigungen gegenüber völlig ahnungslos waren, bin ich gar nicht darauf gekommen, meine Bilder anders denn mit meinem eigenen Monogramm zu unterzeichnen. Übrigens hat Paula Modersohn selten ein Bild selbst signiert, sondern es gewöhnlich nur mit einem Datum versehen. Die Signatur PMB stammt meist von meinem Mann, der an ihrer statt als einzig Beglaubigter unterzeichnen und bezeugen mußte, falls dieses von einem Käufer oder Händler gewünscht wurde, daß das Bild von seiner verstorbenen Frau stamme.
Um Sie, respektive Hoetger ganz zu befriedigen, müßte ich also das Malen und Ausstellen am besten ganz aufstecken – oder – mich von meinem Manne scheiden lassen, damit ich nicht mit seiner zweiten Frau verwechselt werden kann, oder – ich müßte

einen anderen Namen annehmen. Leider verspüre ich hierzu keine Lust.
1. Ich werde weiter malen mit Lust und aus eigener Kraft.
2. Ich werde weiter die dritte Frau Otto Modersohns heißen.
3. Ich werde meinen Namen einer Paula Modersohn wegen, die ich hoch verehre und schätze, nicht ändern, denn ich habe es nicht nötig, weil ich eine andere bin und niemals mit ihr verwechselt werden kann und weil ich die ruhige lachende Sicherheit habe, daß ich mich selbst mit meiner Persönlichkeit noch einmal durchsetzen werde.
Auch in dieser Beziehung nehme ich gerne den Kampf mit Ihnen auf, Herr Dülberg! (...)
Fischerhude, 5. November 1919

Nach den Bremer Kunstkämpfen anläßlich des van Gogh-Ankaufs 1911 und der großen, von Gustav Pauli präsentierten „Internationalen Kunstausstellung" 1914 mit Werken der Maler des „Blauen Reiter" und mit Gemälden von Paul Cézanne, Vincent van Gogh, Georges Braque, Henri Matisse und Pablo Picasso, kommt es nach Ende des Ersten Weltkriegs zu erneuten Auseinandersetzungen um die aktuelle Kunst in der Hansestadt. Dieses Mal sind es die Expressionisten, die im Zentrum der heftigen Debatten stehen. Emil Waldmann, nach dem Wechsel von Gustav Pauli an die Hamburger Kunsthalle 1914 nun neuer Direktor der Kunsthalle Bremen, gründet 1918 eine „Gesellschaft der Kunstfreunde" mit dem Ziel, die Hanseaten mit der expressionistischen Kunst vertraut zu machen. Zu den Mitgliedern des Vereins gehören nicht nur Bremer Bürger wie die Familien Schütte oder Roselius, sondern auch zahlreiche auswärtige Kunstinteressierte und Sammler. In den Jahren 1918 bis 1922 kauft die „Gesellschaft der Kunstfreunde" zahlreiche expressionistische Gemälde, Aquarelle und Graphiken: Ernst Barlach ist vertreten, Erich Heckel, Paul Klee, Oskar Kokoschka, Wilhelm Lehmbruck, Emil Nolde, Franz Radziwill und Karl Schmidt-Rottluff. Presse und Publikum reagieren vorwiegend mit Empörung auf die Ausstellungen und Neuhängungen in der Kunsthalle. Besonders heftig erregen sich die Gemüter angesichts der Bilder von Karl Schmidt-Rottluff, einem Gründungsmitglied der „Brücke". Die hanseatische Presse „Bremer Nachrichten“ und „Weser Zeitung“ titulieren seine Kunst als „reine Dekorationsware“, sprechen von „Plakatstil“ und „malerischem Nichtkönnen“ und finden seine Arbeiten „abstoßend“. Die Diskussion konzentriert sich kaum auf künstlerische Inhalte, eher wird polemisch argumentiert und vorschnell verurteilt.

Louise Modersohn-Breling, die sich von einer talentierten, die Maler des „Blauen Reiter“ und der „Brücke“ bewundernden Autodidaktin in der Tendenz immer mehr zu einer Künstlerin der Neuen Sachlichkeit entwickelt, ärgert sich über die öffentlichen Angriffe auf Schmidt-Rottluff. In einem „Offenen Brief“, der am 12. Januar 1920 in den „Bremer Nachrichten“ erscheint, ergreift sie mutig Partei für ihren Kollegen:

> *Die Kunst soll jetzt auf Flaschen gezogen werden! Das wollte das laienhafte Publikum von jeher so gerne! Ja, wenn wir das vermöchten, wäre allen geholfen, nur nicht der Kunst. Trotzdem muß man gerecht sein und bleiben. Die Menschheit hat es wirklich schwer. Gerade hat sie sich auf einen Ismus eingestellt, mit Mühe und Not, viele haben auch irgendeinem Heiligen, der durch die Kunstgeschichte längst festgestellt ist, einen Altar in ihrem Herzen errichtet, da kommt so ein herzloser Schmidt-Rottluff und malt frech krebsrote Akte und jedes anständige Herz ist empört ... Alle Logik und Verstand der ganzen Welt sind nicht imstande, Kunst zu machen und aufzunehmen. Kunst wird nur aus dem Unterbewußtsein heraus geboren und doch wird sie leider oft nur aus dem Verstande entwickelt und vom Verstande aufgenommen. An dieser Sünde beteiligen sich alle Richtungen und der größte Teil des Publikums. Man denke aber, was für unentwirrbare Irrtümer daraus entstehen müssen – und verzeihe.*
>
> 12. Januar 1920

Dieser Beitrag ist Emil Waldmann „eine sehr große Hilfe“, für die er der Malerin am 13. Januar 1920 seinen „herzlichen Dank“ ausspricht.

Künstlerisch bringen die Zwanzigerjahre bei Otto Modersohn eine Auseinandersetzung mit neuer französischer Malerei, insbeson-

Auf Reisen, Louise Modersohn-Breling und Otto Modersohn, um 1920

dere Cézanne, und dem Formenvokabular des deutschen Expressionismus. Auf mittelgroßen Leinwänden und Pappen entstehen stille Landschaften des flachen Landes um Fischerhude – „Sommerliche Dorfstraße in Fischerhude“. Modersohn ringt um die Flächenform im Bild. „Ich will eine gesteigerte, konzentrierte Formung, die man Expressionismus nannte“, notiert er am 10. Mai 1921 in seinem Tagebuch. „Ich will die Naturformen zu Trägern meiner Ideen machen, so entsteht etwas Neues, Seelisches“.

Den Frankfurter Kokoschka mit seinen Farbkünsten mochte ich sehr gern. Ähnlich war Paula. Wie großzügig, borstig faßte sie ein Bild an. Bei ihr gab's nur Gefühle, kein Gefühlchen. Dieses Reduzieren auf's Wesentliche ohne Leermachen war ihre Stärke. – Worpswede! Für einige Zeit habe ich wieder genug. Gestern im Auto mit Roselius für einige Stunden dort. ... Müller mit Bettina Vogeler feine Farbe. ... Heinrich Vogeler... er fängt wieder an zu malen – Gott sei Dank, endlich. Das Hoetger-Haus. Eine Theaterstimmung à la Wagner... halb Urgermanentum, halb raffinierter Komfort.
6. Mai 1922

14. Kapitel

Neue Begegnungen

Wertheim, Allgäu 1922-1927

Frühsommer 1922. Fischerhude wird vorübergehend zum Reiseziel und Aufenthaltsort einer Gruppe auswärtiger Malerinnen und Maler, die sich mit einigen ansässigen Künstlern anfreunden. Man trifft sich zum gemeinsamen Arbeiten und gegenseitiger Kritik, nimmt die Mahlzeiten miteinander ein und versammelt sich bei Regenwetter zum Zeichnen und Malen im Haus der Modersohns, in der "Akademie Modersohn", wie die Künstler witzeln. Fritz Mühsam aus Berlin ist da. Aus Hamburg sind Friedrich Ahlers-Hestermann (1883-1973) und seine russische Frau Alexandra Povorina (1885-1963) gekommen. Hestermann, der 1907 mit dem Kreis um das Pariser Café du Dôme befreundet und 1909 an der Akademie Matisse in Paris war, lehrt inzwischen in Hamburg. Er lernte seine Frau Alexandra Povorina 1912 in Paris kennen, wo sie im sogenannten „Russen-Atelier" arbeitete und mit Archipenko und Brancusi befreundet war.

Die Idee der Künstler, ihre gemeinsame Zeit in Fischerhude im Spätsommer am Main fortzusetzen, stößt bei Louise und Otto Modersohn auf Begeisterung. Sie sagen spontan zu. Das Abreisedatum wird auf den 14. September gelegt.

Zusammen mit ihren Söhnen Ulrich, 9, und Christian, 6, fahren sie über Wertheim in das nahe gelegene Dorf Kreuzwertheim und beziehen dort eine preiswerte Pension: „Wir sind hier sehr gut aufgehoben und leben billiger als in Fischerhude, da Lolo mit Hilfe einer Kochkiste die Küche besorgt. Gemüse, Kartoffeln, namentlich Obst gibt's im Überfluß und zu sehr billigen Preisen. Das Nest ist sehr altertümlich und malerisch (...) Die beiden Buben staunen die fremde Welt, die Berge, das rege Flußleben an. Lolo und ich gehen morgens und nachmittags zum Malen aus und unsere Wände bedecken sich mehr und mehr mit Bildern.“ Bevorzugte Arbeitsthemen sind die kleinen Gassen und Winkel der Stadt und die beiden alten Kreuzwertheimer Ortstürme aus dem 14. Jahrhundert. Kräftige, teilweise dunkle Farben bestimmen die Palette. Der künstlerische Austausch zwischen dem Ehepaar ist intensiv. Zusammen mit den Kindern besucht man Museen und Kirchen, kehrt hier in einem Gasthof zum Essen ein, dort in einem Café. Ende September stößt die fünfzehnjährige Tochter Mathilde noch für zwei Wochen dazu. Während dieser gemeinsamen Ferienzeit der Familie entsteht Louise Modersohns Portrait ihrer Stieftochter: „Tille Modersohn mit rotem Kleid“.

Die Freunde malen an verschiedenen Standorten in Wertheim und treffen sich nach dem Malen zum künstlerischen Austausch. Modersohn fühlt sich ausgesprochen angeregt. „Auch die Menschen haben uns so gut gefallen, diese Hilfsbereitschaft, Gefälligkeit, Liebenswürdigkeit, welche die Franken auszeichnen“, wird er, zurück in Fischerhude, schreiben.

Der Wertheimer Kreis um Ahlers-Hestermann und Modersohn wird um die ungarische Malerin Margit Graber (1895-1993) erweitert und auch die Würzburger Malerin Gertraud Rostosky (1876-1959) kommt dazu. Die aus Riga gebürtige Künstlerin hatte nach einem Parisaufenthalt 1903 an der Münchner Akademie studiert und war eng mit dem Dichter Max Dauthendey befreundet. Zwischen ihren Reisen und Auslandsaufenthalten lebte sie immer wieder auf dem Familiensitz „Neue Welt“ in Würzburg, wo ihr zwei große Terrassen als ideales Freiluftatelier dienten. Dort feierte sie mit ihren Logiergästen unter blühendem Flieder und dichtbelaubten Kastanien extravagante Sommerfeste.

Ein knappes Jahr später, zu Beginn ihrer Reise nach Süddeutschland vom 31. Juli bis zum 29. August 1923, machen die Modersohns erneut einige Tage in der Maingegend, in Iphofen und Sulzfeld Station, wo wieder mehrere Bilder enstehen: „Unsere Bude war mäßig, sehr nett war der Blick auf alte Giebel, vorn ein Gärtchen, von grauen Mauern umgeben. Auf den Dächern gurrten fast den ganzen Tag die Tauben, mit Gegurre wachten wir auch immer auf. Das hatte eine Ludwig-Richter-Stimmung. Weniger schön war es, daß wir Wanzen hatten, worunter namentlich Lolo sehr litt. Ich ging stets bekleidet zu Bett, sogar mit Handschuhen. Aber fast jede Nacht wurde Jagd gemacht und allerlei zur Strecke gebracht. Die Sauberkeit ließ überhaupt zu wünschen übrig. Das war im vorigen Jahr in Wertheim besser." Eine in diesen Wochen entstandene Zeichnung im Reisetagebuch „OM und LM im Bett auf Wanzenjagd" dokumentiert das Problem. Auf der Rückreise besucht Louise Modersohn auf dem Landgut „Neue Welt" bei Würzburg die Malerin Gertraud Rostosky, um einen Portraitauftrag auszuführen, und macht Bekanntschaft mit dem ungarischen Maler Bela Czóbel (1883-1976).

Otto Modersohn, Tagebuch:

> *Auf dieser Reise habe ich eine sehr wichtige Erfahrung gemacht. Einfachheit, Vereinfachung ist das Wichtigste, nicht bloß in der Form, sondern noch mehr in der Farbe (...) Alles kommt darauf an, daß ein Bild „stark" ist. Paula redete immer davon und diese Vereinfachung, Zusammenfassung in Form und Farbe, ist das Hauptmittel, ein Bild stark zu machen (...) Ein Klang, nicht soundsoviele. Mit je weniger man auskommt, desto besser. Alles Überflüssige – raus!*
>
> 10. September 1923

Mit einem Familientag in Bad Salzuflen am 26. Juni 1924 beginnt für Otto und Louise Modersohn die vierte ihrer Frankenreisen, die insgesamt bis zum 16. September dauern wird. Vom 1. bis zum 17. Juli sind Otto und Louise Modersohn wieder Gast bei Getraud Rostosky auf ihrem Gut „Neue Welt" in Würzburg. „Gewiß war vieles interessant – wir lernten Würzburg gut kennen, die Gegend um die Neue Welt, am wichtigsten war mir die Bekanntschaft mit der Familie Czobel (...) Lolo badete oft Luft mit Czobels; einmal überraschte ich die ganze Gesellschaft, wie sie im Badekostüm vor ihrer Hütte unter einem Wallnußbaum lagen, das genierte aber weiter nicht. – Würzburg ist eine sehr feine Stadt; der Markt mit seiner Fülle von Blumen und Früchten wirkt ganz südlich. Residenz und Hofgarten sind prächtig. Mainbrücke und Mainwinkel sehr interessant. Wir machten einige Einkäufe in der Stadt; Louise kaufte sich ein Dirndlkleid, ich einen grasleinenen Anzug, Hut und Schuhe." Am 17. Juli fahren sie nach Wertheim, wo sie zwei

Tage später, am 19. Juli, ihre beiden Söhne Ulrich und Christian in Empfang nehmen, die hier bis zum 19. August ihre Sommerferien verbringen werden. Otto Modersohn, Reisetagebuch: „Und damit begann eine wunderschöne Zeit in menschlicher und künstlerischer Hinsicht. In letzter Hinsicht wohl die wichtigste und schönste seit langer, langer Zeit. Unser altes Zimmer bei Frl. Hellinger in Kreuzwertheim war sehr angenehm; die Freiheit nach dem Zwange in Würzburg behagte uns besonders. Wertheim, das wir von früher ja in bester Erinnerung hatten, ist wirklich ein entzückendes Nest; hochmalerisch und urgemütlich. Die wundervollen alten Gäßchen regten namentlich Lolo zu einer Reihe feiner Bilder an."

Der Studienaufenthalt in Wertheim von 1924 ist auch für Louise Modersohn-Breling außerordentlich produktiv. Trotz häufig schlechten Wetters und sogar Hochwassers malt sie täglich. Allein in diesem Jahr entstehen 30 Bilder.

Otto Modersohn muß sich in Mainfranken künstlerisch mit einer für ihn gänzlich neuen Landschaftsstruktur befassen. Die Auseinandersetzung mit Luft und Atmosphäre in einer hügeligen, von den Ausläufern des Spessarts und des Odenwalds sowie von den Tälern des Mains und der Tauber beeinflußten Landschaft wird ein wichtiges Thema. Er malt bei Regenluft, bei bedecktem Himmel und bei Sonne. Aber nicht nur die neue Umgebung, sondern auch die Gespräche mit den Kollegen geben Anregungen und haben einen nicht unbedeutenden Einfluß auf sein Schaffen. Man setzt sich intensiv mit den Ideen und Werken von Paul Cézanne, Vincent van Gogh und Henri Matisse auseinander. Cézanne bleibt das große Vorbild für die Lösung des künstlerischen Problems, wie diese Hügellandschaft mit ihren Verschiebungen und Staffelungen malerisch zu gestalten sei. Ausgehend von den Diskussionen der deutschen und ungarischen Künstler, die zuvor im Café du Dôme in Paris und in der Ecole de Paris gewesen waren, beschäftigt sich der Künstlerkreis mit den französischen Nachimpressionisten, mit den Nabis und den Fauves, deren Bilder eine eigenartige, ineinander verschrankte Flächenkonstruktion zeigen. „Mein Ideal ist es, räumlich zu wirken und doch in der Fläche zu bleiben, im Gegensatz zum Naturalismus", notiert Otto Modersohn. Nach Worpsweder Tradition hat er bisher auf saugendem Kreidegrund gemalt. Jetzt, 1924 in

Franken, entdeckt er den Nessel als idealen Grund, der ihm ein Malen der weichen Übergänge mit samtener Stofflichkeit ermöglicht.

Oft habe ich gedacht, für meine Bilder müßte ich eine ähnliche Technik finden wie für meine gezeichneten Kompositionen. Durch einen Zufall habe ich sie in Wertheim gefunden. Hätte ich wie bisher auf gekauftem Malleinen oder Pappe (Öl- oder Kreidegrund) gemalt, hätte ich sie nie gefunden. Da ich hier solche Malgründe nicht haben konnte, versuchte ich es mit starkem Nessel, den ich mit Leimwasser und dann mit Weimarer Grund (aus Leim, Kreide, Leinöl) präparierte, so daß er nicht oder doch sehr wenig saugte. Dieser Malgrund kommt all meinen Wünschen entgegen. Meine Kompositionen damals waren mehr geträumt als gezeichnet, gewissermaßen aus dem Innern, Unbewußten entstanden (Das Zufällige benutzte ich). Das machte sie so eigenartig und künstlerisch. Ein Bild von mir muß auch mehr geträumt als gemalt sein – auf diesem Grunde kann ich das. Die Malerei wirkt auf ihm reich und geschmeidig, wie Samt oder Seide, wie Emaille oder Perlmutt, wohl wegen des feinen Gewebes, das ganz anders ist als bei Leinwand. Die Töne haben etwas ungemein Reizvolles, Blumiges, Kleinodien- und Juwelenhaftes; man kann so geheimnisvolle oder märchenhafte Wirkungen erzielen.
August 1924

Freiheit ist von höchster Wichtigkeit. Man muß seinem Stoff ganz frei gegenüberstehen, darf nie an kopieren denken. Kunst ist eine Neuschöpfung an Hand oder auf Grund der Natur. Darin liegt gerade die Freude beim Schaffen (...) Man muß die Natur nach seinen Vorstellungen umgestalten (...) Eine freie Auffassung erzeugt auch eine freie Technik und nur wer beides in seinen Bildern zeigt, ist ein wahrer Künstler. Neben der Freiheit ist Intimität mein höchstes Ziel.
August 1924

Man muß hinter das Urgesetz der Natur kommen, wonach sich Farben und Formen bilden und ordnen.
1924

„Roter Turm am Kittsteintor“ heißt das 1924 in Wertheim entstandene Gemälde, das Dr. Emil Waldmann Anfang des Jahres 1925 für die Bremer Kunsthalle erwirbt. Modersohn sei der einzige der alten Worpsweder, der sich konsequent im malerischen Sinne weiterentwickelt habe, begründet Waldmann seine Wertschätzung und attestiert dem kurz vor seinem 60. Geburtstag stehenden Maler künstlerische Beweglichkeit und Frische der malerischen Auffassung: „Seinen Sinn für Farbe vertiefte er und malt nun Bilder, die an gleichmäßig bewegtem Rhythmus der Farbe weit über seinen früheren Arbeiten stehen.“ Das Bild zeigt die angeschwollene, trübe, lehmgelbe Tauber am „Roten Turm“, einem Rest der Stadtbefestigung, davor die sich spiegelnden, vom Hochwasser bedrohten Gartenhäuser der Wertheimer Familien Cammerer und Flad. Das helle, kleinere Gartenhaus am linken Bildrand sucht man heute vergeblich, es mußte abgerissen werden.

Um einer Feier seines 60. Geburtstags am 22. Februar 1925 in Fischerhude zu entgehen und lieber einen „großen künstlerischen Genuß“ zu erleben, entscheiden sich Otto und Louise Modersohn zu einer Kunstreise, die zehn Tage dauern und über Emden nach Holland führen soll. Am Spätnachmittag des 20. Februar treffen sie im Haus des befreundeten Kunsthändlers Max de Beer und seiner Frau in Emden ein, bei denen Modersohn bereits im Oktober des vergangenen Jahres ein paar Tage verbracht hatte, um einige Herbstbilder zu malen, die in Emden ausgestellt werden sollten. „Sonnabend, 21. Februar machten wir verschiedene Bummel mit de Beers durch Emden. Sonntag, 22. Februar – de Beers gratulieren mit einem großen Blumenstrauß, dann bekam ich einen Tabakbehälter geschenkt (...) Abends waren wir bei Dr. Beek eingeladen, der mir am Morgen einen Blumenstrauß gesandt hatte. Ich kannte ihn vom vorigen Herbst her, er hatte zwei Bilder von mir gekauft, eine kleine Moorlandschaft und den herbstlichen Kanal mit dem Boot aus Emden. Der Abend wurde sehr fidel – eine Flasche nach der anderen wurde entkorkt – schließlich kam Sekt – Lolo und de Beer wurden etwas beschwibst – wir kamen erst gegen zwei Uhr fort, dem Doktor viel zu früh.“ Am 23. Februar fahren Otto und Louise Modersohn über Groningen und Zwolle nach Amsterdam, wo sie das Rijksmuseum, das Stedelijk und das Rembrandthaus beeindrucken. „Die Krone war natürlich Rembrandt", notiert der Maler, aber auch „der herrliche Franzosensaal". Weitere Stationen ihrer Reise sind das Frans Hals-Museum in Haarlem und die Sammlung Helene Kröller-Müllers in Den Haag.

Am Nachmittag gingen wir zum Mauritshuis am Plein. Da gab's nun fabelhafte Bilder: herrliche Rembrandts, (David und Saul, der Bruder Adrian, Zwei Neger, ein kleiner Kopf), herrlich gefühlte Malerei, wie ich weniges kenne, oft dünn wie ein Hauch (der Neger) oft gemauert im Licht; ferner Velasquez, Holbein, Rubens, Frans Hals, einer noch schöner wie der andere. Vermeer, die herrliche Ansicht von Delft in merkwürdiger Technik – sehr ausgeführt und dabei sehr frei, oft punktiert, der köstliche Mädchenkopf in lichtblau und schwefelgelb mit köstlichen zart roten Lichtern, – eine antike Szene mit Diana – van der Neer etc.
Man konnte sich schwer trennen. Dann fuhren wir mit der Elektrischen nach Scheveningen: Riesenpaläste eine unendliche Menge, viele Mädchen in reizender Tracht, Hauben, in farbigen Röcken. Wir gingen einen langen Seesteg entlang bis zu einem großen Pavillon weit draußen im Meer und tranken dort Milch. Herrlich war der Blick über das abendliche Meer. In übervoller Elektrischer nach der Stadt zurück – vorbei am Friedenspalast – an herrlichen Villen und Parkanlagen. In unserem Hotel fanden wir kaum Platz, eine riesige Menschheit aß dort vegetarisch von netten Kellnerinnen bedient. Am Abend besuchten wir ein Kino – vor uns saß ein französisches Pärchen.
Reisetagebuch, Februar 1925

Kaum ist das Ehepaar am Abend des 3. März 1925 zurück in Fischerhude, werden, angeregt durch mehrere Aufforderungen und Einladungen von Gertraud Rostosky und Frau Czobel aus Würzburg, schon wieder Reisepläne für den Sommer geschmiedet. Eindeutig fühlen sich die Modersohns am wohlsten, wenn sie unterwegs sein, neue Eindrücke gewinnen, mit Freunden zusammen und ganz in ihrer Kunst aufgehen können. Der Aufenthalt in Würzburg soll vom 12. Juli bis zum 10. August dauern, dann, so der Plan, wird es noch ein paar gemeinsame Sommerferienwochen mit

Ulrich und Christian geben. So fahren sie im Anschluß an die Zeit in Würzburg mit den beiden Söhnen über Augsburg ins Allgäu, in eine Berglandschaft, die Gertraud Rostosky ihrem Besuch aus Norddeutschland als sehenswert geschildert hat. „Eine neue, wunderbare Welt empfing uns. Überall Touristen mit kurzen, ledernen Hosen, bloßen Beinen, blauen Kitteln, Hüten mit Gamsbärten", berichtet Modersohn in freudiger Überraschung über den kurzen Zwischenaufenthalt in Wertach, wo das Ehepaar übernachtet, bevor es sich am nächsten Morgen, ein Postwagen ist mit dem Gepäck schon vorausgefahren, zu Fuß nach Unterjoch aufmacht. „Es war ein herrlicher Weg. Berg auf, Berg ab, an rauschenden Wassern, an ragenden Felsen, dichten Wäldern vorbei, hier und da ein einsames Gehöft, die Dächer mit Steinen beschwert." Sattgrüne Bergwiesen rechts und links, auf denen graubraune Kühe mit langen Hörnern und mächtigen Glocken grasen. In der Ferne ein Kirchturm, am Horizont das Bergmassiv. Die beiden Wirtinnen Regina und Maria Gehring, zwei „sehr sympathische, anfangs schwer verständliche, ältliche, dünne Weibchen, echte Allgäuerinnen" bereiten den Gästen einen herzlichen Empfang: „Das Haus war blitzsauber, weiß gescheuerte Dielen, bunt gestreifte, selbst gefertigte Läufer. Unser Zimmer war sehr freundlich mit üppigem Blumenflor (wie überall) vor den Fenstern".

Das Malerpaar durchwandert die Landschaft auf der Suche nach Motiven, macht Bergtouren, besichtigt den Kurort Hindelang: „Das Wetter war sehr unsicher. Wir wanderten früh nach Oberjoch. Ungeheure Einsamkeit – 1400 m hoch – ein winziges Kirchlein. Wir warteten im Wirtshaus auf die Ankunft des Postautos. Die Fahrt auf der Jochstraße von 1400 m bis 800 m in Serpentinen war großartig. Der Chauffeur mußte gespannt aufpassen, immer bremsen, der Blick ins Tal auf Hindelang, rings hohe Berge, war großartig!"

Als nach einer Woche endlich der Koffer mit den Malutensilien in Unterjoch eintrifft, stürzen sich die beiden Künstler in die Arbeit: „Wir gingen unseren Lieblingsweg nach Oberjoch zu, bei himmlischem Wetter und ich malte den Blick in die sonnige Bergwelt, vorn Tannen, auf den Wiesen überall Herbstzeitlose. Louise saß etwas über mir bei der Sennerei." Emotionale Nähe, Vertrautheit und ein intensiver künstlerischer Austausch haben für beide, vor allem aber für Louise, eine äußerst fruchtbare Schaffensphase zur Folge. Von ihrem Mann in ihrer Malerei ermutigt und in großer Entfernung zu den aufreibenden Anforderungen des Alltags in Fischerhude, kann sie hier sie selbst sein und ihr künstlerisches Potential entwickeln.

Den Stadtbildern, die sie in Franken gemalt hat, folgen nun stark farbige Landschaftsbilder und realistisch-expressive Portraits von Allgäuer Charakterköpfen. Eine Notiz der Künstlerin: „Es heißt jetzt immer, der Maler habe die Natur nicht nötig. Weil man eine Scheu vor dem öden Naturalismus bekommen hat, möchte man die Natur am liebsten ganz beseitigen und nur selbst erfinden. Ich habe immer gefunden, daß nur die Natur die merkwürdigsten Farben und Formen hat, so merkwürdig, wie sie bisher kein menschlicher Geist erfunden hat und je erfinden wird. Diese Farben und Formen in ihrer ganzen Feinheit und Stärke zu empfinden und zu übertragen in einer persönlichen Sprache, mit aller Kühnheit und Wahrheitsliebe, deren man fähig ist, muß unser Bemühen sein." Auch wenn sie ihr Motiv unmittelbar in der Natur sucht und studiert, geht es der Malerin nicht um eine genaue Wiedergabe des Gesehenen, sondern um dessen spontanes Erfassen und „verwegenes, kurzes Ausführen". Ihr künstlerisches Credo: „Die enorme Feinheit und Schönheit der Natur empfinden und doch nur ihr leidenschaftliches Gerüst und ihre Größe sehen und vermitteln und sonst nichts, das ist, was man tun muß".

Modersohn selbst stellt im Anschluß an die letzten Mainlandschaften vor allem Blicke über Hochflächen auf Berge vor dem Himmel dar. „Abendsonne im Gebirge", „Hütte bei Oberjoch" oder „Sommertag im Illertal" betitelt er seine jetzt entstehenden Bilder.

Im Spätsommer 1926 beginnen Otto und Louise Modersohn ihre Reise in den Süden wieder mit einem Aufenthalt auf dem Hofgut „Neue Welt" der inzwischen fünfzigjährigen Künstlerin Gertraud Rostosky in Würzburg, die den Besuch am 5. September 1926 in einer Portraitstudie festhält (Städtische Galerie, Würzburg). Danach reisen sie zum Malen nach Unterjoch/ Allgäu und bleiben bis zum 2. Oktober. Otto Modersohn, Reisetagebuch: „Herrliche Zeit – gemeinsame Arbeit".

Bremen, 2. Juni 1927. In der Böttcherstraße wird das „Paula Becker-Modersohn-Haus“ eingeweiht. Bauherr ist der Bremer Kaufmann und Eigentümer der Kaffe-Handels-Aktiengesellschaft (Kaffee HAG), Ludwig Roselius (1874-1943), sein Architekt der seit 1918 in Worpswede lebende Bernhard Hoetger. Roselius und Hoetger kennen sich seit jenem Jahr. Das Haus ist dem Andenken der Worpsweder Künstlerin gewidmet und soll der Öffentlichkeit ihr zeichnerisches und malerisches Lebenswerk präsentieren.

Über fünfhundert Gäste aus dem In- und Ausland nehmen an dem Festakt teil, darunter der Präsident des Deutschen Reichstages, Paul Löbe, Reichskanzler a.D. Hermann Müller, der frühere Reichswehrminister und jetzige Oberpräsident der Provinz Hannover, Gustav Noske, der Architekt Walter Gropius, der Schriftsteller Roda-Roda, Carl Emil Uphoff und Heinrich Vogeler. Zu den Geladenen gehören natürlich auch die Familie Becker, vertreten durch Paulas Bruder Kurt Becker-Glauch, sowie Otto Modersohn und Bernhard Hoetger.

Ludwig Roselius in seiner Rede anläßlich der Eröffnungsfeier:

München, Darmstadt, Berlin und andere Städte zollten der Gruppe Bremer Künstler in Worpswede hohe Anerkennung, als noch das Gros der ehrenwerten Bremer Kaufleute sonntags in die Kunsthalle zog, um die Freilichtmalerei mit offenem Gelächter ihren Freunden als besonderen Jux vorzuführen. Und die Klugen von damals, welche Verständnis für Vogeler, Hans am Ende, Mackensen, Modersohn, Overbeck und Vinnen predigten, wiesen entrüstet als höchsten Dilettantismus die Bilder von Paula Becker-Modersohn zurück. So mußte sie eigentlich zu uns kommen. Nur so konnte sie unter uns leben – in ihrer Kunst abgelehnt, verkannt und verlacht von jedermann. Vogeler und Hoetger, die ihre große siegreiche Kraft erkannten, gelten auch heute nicht viel in Bremen, der eine nicht, weil er neue Wege der Kunst führt, der andere nicht, weil seinem Pinsel für Biedermeier-Romantik keine Farbe mehr einfloß und er auszog, um für Menschenrechte zu kämpfen. Da war noch Rainer Maria Rilke. Die Paula hatte also drei Jünger.

Die These von den drei Jüngern provoziert Kurt Becker-Glauch spontan zum Widerspruch. In seiner Rede stellt er fest:

> *Sie war auf ihr eigen Gericht und ihre Kritik angewiesen. Außer von seiten ihres Mannes und von seiten Professor Hoetgers, leider nur in den kurzen Pariser Monaten von 1906, hat sie von keiner Seite auch nur Beachtung, geschweige denn Förderung und Anerkennung gefunden. Selbst Heinrich Vogeler, der nahe Freund und nach ihrem Tode ihr begeisterter Apostel, hat zu ihren Lebzeiten, soviel ich weiß, nicht einmal ihr Atelier betreten. Mit einer schier unbegreiflichen, traumwandlerischen Selbstsicherheit ist diese Frau zu ihrem Ziele, ich kann nur sagen, gerannt.*

Ludwig Roselius, der Paula Modersohn-Becker nach eigener Aussage ein einziges Mal begegnet ist, hat sich ihrer Kunst erst lange nach ihrem Tod genähert. Zum einen aufmerksam gemacht durch die Publikation einer Auswahl von Briefen und Tagebuchaufzeichnungen der Künstlerin in der von der Kaffee HAG herausgegebenen literarischen Monatszeitschrift „Die Güldenkammer" im Jahr 1913, zum anderen vermutlich angeregt durch Heinrich Vogeler und das von Franz und Philine Vogeler geführte „Kunst und Gewerbe Haus" in Worpswede, wo seit 1906 neben Heinrich Vogelers Werken auch Arbeiten der anderen Worpsweder Maler ausgestellt werden – neben Paula Modersohn-Becker, seit 1914, ebenfalls Bernhard Hoetger – zeigt sich der Kaffee-Kaufmann und Kunstmäzen zunehmend begeistert von der „Malerin der Wahrheit", wie er Paula Modersohn-Becker bezeichnet. Sich seines Urteils immer sicherer, beginnt er, seine Sammlung aufzubauen. Zu einem der ersten Bilder, die Roselius ankauft, gehört das im Besitz von Mathilde Becker befindliche „Kind auf rotgewürfeltem Kissen" von 1904. Über den Kunsthandel von Philine Vogeler in Worpswede kann Roselius kurz darauf das „Stilleben mit Äpfeln und grünem Glas" von 1906 kaufen, das Heinrich Vogeler im selben Jahr von der Künstlerin erworben hatte. 1922 verkauft Otto Modersohn das Bild „Häuser, Birken und Mond" an Roselius und im selben Jahr kommt aus der hannoverschen Sammlung Hermann Bahlsen das große Bild „Blasendes Mädchen im Birkenwald" nach Bremen.

Allein zwölf Ankäufe sind für 1927, das Jahr der Eröffnung des Paula Becker-Modersohn-Hauses belegt, darunter die berühmten Werke „Liegende Mutter mit Kind", die beiden Portraits von Lee Hoetger „Brustbild Lee Hoetger" und „Bildnis Lee Hoetger" und das „Bildnis Rainer Maria Rilke". Die „Alte Armenhäuslerin" gelangte 1928 in den Besitz von Ludwig Roselius und im Jahr 1929 kaufte der Mäzen Mathilde Modersohn das berühmte „Selbstbildnis am 6. Hochzeitstag" von 1906 für zehntausend Reichsmark ab.

Es besteht kein Zweifel, daß die wachsende Verehrung der früh verstorbenen Malerin Paula Modersohn-Becker und alle damit zusammenhängenden Entwicklungen immer größere Schatten auf Louises Leben werfen. Ihre Rolle als dritte Ehefrau des Malers Modersohn, als zweifache Mutter, Stiefmutter von zwei Töchtern, die aus zwei verschiedenen Ehen stammen und als Künstlerin, der man öffentlich vorwirft, sie wolle im Ruhm ihrer Vorgängerin mitschwimmen, ist außerordentlich belastend. Es ist darum nicht verwunderlich, daß die junge Frau zunehmend nach Möglichkeiten sucht, der öffentlichen Häme und dem komplizierten familiären Umfeld in Fischerhude zu entfliehen. Bereits am 9. Mai 1924 hatte Modersohn in einer Tagebuchnotiz vermerkt, seine Frau fühle sich oft allein und unverstanden. „Gewiß ist sie leicht heftig, aber vielleicht oft aus starkem, unerwiderten Gefühl." Mit dem für ihn charakteristischen Hang zu kritischer Selbstbetrachtung und Selbstbezichtigung warf er sich vor, daß er sich zu sehr absondere und seine eigenen Wege gehe, statt sich mehr um sie zu kümmern: „Ich muß mich mehr ihren Gedanken und Arbeiten widmen." In einer Notiz vom 19. September 1919 hatte er ihre ungewöhnliche Form von Naivität betont, die in seinen Augen dazu führte, daß sie sich sehr allein, von vielen Menschen enttäuscht und mißverstanden sah. 1927 versucht Louise, die alljährliche gemeinsame Studienreise ins Allgäu immer mehr auszudehnen und läßt Modersohn allein nach Hause reisen, bevor sie sich, Wochen später, zur Rückkehr entschließt. Das Allgäu wird für sie immer stärker zu einem wichtigen Ort und Bezugspunkt, an dem sie sich frei und eigenständig fühlen und künstlerisch arbeiten kann. Die Sehnsucht nach ihrer Familie ist dennoch groß.

Louise an Otto Modersohn:

Deinen lieben Brief habe ich erhalten. Du hoffentlich auch inzwischen den meinen. Ich glaube, ich bin nach Oberjoch gegangen, um zu malen, nachdem ich ihn geschrieben hatte. Morgens schien die Sonne und es war schwül, aber über dem heißen Loch brüteten finstere Nebel, die sich immer mehr verdichteten. Ich ging trotzdem malen und hatte Glück und malte ein Nebelwallen – aber der Pappgrund befriedigte mich nicht. Es war schade um das Bild. Vielleicht kann ich es zu Hause als Studie benutzen. Ich hatte bis drei Uhr nachmittags gemalt. Dann platzte ein Regen los, gerade war ich fertig. Habe das Bild in ein Haus gebracht und wurde durch und durch naß auf dem Heimweg. Von da an blieb das Wetter regnerisch bis auf vorgestern Nachmittag. Da hatten wir herrliche Sonne und ich ging nach dem Malen nach Oberjoch, mein Bild zu holen. Kaum angelangt, kam ein Gewitter mit einem furchtbaren Regen und durchdringender Kälte und durch den Nebel sah man, daß der Iseler und die Tiroler Berge Schneehäupter hatten. Ich regnete auf dem Heimweg wieder durch, konnte das Bild nicht transportieren und ging gestern mit einem großen Packpapier bewaffnet wieder im Regen nach Oberjoch. Diesmal brachte ich es heim. Nachmittags hatte es wieder tüchtig geschneit (...) Wie mag es Dir, liebster Otto, auf dem Flachlande behagen? Ich hoffe, Du gewöhnst Dich bald. Ich fange an, mich nach Euch und Fischerhude zu sehnen, trotz Arbeit und ich möchte bald abbrechen und machte neulich abends darüber Andeutungen. Alle protestierten, besonders mein alter Johannes, der den Kopf recht tief hängen ließ und mir erklärte, einige Berge müßte ich doch vorher bestiegen haben! Es rührte mich sehr zu sehen, wie sie alle an mir hängen. Aber einmal muß doch geschieden sein.

27. August 1927

Das Paar schreibt sich viele Briefe. Die Zeiträume werden länger, in denen die Malerin von zu Hause fort ist. Im Jahr 1928 bricht sie bereits Anfang März ins Allgäu auf, allein. Zwei ihrer Schwestern, Olga und Haina, sind ihr schon voraus gereist und empfangen sie in Wertach. Die Korrespondenz aus dieser Zeit weist auf große Spannungen zwischen den Eheleuten hin. Die Stimmung ist stark getrübt. Louise klingt verärgert. Über ihren Mann und vor allem über das Verhalten ihrer beiden Stieftöchter Elsbeth und Mathilde. „Tille wird eingenommen gegen uns“, hatte Otto Modersohn bereits am 19. November 1923 notiert, als es nach der Rückkehr des Ehepaars von der Franken-Reise im Herbst zu ersten Konflikten gekommen war. „Ich kann das Kind nicht im Stich lassen. Lolo wird seltener hingehen (nach Bremen).“

Es gehe ihr „körperlich nicht besonders“, schreibt Louise Modersohn an ihren Mann und kündigt an, sie müsse „pausieren“. Kopfschmerzen und Husten wechseln mit Darmkatarrh und Unterleibsbeschwerden. Mit an Verzweiflung grenzender Ungeduld appelliert der Maler an den Familiensinn seiner Frau und bittet sie dringend, nach Hause zu kommen.

Du bist nun auf der großen Wanderung, meine Gedanken suchen Dich. Ich kann mir Dein jetziges Leben so wenig vorstellen, das macht mich unglücklich. Ich habe solche Sehnsucht nach Dir, ich möchte Dir nahe sein im Geiste. Ich bin so glücklich in meiner Kunst, ich entbehre Deine Nähe, ich möchte Dir alles zeigen, mit Dir meine liebsten und schönsten Gedanken austauschen. Wir müssen uns wieder nahe kommen, wie früher; es muß eine geistige Erneuerung geben, das ist mein fester Gedanke, meine liebste Lolo – das muß werden und kann werden – ich hoffe es zuversichtlich. Und dann müssen wir unsere Wohnungsfrage lösen. Nur glaube ich nicht, daß ich dauernd in die bayerische oder Allgäuer Gegend passe – weißt Du, die Menschen und die Natur liegen mir nicht recht. Wertheim damals, später Würzburg, das war mir schon vertrauter, aber dort unten möchte ich wohl aus menschlichen oder gesundheitlichen Gründen mal leben einige Zeit, aber dauernd kann ich es mir nicht denken. Ich würde verkümmern, und das geht doch nicht. Wir müssen doch sehen, unsere Gefühle in Einklang zu bringen – das muß uns gelingen und wird uns auch gelingen. Früher war Dein Traum: ein Obstgut am Main, ob das doch nicht eine gute Idee war, was meinst Du? Aber die Hauptsache muß doch unsere Kunst sein. Ich bin jetzt wirklich mit meiner

Kunst auf einem feinen Punkt und Du wirst es auch werden – ich werde Dir ein mächtiger Anreger werden und dann stellen wir zusammen im Herbst eine erstklassige Kollektion aus. Du kannst ja so viel, Du mußt nur Deine Ausdrucksmittel finden, wie ich sie finden mußte, das sagte auch Mühsam von Dir.
Fischerhude, 23. März 1928

15. Kapitel

Wenn nur die Gegend die richtige ist

Gailenberg 1928 – 1930

Meine liebste Lolo! Es ist ja rührend, was Du Dir für Mühe gibst, um unsere Wohnungsfrage zu lösen. Wenn sie doch bald zu einem guten Ende käme! Wenn nur die Gegend die richtige ist. – Aber der Gedanke ist mir ganz sympathisch, hier oben erst vor Anker zu bleiben wegen der Verdienstmöglichkeiten und da unten eine kleine Sommer (resp. auch Winter-) Wohnung zu haben, die evtl. sogar etwas einbringt (Milchwirtschaft) – vielleicht entwickelt sich daraus mit der Zeit eine Fremdenpension (mit Milchwirtschaft und Kunstsalon!). Es ist jedenfalls sehr gut, wenn Du Dich ordentlich orientierst und umsiehst, dann sehe ich mir im Sommer alles mit Dir gründlich an. Gut wäre es sicher, wenn wir beide mal eine längere Zeit dort unten lebten, um zu erfahren, wie es einem gefällt in jeder Hinsicht (...) Gehst Du noch nach Unterjoch? Und vor allem, wann kommst Du heim? Doch zu Ostern? (...) Die Jungen müssen in der Woche nach Ostern (am Mittwoch) wieder zur Schule. Ulrich lassen wir erst noch ein Jahr in seiner Schule, denke ich. Schreibe noch bald über Deine Heimreise, ob wir es so machen wollen, daß ich Dir bis Hannover entgegen fahre in der Karwoche oder Woche nach Ostern. Gestern war Tille hier, fährt morgen nach Jena. Frl. Wendling sorgt rührend vom Morgen bis zum Abend unermüdlich – eine Perle. Wo befinden sich eigentlich Deine Koffer? Wenn Du den großen nicht mehr brauchst, schicke ihn doch per Fracht nach hier. Hast Du 100 M. in Birgan erhalten?
Fischerhude, 1. April 1928

„Ich bin froh, daß Du meinen Ideen freundlich geneigt bist“, antwortet Louise Modersohn ihrem Mann am 5. April, bezweifelt, ob sie zu Ostern kommen wird, weil es ihre Gesundheit nicht zulasse, und schickt einen Strauß Krokusse, Enzian und Schneeglöckchen für den Ostertisch nach Fischerhude: „Gieße und pflege sie und denke an mich wie ich an Dich (...) gerade habe ich von Koppenstätter mein Horoskop bekommen. Ich habe noch nicht viel gelesen, weil ich müde bin. Nur so viel: er schreibt unter anderem für meine zweite Lebenshälfte 2 Wohnorte zur gleichen Zeit. Also wird es vielleicht doch etwas mit Milch und Kunst."

„Hättest Du Dir doch kein Horoskop bestellt – wenn es Ungünstiges enthält, wirst Du daran immer denken; das ist für Dich sicher sehr schädlich. Versuch' es möglichst zu vergessen, Du weißt, wie ich dagegen bin." Otto Modersohn macht sich Sorgen. Einerseits um die Gesundheit seiner Frau, die immer wieder über Schwächezustände klagt, zum anderen befürchtet er, sie könne sich auf ihrer Suche nach einer geeigneten Wohnung oder einem Haus zu voreiligen Entscheidungen hinreißen lassen, die mit seinen Vorstellungen von einer gemeinsamen Existenz nicht zu decken sind. „Manches ist mir unklar in Deinen Briefen", drückt er seine zunehmende Ungeduld vorsichtig aus. Möge sie doch bitte nach Fischerhude kommen, damit man alles mündlich besprechen und sich vor allem Gedanken über die schulische Zukunft der Söhne machen könne.

Otto Modersohn wartet. Malreisen nach Tecklenburg und Emden, die er gern zusammen mit seiner Frau machen würde, verschiebt er in der Hoffnung auf ihre baldige Rückkehr. „Wo weiltest Du?" fragt er voller Sehnsucht.

Wie mag es Dir gehen, hoffentlich gut. Ich denke immer an Dich und unsere Zukunft. Du bist mir der liebste und nächste Mensch auf der Welt. Ich habe die größte Freude an den Kindern, ich liebe sie wie Du. Sie sind doch unser Schatz und Reichtum, unsere Zukunft, das Unterpfand unserer Liebe (...) Ich habe Dich immer geliebt, nur läßt man sich manchmal gehen am Alltag. Du wirst einen anderen wiederfinden, als Du verließest. Von nun an beginnt ein neues Leben: in diesem Gefühl werden wir alle Schwierigkeiten überwinden. Die Wohnungsfrage werden wir bestimmt jetzt lösen. Ich bin vielleicht zu anspruchslos, zu saumselig gewesen, jetzt werde ich handeln – mit Dir im Bunde werde

ich mit allem fertig. Wenn Du willst, ist die Wohnungsfrage bald gelöst. Im Herbst können wir im eigenen Hause wohnen. Und weißt Du wo? in Daverden. (...) Ich bin gespannt, was Du zu meinem Plan sagst, es hängt nur von Dir ab; ich bin entschlossen, dort zu bauen. Die Kinder wohnen bei uns und gehen in Verden in die Schule. In den Ferien können wir nach dem Allgäu fahren, dort auch ein Blockhaus errichten und festes Domizil haben. Aber die Verdienstmöglichkeiten mit meinen Verbindungen hier kann ich nicht aufgeben, das sagte mir T. am Sonntag noch und neulich Dr. Waldmann.
Fischerhude, 11. Mai 1928

„Ich bin mit allen deinen Plänen einverstanden", antwortet Louise Modersohn ihrem Mann am 15. Mai 1928 aus Hindelang. Aber ihre Zeilen klingen distanziert. Sie fühlt sich nicht gut, ist oft erkältet, muß im Bett liegen. „Schalte und walte nach Belieben. Vielleicht wird noch alles gut, wenn ich besser bin. Laß' mir um Gottes Willen Zeit. Nach Fischerhude ginge ich niemals. Otto, handle! Es ist höchste Zeit!" Modersohn erschüttert die Entschiedenheit, mit der ihm seine Frau die Unmöglichkeit ihrer Rückkehr nach Fischerhude deutlich macht. Aus seinem Brief vom 25. Mai 1928 geht hervor, daß sie ihm im Anschluß an ihre Zeilen vom 15. Mai noch einen zweiten Brief geschrieben hat, in dem sie ihren Mann sogar mit der Absicht einer endgültigen Trennung konfrontiert und diese hauptsächlich mit ihrer Krankheit begründet. „Dann wollen wir doch Deine Besserung abwarten, ehe wir endgültig entscheiden", antwortet Modersohn und beschwört seine Frau, an die vielen Gemeinsamkeiten, ihre Liebe und ihre Kinder zu denken und „nicht nur an das Dunkle und Trübe": „Von Fischerhude gehen wir natürlich fort. Ich will für eine neue Wohnung sorgen. Auch ein Blockhaus im Allgäu oder am Bodensee wollen wir haben. Für Dein und der Kinder Wohl will ich <u>alles</u> tun. Das soll der Inhalt und der Zweck meines Lebens sein – sonst hat es keinen Sinn und Wert mehr für mich."

In seinem Fischerhuder Atelier sucht der Maler nach möglichen Erklärungen für Louises bedrückenden Gesundheitszustand, das zermürbende Auf und Ab ihrer Stimmungen, die zwischen heiterer

Gelassenheit und grüblerischer Schwermut schwanken. Weil er befürchtet, seine kranke Frau könne im Allgäu nicht die notwendige Pflege bekommen, schlägt er ihr eine mehrwöchige Kur in einem der bekannten Bäder vor: „Mag es kosten, was es will. Ich möchte Dich unbedingt gesund machen, meine allerliebste Lolo." Er schickt ihr Mittel, die ihren Husten heilen sollen, rät ihr zu heißen Kompressen und kalten Wadenwickeln, zu Milch und Kräutertee, packt Pakete mit Schuhen und Kleidern und sendet ihr Geld in einem Umschlag. 4. Juni 1928: „Mit Deinen Fortzugsplänen von Fischerhude bin ich durchaus einverstanden. Es wird sich alles, alles klären. Ich will Dir so gern helfen und ich kann Dir auch helfen. Ich kann und will für Dich jedes Opfer bringen, meine liebste, beste Lolo. Ich will Dich gewiß nicht drängen, ich kann warten. Verzeih, wenn ich es manchmal vorher tat, mir fehlte die rechte Einsicht. Ich weiß, daß alles gut vorübergeht."

Im Gegensatz zu ihrem Mann, der ihr eine Flut von Briefen schickt und detailliert berichtet, läßt Louise Modersohn, inzwischen seit zehn Monaten fort von zu Hause, nur selten von sich hören. Manchmal steckt sie einen kleinen Wiesenblumenstrauß in einen Briefumschlag oder sendet ein Rehgeweih an die Söhne. Lange geht sie mit keinem Wort auf die Frage ihres Mannes ein, was sie davon halte, wenn er in den Sommerferien mit den beiden Jungen zu ihr ins Allgäu reiste.

Ich muß natürlich Frl. Wendling mitnehmen, die so unermüdlich schafft und eine Erholung sehr nötig hat: sie sieht sehr blaß aus. Sie macht alles, aufwaschen, nähen, sogar abends im Garten – abends sitzt sie nur eine Stunde im Zimmer, sonst ist sie immer auf den Beinen. Es wird ja allerlei kosten, aber daran ist nichts zu ändern. Vielleicht kochen wir selbst, um es zu verbilligen. Ob wir nun dort in Hindelang bleiben oder in Unterjoch, kannst Du besser beurteilen. Mir ist alles recht. Ich will nicht so viel malen, möchte mich auch etwas erholen. – Von Leipzig erwarte ich 1000 M., damit können wir die Reise bestreiten. Tischner schickt jeden Monat 500 M. Von Münster bekomme ich 250 M. Ich freue mich, daß ich das Geld zusammenbringe, ohne die Reserven anzugreifen. Wie kann man dafür dankbar sein (...) Die Jungen haben

unter dem Dachvorsprung von Freeses Stall sich aus Brettern und Kistendeckeln eine Hütte gebaut, außen ein Plakat „Villa Höhenluft", ausgestattet mit Decken, Kissen etc. Ulrich studiert jeden Abend seine Vögelbücher, beobachtet alles mit wirklichem Verständnis – er ist viel ruhiger wie früher, was allen auffällt. Er macht mir wirklich Freude. Mit wahrer Leidenschaft gehen sie mit mir zum Malen und sitzen neben mir und pinseln, ganz reizend. Sie haben noch nie so gut ausgesehen.-
Fischerhude, 11. Juni 1928

Also Du hast ein Plätzchen gefunden für uns. Denke es mir schön dort, habe alle verfügbare Literatur nachgelesen. Man kann gewiß schöne Touren machen (...) Wenn Du noch besondere Wünsche hast, schreibe es mir bitte gleich. Frl. W. singt den ganzen Tag, so freut sie sich – die Jungen zählen Tage und Stunden. Ulrich schreibt Vogelbeobachtungen auf, kennt alle Nester in und um Fischerhude. Hoffentlich erholen wir uns alle dort, namentlich Du. Warst Du vielleicht in Lindau? Was macht dein Husten? Ist er jetzt besser? Und das übrige? Die Ruhe ist gewiß dort herrlich und die Verpflegung ist auch gut dort, wie Du schreibst; das ist eine Hauptsache. Wir essen hier jeden Tag dicke Milch.-
Ende August findet eine Fischerhuder Künstlerwoche statt mit Ausstellung aller Künstler auf Körbers Diele, Aufführungen etc. Reingewinn wird unter die Künstler verteilt. Man rechnet mit ca 400 M. pro Kopf. Werde von Dir auch Bilder bereit stellen. In dieser Woche kommt eine Kommission aus Hannover nach Worpswede, um Ankäufe für die Provinz zu tätigen als Unterstützung für die Künstler. Schade, daß ich meine letzten und besten Bilder verkaufe, ohne daß Du sie siehst.
Fischerhude, 4. Juli 1928

In den Sommerferien 1928 reist Otto Modersohn mit seinen Söhnen Ulrich und Christian ins Allgäu und ist am 20. August wieder in Fischerhude.

Gesundheitlich und stimmungsmäßig geht es ihm nicht gut. Er ist jetzt 63 Jahre alt. Die Zähne schmerzen, die Augen, der Rücken, der Kopf. Er leidet unter Schlafstörungen. Seine Arbeit wird durch Atelierbesuche und Ausstellungsvorbereitungen unterbrochen, durch Einladungen und Gespräche mit den Lehrern wegen der schlechten Zeugnisse von Ulrich und Christian. Modersohn kümmert sich um den Konfirmandenunterricht seines Ältesten und überwacht die Schularbeiten. Er macht sich Sorgen um seine Tochter Elsbeth, die an einer Blindarmentzündung erkrankt ist, und muß seiner Schwiegermutter Amalie Breling zur Seite stehen, die oft zu ihm kommt, unglücklich über die Abwesenheit ihrer Tochter Louise, kränkelnd und häufig in finanzieller Not. Im Garten müssen die reifen Äpfel und Birnen geerntet, beim Bauern Kartoffeln und Karotten für den Winter gekauft und eingekellert werden, die Jungen brauchen neue Anzüge.

Gedanklich ist Modersohn ununterbrochen bei seiner Frau in den Allgäuer Bergen. Es ist ihm rätselhaft, warum sie sich so stark verändert hat, woher ihr Unmut rührt, der sich seit dem vergangenen Herbst immer mehr in ihr festgesetzt zu haben und zunehmend gegen das gemeinsame Zuhause, gegen Fischerhude und gegen ihn zu richten scheint. Er möchte mit ihr reisen. Nach Paris, Straßburg, Ascona, wohin sie mag. Käme sie wieder, wäre er sogar bereit, sein Atelier für sie zu räumen und sich selbst einen Arbeitsraum zu mieten und wenn sie wollte, würde er ihr Malkurse in Paris oder Berlin finanzieren. Verzweifelt ringt er um ihre Liebe: „Ich kann nicht ohne Frau leben".

Louise Modersohn reagiert zwar freundlich, aber ihre Stimmung ist gereizt. Zu tief sitze ihre Furcht vor allem, was mit Fischerhude zusammenhänge, als daß sie jemals dorthin zurückkehren könne, erklärt sie ihrem Mann noch einmal in aller Deutlichkeit, zu groß seien die Kränkungen gewesen, die man ihr dort und in Bremen zugefügt habe, zu heftig und zu häufig die Spannungen mit ihren Stieftöchtern.

Es ziehen Wochen, Monate ins Land. Weihnachten naht. Eine Lösung des ehelichen Konflikts scheint nicht in Sicht. Das Gespräch findet schriftlich statt. Ihre finanzielle Not sei so groß, daß sie häufig nur von Milch und Brot lebe und noch nicht einmal genügend Geld für Medikamente, Arzthonorare und Bäder habe, klagt Louise Modersohn und macht ihrem Ärger über die wirtschaftliche Abhängigkeit von ihrem Mann Luft. Stimmungstiefs und ein „furchtbarer

Druck" auf der Seele wechseln mit ihrem Glück darüber, in der Bergwelt des Allgäus alte Chroniken und Sagen zu finden, die ihr als Stoff für ihre Märchenbücher dienen. Sie schreibt und träumt weiter von dem kleinen Blockhaus in preiswerter Gegend mit „Garten, Hühnern, Milchschaf, Spalierobst, Blumen. Kinder, Ruhe und Arbeit." „Sorge Dich nicht wegen der Zukunft!", versucht sie ihren Mann zu beruhigen. 18. Oktober 1928: „Ich weiß bestimmt, daß ich bald viel Geld verdiene, außerdem brauchen wir nicht so viel zu verdienen wie in Bremen (...) Also ein bescheidenes Häuschen, dabei gute Wirtschaftsräume und Atelier, Wohnküche, keinen Salon. Ich will nicht nur ein Haus, sondern eine spätere Existenz für die Kinder."

Ein Holzhaus am Bodensee? Eine Kuh, ein Schaf, Hühner, Blumen, Kohl und Salat? Märchen und Bilder? „Ob das zum dauernden Niederlassen das richtige für uns ist?", fragt Modersohn mit einem tiefen Seufzer. Seine Furcht vor einer grundsätzlichen Veränderung des persönlichen und künstlerischen Standorts ist vor allem aus wirtschaftlichen Gründen groß. Die bedrückenden Auswirkungen der Weltwirtschaftskrise machen sich inzwischen auch in Deutschland bemerkbar. Otto Modersohn am 17. November 1928 an seine Frau: „Wir müssen ja an unsere Existenz denken. Alle warnen mich, zu weit von hier fort zu gehen (...) Ich möchte meine Existenz nicht auf's Spiel setzen, nicht der Kinder wegen, die mich noch lange brauchen und nicht deinet- und meinetwegen."

Tille war kürzlich 2 Tage in Bremen zu ihrer Großjährigkeitserklärung, ich war einen Tag mit ihr zusammen. – Denk' Dir mal, bei einer großen Auktion einer Sammlung Dr. Ganz/Luzern bei Cassirer wurden für 4 Bilder von Paula 31,500 M. bezahlt! Die große Dreebeen 10,500, Italienisches Mädchen 9000, Stilleben mit Blumen und Schmetterling 7900. Der alte Bredow (Pastell) 4100 M. Ihre Preise waren mehr als doppelt so hoch wie Liebermann, Corinth, Derain, Matisse etc., nur van Gogh ist höher (...). Elsbeth schreibt voller Heimweh nach Fischerhude. Ihr Besuch war mir eine Wohltat; sie war voller Verständnis, Teilnahme und Hoffnung; Jugendtorheiten sind ganz überwunden.
Fischerhude, 17. November 1928

Louise Modersohn-Breling, um 1930

Louise Modersohn-Breling vor dem Haus am Gailenberg bei Hindelang im Allgäu, um 1930

Die Lage entspannt sich erst im Frühjahr 1930. Aller Groll ihrem Mann gegenüber scheint vorüber, als Louise Modersohn ihm berichten kann, endlich jenes Haus gefunden zu haben, von dem sie seit Jahren schon träumt. Es ist eins von dreizehn alten Bauernhäusern, die den kleinen Weiler Gailenberg bilden, der hoch am Südhang oberhalb Hindelang im Ostrachtal liegt. Zu dem Hof gehören eine Bergwiese und ein eigener Wald an einem steilen Tobel, der genügend Holz für den alten Kachelofen in der Stube liefert. Von dem talwärts gelegenen „Gängele", einer Art lang gestrecktem Balkon unter dem großen flachen Dach neben der Tenne hat man einen endlos weiten Blick in die Berge. Diese Berge, die das Tal mit seinen Siedlungen Vorderhindelang, Hindelang und Bad Oberdorf umgeben, sind in ihrer eigenwilligen Gestalt unverwechselbar: der Hirschberg, das Imberger Horn, die Rotspitze, das Geishorn und das Rauhhorn. Verwunschene Wege führen in die felsigen, steilen Tobel der Hindelanger Wildbäche. Eine Wanderung von Hinterstein zum Giebelhaus gibt den Blick über die Alpen frei und führt ins Hochgebirge, von wo aus man das großartige Bärgündletal erreichen kann, eines der schönsten Hochtäler der Ostalpen.

Louise an Otto Modersohn:

Wie sehr habe ich es bedauert, daß die Entfernung zwischen uns gar so groß ist. Schwere Tage liegen wieder einmal hinter mir, aber Dein Telegramm war ein Lichtblick und ich danke Dir innig dafür. Bitte schreibe nun noch gleich, ob Du Wünsche hast, oder ob die Namen nun eingetragen werden können, ich glaube, der Notar macht es jetzt nur, wenn Du selbst schreibst. Es wäre aber Not, wenn alles umgehend geregelt würde (...) Beim Aufräumen des Bodens und Holzstalls fand ich noch allerlei Inventar, das mir fehlte, wie eine neue Axt, ein Pickel, feine Schnitzhölzer, eine Messerputzmaschine und sogar eine nette, alte Kinderwiege. Ich freue mich nun so, daß die große Arbeit nicht umsonst gewesen sein soll. Wie werde ich mich aber freuen, wenn ich Dir Deine Besitzung einmal in der ganzen Sommerpracht zeigen kann. Bis dahin werden viele Verbesserungen möglich sein, die eben nur nach und nach möglich sind. Vor allem die Anlegung des Gartens macht viel Mühe, aber mir auch viel Freude. Du weißt doch, daß ich immer gerne im Erdenstaub herumgebuddelt habe. Bisher immer nur auf fremdem Boden, zum ersten Male nun auf unserem eigenen Grund. Die Kinder werden es sehr interessant finden, denn unsere Holzmarke grenzt an ein wild romantisches Tobel (...) Aus dem hier im Hause vorhandenen Holz kann leicht ein Bienenhaus angelegt werden, beim Nachbarn, der auch eins hat, werde ich mir Rat einholen, wir hätten leicht eigenen Honig und dazu verbilligten Zucker. Überhaupt spüre ich die verbilligte Wirtschaft sehr. Als Milchlieferant bekomme ich Vorzugspreise. Unsere Kuh ist ein ganz famoses Tier und völlig eingewöhnt (...) Ich wollte, Du könntest mich sehen in meiner Milchwirtschaft. Wenn wir hier alles geregelt haben, müssen wir auch einmal daran denken, ob wir für die Zukunft in Fischerhude bleiben oder in einer Stadt.

Gailenberg, 5. April 1930

Die „Heimatlose“ fühlt sich wie erlöst. Nun kann sie ihrer Familie endlich ein Zuhause bieten. Sie ist entschlossen, ihre beiden Söhne ganz zu sich zu holen und sich vor allem um Ulrichs weitere Entwicklung zu kümmern. Am Sonntag vor Ostern 1930 schreibt sie an ihren Mann:

Ich halte Ulrichs Bildung noch nicht für abgeschlossen und möchte jetzt, wo er vom ungünstig auf ihn wirkenden Schulzwang frei ist nichts versäumen, um die prächtigen Anlagen, die doch in ihm stecken, herauszuholen. Es tröstet mich, daß viele geniale Menschen in der Schule versagten. Darum kein Pessimismus, sondern kluge Anleitung und Unterstützung. Endlich könnte ich ihn nach meiner Weise lehren. Ulrich hatte das Pech, von bornierten Lehrern gequält zu werden. Seine empfindsame Art hat ihn eingeschüchtert. Stärkt man das Selbstbewußtsein, fördert man das Wachstum (...) In Mathematik wird er nie etwas leisten, aber die Fächer, die ihm liegen, möchte ich kultivieren. Also, frisch ans Werk: Der Frühling kommt mit Brausen – unter dem geschmolzenen Schnee lugen seine Blumen hervor. Rotkehlchen und Amseln singen, auch Ammern und Bachstelzen und anderes Getier piept nach Herzenslust. Auf unserer Wiese blühen Schneeglöckchen und Krokusse blau und weiß in Massen, die Rehe grasen ungeniert am hellen Tag hinterm Haus. In der Holzmark leuchtet es gelb von Huflattichblüten, die Luft ist voll von köstlich herben Düften, mein lieber Otto, ich wollte, Du könntest sie auch atmen, das Herz würde Dir aufgehen und Dich froh und glücklich machen. Täglich staune ich über dieses köstliche Stück Erde, das wir unser nennen und Ihr seid so fern! Wie schade, schade! (...) Zur Beantwortung Deiner Fragen sage ich Dir, vorläufig, ehe ich einen anderen Fleck kenne, ist mir der Gailenberg teuer und ans Herz gewachsen, doch wäre ich für späteren Tausch mit d. berg. Westfalen oder Südhannover nicht abgeneigt, nur warne ich vor Übereilung, wegen geldlicher Verluste.

Sonntag vor Ostern 1930

Louise Modersohn kauft Bruteier und zieht Hühner auf, kocht Marmelade ein und erntet Heu. Aus Stoffresten, die sie von überall her zusammenträgt und sich sogar aus Fischerhude schicken läßt, webt sie Flickerlteppiche in allen Farben, damit es in den Zimmern „richtig mollig gemütlich" sei. Von morgens bis abends arbeitet sie „fieberhaft fleißig" in Haus und Garten und „pfeift auf den Ausstellungsbetrieb". „Es ist köstlich, nur zu seinem eigenen Vergnügen zu streben, zu arbeiten. Ich fühle mich als Freiherr durch und durch." Möge er ihr so schnell wie möglich Ulrich schicken, bittet sie ihren Mann, damit sie ihn „praktischer machen" könne, schließlich brauche er doch gerade jetzt einen „Stützpunkt, den er in der Welt nie finden wird."

Ulrich Modersohn ist siebzehn Jahre alt, als er im Sommer 1930 zusammen mit seinem Vater und dem vierzehnjährigen Bruder Christian zum ersten Mal nach München reist und anschließend zur Mutter auf den Gailenberg ins Allgäu. Er ist ein schlechter Schüler, quält sich als Legastheniker mit Rechtschreibung und Mathematik. Dafür ist seine schöpferische Begabung eindeutig. Er zeichnet viel, schreibt Gedichte, Hölderlin ist sein Lieblingsdichter. In den Münchner Museen beeindrucken ihn die deutschen Maler Liebermann, Marées, Leibl, Thoma, Böcklin, Feuerbach, Klinger und Menzel. „Ich glaube, es gibt doch auch gute deutsche Maler und nicht nur Franzosen", wird er, zurück in Fischerhude, am 17. August 1930 an seine Mutter schreiben. „Gerade die strenge Form und reiche Farbe reizt mich sehr." Ulrich Modersohn, vom Vater gewiß immer wieder auf die Schönheit und „Intimität" der von ihm verehrten französischen Kunst hingewiesen, sucht seinen eigenen Weg.

Otto Modersohn am 29. Oktober 1930 nach seiner Rückkehr vom Gailenberg in einem Rundbrief an die Familie: „Ich habe einige sehr schöne Monate auf unserem Besitztum im Allgäu verlebt. Nur zu schnell verging die Zeit. Erst hatten wir viel Regen und die Berge erglänzten im Schnee, dann kamen herrliche Wochen, in denen ich viel arbeiten konnte." Besonders erfreulich für ihn ist die neue freundschaftliche Beziehung zu Klaus Hauptmann, dem Sohn von Gerhart Hauptmann, der im gleichen Jahr 1930 zufällig ebenfalls eines der alten Gailenberger Häuser für seine noch heute hier zeitweilig lebende Familie als Feriendomizil erwirbt. Es sind Höhepunkte, wenn Frau Hauptmann, eine bekannte Konzertgeigerin, hoch über dem Weiler am Hang Violinkonzerte von Bach und

Beethoven vorträgt. Sehr bald schon wird das Modersohn-Haus zu einem anregenden Treffpunkt für Familie und Freunde. Louises Schwester Olga Bontjes van Beek reist mit ihren Kindern Tim, Mietje und Cato aus Fischerhude an und malt in diesem Jahr den „Gailenberg im Winter mit Iseler". Der mit Modersohn befreundete Hans Meyboden kommt, um dort ein Bild mit Grab zu malen, das kunstliebende Ehepaar Zillibiller aus Bad Oberdorf ist auf dem Gailenberg zu Gast und der Dichter Eugen Roth aus München.

Modersohn ist von der Großzügigkeit der Gebirgswelt beeindruckt, die den inzwischen 65-jährigen künstlerisch noch einmal neu herausfordert. Er sieht sich mit einer Landschaft konfrontiert, die sowohl in ihrer Form als auch im Hinblick auf den schnellen Witterungswechsel und die damit verbundenen unterschiedlichen Stimmungen im Hochgebirge und im Tal in großem Kontrast steht zu der Gegend um Fischerhude. „Die Landschaft im Gebirge ist dramatischer, packender, hier in Fischerhude sanfter, idyllischer", wird er notieren.

16. Kapitel

Meine Malerei ist mein ganzer Trost

Fischerhude 1933-1943

30. Januar 1933 – der verhängnisvolle Tag von Potsdam. Reichspräsident Paul von Hindenburg ernennt den 43-jährigen österreichischen Gefreiten Adolf Hitler zum Reichskanzler. Mit der Machtübernahme der Nationalsozialisten beginnt das Dritte Reich. Viele Künstler und Literaten verlassen Deutschland und begeben sich ins Exil.

Einer von ihnen ist Heinrich Vogeler. Seit 1926 mit Sonja Marchlewska, der Tochter des polnischen Kommunisten Julian Marchlewski verheiratet, hat er schon 1932 Worpswede den Rücken gekehrt und lebt jetzt mit ihr und dem gemeinsamen Sohn Jan in Moskau. Voller Entsetzen verfolgt das Ehepaar die Entwicklung im Hitler-Deutschland. Man erzählt sich erschreckende Geschichten über das, was in der Heimat geschieht. Öffentliche Demonstrationen der Faschisten gehören inzwischen zum Alltag. Sie tragen Uniform und sind organisiert. Menschen werden bespitzelt und gefoltert und müssen fliehen. Viele fliehen nach Moskau. Manch einer findet in der Vogelerschen Wohnung Zuflucht. Für den Künstler ist es klar, daß er nicht mehr in seine Heimat zurückkehren kann.

Der Kampf gegen den Faschismus wird jetzt zum beherrschenden Thema seiner Komplexbilder. Er malt Hitler mit großen Hakenkreuzaugen, der aus weit aufgerissenem Mund Befehle brüllt, stellt zusammenstürzende Häuser in Flammen dar, Menschen auf der Flucht, Menschen, die erschossen werden.

In den Dörfern des Teufelsmoors werden Sozialdemokraten und Kommunisten verfolgt und verhaftet. Die beiden Maler Fritz Mackensen und Karl Eduard Uphoff gründen in Worpswede eine Ortsgruppe des Kampfbundes für Deutsche Kultur (KfDK). Uphoff wird Vertreter der Reichskulturkammer, Mackensen vom Bremer NS-Senat zum Direktor der neu gegründeten „Nordischen Kunsthochschule" berufen. Der Vormarsch der Braunhemden macht auch vor dem ländlich-idyllischen Fischerhude nicht Halt. Viele Dorfbewohner wenden sich dem Nationalsozialismus zu, NS-Jugendorganisationen verzeichnen steigende Mitgliederzahlen, Männer aus den örtlichen Vereinen und der Freiwilligen Feuerwehr marschieren in den Reihen der SA. An den Ufern der Wümme leben Anhänger und Gegner des NS-Regimes in vorwiegend freundlicher Nachbarschaft.

Von vielen Menschen wird in diesen schweren Jahren besonders das Haus der Familie Breling in der Bredenau als Refugium empfunden, als „Ort der inneren Aufrichtung", wie Helmut Schmidt es beschrieben hat, der schon als Schüler und später als im nahen Bremen-Vegesack stationierter Soldat im Breling-Haus und im Hause von Fritz und Haina Schmidt ein- und ausging. Im Breling-Haus lebt die seit März 1933 von ihrem Mann Jan getrennte Malerin Olga Bontjes van Beek mit ihren Kindern Cato, Mietje und Tim und ihrer Schwester Amelie Breling. Zu dem Kreis, der hier zusammentrifft, gehören seit den zwanziger Jahren unter anderen Friedrich Ahlers-Hestermann, der Bildhauer Bernhard Hoetger und die seit 1918 in Fischerhude lebende Clara Rilke-Westhoff, der Pianist Walter Gieseking und der jüdische Schriftsteller und Philosoph Theodor Lessing, der 1933 in Marienbad, seinem tschechischen Exil, von tschechischen Nationalsozialisten im Auftrag deutscher Nazis ermordet wurde. Helmut Schmidt lernte in diesen Jahren auch Otto Modersohn kennen: „Und ich kam in Fischerhude zu Otto Modersohn. Er lebte in einem Hause am nördlichsten Arm der Wümme, deren Delta man mit Hilfe von etwa zwanzig Brücken überqueren mußte, wenn man zu Fuß vom Bahnhof Sagehorn nach Fischerhude ging (...) Für mich war Modersohn bis zu dieser Zeit Legende gewesen; jetzt aber durfte ich ihn in Fischerhude besuchen und er zeigte mir seine Landschaften. Die Gastfreundschaft in seinem Haus war ganz leise, ganz zurückhaltend, und gerade deshalb machte sie einen tiefen Eindruck auf den jungen Soldaten."

„Das einzige, was mir Freude macht, ist meine Malerei; habe eine Reihe Herbststräuße gemalt, nicht schlecht", schreibt Otto Modersohn am 9. November 1933 an seine Frau nach Süddeutschland. „Ich wäre lieber dort, denn hier wird es immer eintöniger; aber die Arbeit wird mir über diese Zeit hinweghelfen."

Die politischen Turbulenzen und die ungeklärte Familiensituation, Unterhaltskosten für zwei Wohnsitze und die Finanzierung seiner Söhne, Rechnungen für seine Bilder, die lange nicht bezahlt und immer wieder angemahnt werden müssen, schwere Krankheiten im Beckerschen Haus in Bremen – aus Modersohns Aufzeichnungen sprechen Sorgen, Kummer und Einsamkeit. Erschrocken reagiert der Achtundsechzigjährige auf die Nachricht, daß der Fischerhuder Maler Hans Buch beinahe verhaftet worden wäre, und ist sich auf einmal bewußt: „Man muß vorsichtig sein mit seiner Kritik." Im Tagebuch äußert er sich im Hinblick auf die Auswüchse des deutschen Nationalismus äußerst verhalten. Er reagiert nicht mit Entsetzen, wenn er die Nazis durch Fischerhude marschieren sieht, sie singen und Hitlers Stimme durch die Lautsprecher über die Dorfwiese schallen hört, aber er hebt auch „das alberne Pfötchen" zum Gruß der Fahne nicht und ist fassungslos, als er im Frühjahr 1934 erfährt, daß sein Sohn Ulrich bald nach der Aufnahme an die Münchner Kunstakademie in die SA eingetreten ist. Unter dem Datum des 16. Juni 1934 schreibt er an Ulrich: „Mutter und ich sind unglücklich

Max Zillibiller, Ulrich Modersohn und Christian Modersohn im Allgäu (von links), um 1934

über Deinen heutigen Brief." Louise Modersohn an ihren Sohn: „Es war sehr schade, daß Du eingetreten, denn nun stehst Du in den Listen." Ulrich antwortet seinen Eltern am 19. Juni 1934: „Das Lager und ebenso der SA-Dienst ist für alle Studenten der Akademie, die noch nicht 5 Hochschulsemester hinter sich haben, Zwang. Das habe ich Euch doch damals in Hindelang gesagt. Ich kann nie weiter studieren, wenn meine Testatkarte nicht voll ist. Wenn ich jetzt nicht ins Lager gehe, so muß ich es in den Sommerferien nachholen. Und da habe ich schon genug zu tun. Arbeitsdienst und 3 Wochen Sportlager." Von seiner 27-jährigen Tochter Mathilde weiß Modersohn, daß sie als Mitglied der Frauenschaft für die Einrichtung von Mütterberatungsstellen in Ostfriesland zuständig ist.

Otto Modersohn führt ab März 1933 eine handschriftliche Bilderliste, die bis zu seinem Todesjahr 1943 reicht. Hierin sind alle Bilder und ihre Maße angegeben – für das Jahr 1933 allein 310 Gemälde, von denen 172 in die Monate März bis Oktober fallen, die der Maler im Allgäu verbringt. Diese außerordentlich hohe Produktivität ist zum einen auf die intensive Arbeitsweise des Künstlers zurückzuführen, zum anderen aber hat sie – in wirtschaftlich schweren Zeiten – auch finanzielle Gründe: Privaten Kunden und hauptsächlich seinen beiden Sammlern gegenüber, dem Maler und Arzt Dr. Paul Wassily und dem Kieler Stadtbaurat Hahn, zeigt sich Modersohn kompromißbereit. Gilt die Nachfrage Motiven, die er schon einmal gemalt und mit Erfolg verkauft hat, scheut er sich nicht, den Auftrag anzunehmen und das Motiv zu wiederholen. So ist beispielsweise das Moorthema seit 1933 wieder hoch aktuell. Diese einseitige Orientierung seiner Kunden mißfällt dem Maler und er klagt darüber in seinem Tagebuch. Aber allein im Jahr 1934 verkauft er über 60 Bilder und Studien.

„Ich entwickle immer mehr einen Stil für Blumensträuße", notiert Modersohn am 12. November 1933. „Sie werden immer reicher, phantastischer, geheimnisvoller – so ein Strauß ist eine Wunderwelt, phantastischer als die Natur da draußen, eine Märchenwelt, ein Feenreich." Angeregt durch seine Allgäu-Aufenthalte und den Reichtum der Alpenflora beginnt er Blumen als „Sträuße" zu malen („Wiesenblumen auf grünem Tisch", „Strauß mit Frauenschuh"). Schon immer hatte er sich besonders für die Blumenbilder

der Franzosen Courbet, Renoir, van Gogh, Fantin-Latour und Redon begeistert: „Courbet. Stilleben, ganz unerhört. Mohn und Veilchen, diese Rots, grau, bläulichrot, und – wie gemalt. Renoir. Stilleben, rote Blumen, ganz dünn, zart – auch herrlich.“ (Tagebuch 1906, nach einer Ausstellung in Bremen).

> *Gerne male ich auch bei elektrischem Licht (...) Dabei schlichte Farben, gebrochen, indifferent, milde, gedämpft, zart, nuancenreich, nicht bunt, einheitlich, eine Dominante, eine Harmonie – ohne Effekte (...) Male vor der Natur unter Zugrundelegung einer persönlichen Idee oder ich male nach einem Naturerlebnis nach Notizen und Zeichnungen.*
> 12. November 1933

„Meine Kunst beschäftigt mich ja sehr, sie füllt alle meine Tage aus, aber es bleibt ein Gefühl der Vereinsamung und Leere in mir, wie könnte es anders sein, das mich oft niederdrückt. Eine Sehnsucht beherrscht mich oft, die nur Du stillen kannst“. Otto Modersohn am 25. Januar 1934 an seine Frau. „Möchte demnächst unser Zusammenleben ein recht glückliches und inniges werden. Möchte das Gefühl der Zusammengehörigkeit uns verbinden, wie ehemals.“

In der Zeit vom 20. April bis zum 23. Oktober 1934 entstehen wieder zahlreiche Bilder auf dem Gailenberg. Und Modersohn zeichnet. Seit 1933 haben seine bis 1943 reichenden Skizzenblöcke, es sind siebzig an der Zahl, ein neues, einheitliches Format: 13,5 x 21 bzw. 14,5 x 21 cm. Diese Blöcke enthalten jeweils 20 Blätter. Der Künstler führt sie auf seinen täglichen Wanderungen mit sich, die er meistens am späten Nachmittag nach der Arbeit im Atelier macht. In seinen Zeichnungen hält er fest, notiert, deutet knapp an, was er beobachtet. Eilig, gleichsam im Vorübergehen, vorwiegend mit einem mittelharten Bleistift oder mit schwarzer Kreide. In ihrem häufig äußerst reduzierten, unfertigen Zustand faßt er sie als Notizen zu seinen Bildern auf, sie sind nicht für einen Betrachter gedacht, sondern Teil eines Arbeitsprozesses. Tagebuch, 25. Dezember 1933: „Vor der Natur muß man immer ans Bild denken. Und im Atelier genug mit der Natur gerüstet sein.“ In den Skizzenbuchzeichnungen überwiegt das lineare Element. Aus Bäumen, Zweigen,

Louise, Ulrich, Friedel, Christian und Otto Modersohn vor dem Schneck im Allgäu, um 1934

Ästen wird ein Tiefenwirkungen zurückdrängendes Liniennetz. Stämme durchkreuzen, überschneiden sich und vergittern das Bildfeld, das ein Eigenleben zu führen scheint. Die späten Fischerhuder Kompositionen beschränken sich auf den Horizont, die Wolken, wenige als Silhouette vor den Himmel gestellte, vom Wind niedergedrückte Bäume, schwindendes Licht, Regenwände. Es sind ganz aus dem Gefühl, dem persönlichen Empfinden entstandene Blätter und als summarische Mitteilungen des alternden Künstlers von sich selbst zu verstehen.

> *Das Gebirge übt auf mich einen immer stärkeren Reiz aus. Es ist auch romantisch, merkwürdig, geheimnisvoll, wie das Moor (ferne Berge, Wolken, Nebel) (...) nach Würzburg, Wertheim, das Allgäu. Der Gailenberg und seine Umgebung (...) Ich möchte das Haus dort nicht missen. Die Landschaft im Gebirge ist dramatischer, packender (...) Im Gebirge: Form durch Aufsicht, Verschiebung, ferne Berge.*
> 18. Mai 1934

Am 22. Februar 1935 feiern Familie, Freunde und Nachbarn in Fischerhude Otto Modersohns 70. Geburtstag. Die Zeit von Ende Juni bis Anfang August verbringt er noch einmal im Allgäu und malt acht Bilder. Es ist ein „sehr unglücklicher Sommer", wie der Maler einem Freund berichtet, denn eines Tages schmerzen seine Augen plötzlich so stark, daß er sich umgehend untersuchen lassen muß. Die Diagnose „Netzhautablösung des rechten Auges" ist einschneidend. Sie bedeutet den Verlust des rechten Augenlichts und macht eine weitere künstlerische Arbeit auf dem Gailenberg unmöglich. Seinem Tagebuch vertraut er an: „Meine Malerei ist mein ganzer Trost, wo mir das Leben so viel versagt hat, sie ist der Quell, der alles Traurige und Schwere woran mein Leben so reich ist, versinken läßt".

In Fischerhude malt Modersohn fast nur noch im Atelier seiner Wohnung im Hause der Familie Freese, nahe der Wümme. Ab jetzt kann von einem „Spätwerk" als Konstante gesprochen werden. Es ist vor allem auch die Atmosphäre der Fischerhuder Wintertage, die ihn wiederholt anregt. Er habe den Winter in Fischerhude besonders gern, schreibt er, er liebe das „Neblige, Verschwimmende", das nur Geahnte und Angedeutete. Er sucht die gebrochene Helligkeit und findet am Ufer der Wümme mit den dicht stehenden Bäumen jenes gleichmäßig-verhaltene, blau-graue Licht wieder, das sich mit der für ihn so wichtigen Vorstellung des „Intimen" verbindet. Immer deutlicher erreicht er nun auch in seiner Malerei das großzügig Zusammenfassende, das seine Zeichnungen und „Abendblätter" so bemerkenswert macht. In Modersohns späteren Fischerhuder Bildern vermittelt sich die spezifische Stimmung durch solche Stimmungsträger wie kahles Geäst, Friedhof, Herbst, winterliche Schneelandschaften. Der Umfang dessen, was der Maler sehen kann und will, konzentriert sich immer mehr.

Ein Bericht des zeitgenössischen Journalisten Erwin Sylvanus gibt einen Einblick in das Schaffen des Künstlers während seiner letzten Jahre:

Das Bild ist bei Modersohn ausschließlich dem Atelier vorbehalten. Er malt vornehmlich in den Morgenstunden. Er sitzt in seiner Glasveranda und hat das Land um sich. Die Arbeiten der letzten

Zeit sind an die Wände gelehnt und blicken ihn aufmerksam an. Er nimmt seine Feldstaffelei, stellt sie auf, holt einen sorgfältig aufgezogenen Spannrahmen, seine Malutensilien und lebt in den folgenden Stunden ausschließlich und allein seinem Werk, das keine störenden Gedanken und keine Ablenkungen zuläßt.
Aus seiner Skizzenmappe hat er sich ein – oder auch zwei Blätter hervor gesucht, die ihm heute gerade ganz besonders eindringlich erscheinen. Manchmal hat er sich auch nachts unablässig mit dem neuen Bilde beschäftigt und weiß am anderen Morgen im emsigen Suchen ganz genau, welches Blatt er heute vornehmen will und wie es aussah, das ihm in der Nacht so bedeutsam erschien.
Mit großen, sicheren Strichen legt er nun in Kohle das Bild an, so sparsam wie möglich, und nur er allein weiß, was die bizarren Linien bedeuten. Schon aber hat der ursprüngliche Entwurf, wie der aufmerksame Beschauer sieht, leichte Veränderungen erfahren. Und das ist notwendig, um der Bildidee treu zu bleiben.
Abermalige Veränderungen gehen vor sich, wenn Modersohn nun an die farbliche Ausführung geht. Er ist voller Gesichte und voller Empfindungen, ja, eine leichte Unruhe ist über ihn gekommen, da er nun beginnt, und der Pinsel kann nicht schnell genug eilen, damit möglichst bald irgendetwas Festes im Bild ist, gleichzeitig über die ganze Leinwand verteilt, daß schon der Himmel Weiße hat und das Moor violette Bräune und das Wasser einiges Blau, und sei es auch nur ein Tupfen. Von dieser ersten Verteilung, so ungeregelt und farblich ungebrochen sie auch scheinen mag – man möchte fast von einer Improvisation sprechen – ist sehr viel, oft alles abhängig. Ist das werdende Bild so farblich aufgeteilt, dann wird der Maler ruhiger. Er betrachtet es, vergleicht es mit der Skizze und besitzt bedenkenlos die Kühnheit, abermalige Veränderungen vorzunehmen. Er malt ja sein Bild.
Nun beginnt Modersohn die Ausarbeitung, jetzt entfesselt er seine ganze Seele und der Pinsel wird von keinen körperlichen Händen mehr geführt. Der Pinsel ist nun in kleiner, aber intensivster Unruhe, jeden Seelengedanken blitzschnell auszuführen und ebenso blitzschnell zurückzunehmen. Das Geheimnis der Modersohnschen Farben beginnt zu glühen. Unablässig ist der Pinsel auf der Leinwand, und er kann von einem Moorkatendach zu einer

Wolke und einer Birke übergehen, als male er überall gleichzeitig, auch die augenblicklich unbeschäftigt erscheinende Bildstelle wird beobachtet, muß eine Beziehung finden zu dem, was auf der anderen Bildstelle vorgeht, und vermag sie es nicht, wird sie ebenso schnell verändert. Ein Bildorganismus soll entstehen.
Manchmal freilich hat der Pinsel eine heitere Gelassenheit. Das ist, wenn er einen unscheinbaren Farbpunkt ganz ausbreitet. Dann zieht er aus eben diesem Farbpunkt die erstaunlichsten Farbvariationen. Hat er ihn aber so ausgebreitet, dann kehrt er an den Farbinnenraum zurück und verteilt unaufhörlich weiter. Auch neuere, kleinere Farbpunkte werden eingesetzt und bis an die Variationsenden des ersten ausgezogen oder auch noch darüber hinaus, falls sie nicht ausschließlich für die Innenfläche bestimmt sind.
Inzwischen ist die Mittagsstunde nähergerückt. In Stimmung, Ausdruck und der wesentlichen Ausführung ist das Bild nun fertig. Modersohns Bilder sind alle aus einem ungeteilten, unkomplizierten Stimmungsanlaß entstanden. Das also fertige Bild wird am anderen Tage und auch wohl noch am übernächsten Tage wieder vorgenommen oder aber es bleibt nun Tage, ja Wochen, hier stehen, bis es genügend geprüft ist und der Maler weiß, wo die Stimmungskonturen noch vertieft werden müssen. Diese Atelierluft wirkt erzieherisch für das Bild; es weiß bald selbst, wo es noch verändert werden muß.
Mit sicheren, noblen Strichen setzt der Künstler sein lateinisches Signum: Otto Modersohn.
31. August 1942

Immer mehr auf einen Menschen angewiesen, der ihn umsorgt und ihm den Haushalt führt, engagiert der Maler im Mai 1936 die aus Helmsheim im Kraichgau stammende Landwirtstochter Johanna Eißler. Die künstlerisch interessierte und der Malerei zugeneigte 35-jährige ist auf Empfehlung einer befreundeten Malerin aus München nach Fischerhude gekommen. Sie hat bereits in verschiedenen Familien als Kinderpflegerin gearbeitet und mehrere Monate in Argentinien gelebt. In Modersohns äußerst einfachem Haushalt fällt anfänglich besonders viel Arbeit für sie an. Johanna Eißler räumt auf, putzt, kocht, bäckt, näht und wäscht. Oft ist Besuch im Haus. Die Töchter Elsbeth und Mathilde, die Söhne Ulrich und Christian, die Bontjes-Kinder Cato, Mietje und Tim, Freunde, Nachbarn, Kollegen. Johanna Eißler mag die Stimmung und die „mit Kunst gesättigte Atmosphäre des Modersohn-Hauses", schnell fühlt sie sich in ihrer Rolle als Haushaltsvorstand anerkannt, ist bald mit allen freundschaftlich verbunden und beginnt schließlich, durch die Umgebung angeregt und von Modersohn ermuntert, selbst zu malen. Ihr bevorzugtes Motiv sind Blumensträuße. Blumensträuße in Vasen, Krügen oder Gläsern auf dem Ausschnitt eines Tisches vor ruhigem Hintergrund. Mit Beginn der Fünfzigerjahre wird Johanna Eißler als Malerin von der Öffentlichkeit zunehmend wahrgenommen und zeigt ihre Blumenbilder in Ausstellungen.

„Ich habe den dringenden Wunsch, Euch wiederzusehen", schreibt Louise Modersohn am 8. Dezember 1936 an ihren Mann nach Fischerhude. „Da es doch wohl ausgeschlossen ist, daß Du je wieder hierher kannst, muß der Schwerpunkt wieder nach Norden verlegt werden. Und das bedeutet eben die Trennung vom Gailenberg." Trennung vom Gailenberg, ja, aber nur unter der Bedingung, in der Nähe von Fischerhude ein neues Zuhause zu finden. Louise weiß, was sie sich wünscht: „Es ist ein alter Moorhof für sich gelegen und er liegt in Deinem uralten Maldorf in Bergedorf, mit Blick auf den Weyerberg. Er kostet nur 12 000 M."

Sie lässt in verschiedenen süddeutschen Zeitungen inserieren und bietet ihr Allgäuer Haus zum Verkauf an. Interessenten melden sich, schieben jedoch konkrete Verhandlungen immer wieder auf. Weder wird das Haus auf dem Gailenberg verkauft, noch ein Moorhof bei Fischerhude erworben.

Kurz nach Hitlers Machtübernahme 1933 war das Reichspropagandaministerium unter Leitung von Joseph Goebbels angewiesen worden, „Werke deutscher Verfallskunst seit 1910 auf dem Gebiet der Malerei und Bildhauerei zum Zwecke einer Ausstellung auszuwählen und sicherzustellen". Am 19. Juli 1937 wird die Ausstellung „Entartete Kunst" mit Arbeiten von rund 120 Künstlern im alten Galerietrakt der Hofgartenarkaden in München eröffnet. Unter den zusammengetragenen Werken befinden sich auch zwei Gemälde von Paula Modersohn-Becker, die allerdings schon kurz nach dem Eröffnungsabend wieder abgehängt und in die Depots nach Berlin gebracht worden sein müssen. Bei einer zweiten, noch umfassenderen Requirierungsaktion etlicher tausend „entarteter" Werke aus Museumsbeständen „zwecks Förderung anständiger und ernst zu nehmender deutscher Kunst" kurz darauf, werden weitere 21 Arbeiten der Künstlerin konfisziert. Mit der Münchner „Entarteten"- (Verkaufs-) Ausstellung erzielen die NS-Behörden einen gewaltigen Effekt auf mehreren Ebenen: Der Rekord-Besuch macht sie zur meist besuchten Ausstellung moderner Kunst in den 30er Jahren; gleichzeitig ist sie ein Werbemedium, das die internationale Aufmerksamkeit erfolgreich auf sich zieht und ausländisches Käuferinteresse weckt.

Zuständiger Referent für Bildende Kunst im Reichspropagandaministerium ist Dr. Rolf Hetsch. Der promovierte Jurist und Kunsthistoriker aus München, der zuvor, 1937, als Kustos an die Staatlichen Sammlungen nach Dresden berufen worden war, ist für die Inventarisierung der beschlagnahmten Werke und die Überwachung der Verkäufe aus den Depots verantwortlich. Hetsch hatte anläßlich des 25. Todestages von Paula Modersohn-Becker 1932 das „Buch der Freundschaft" herausgegeben, Erinnerungen von Familienmitgliedern und Freunden an die Malerin. Seit 1928 verbindet ihn auch eine freundschaftliche Beziehung zu Otto Modersohn. In seiner Funktion als Referent im Reichspropagandaministerium ist er um die Sicherung diffamierter und beschlagnahmter moderner Kunst bemüht. Hetsch in einem Brief an Otto Modersohn:

> *Vor allem beglückt mich das Bewußtsein, auf dem Gebiet der verfemten modernen Malerei, Graphik und Plastik, die in so vielen Fällen ungerecht als „entartet" diffamiert wurde, helfend und korrigierend wirken zu können. Ich denke hierbei an Corinth, Munch, Vincent van Gogh, Nolde, Barlach, Marc und nicht zuletzt an Paula Modersohn-Becker. Von Lehmbruck, Bötticher, Morgener und all den vielen ganz zu schweigen. Ich konnte es in zähem Kampf verhindern, daß all die vielen tausend in Museen beschlagnahmten Werke vernichtet wurden (...) Auch alle Gemälde, Skizzen, Zeichnungen und Graphiken Paula Modersohn-Beckers (bis zum letzten unscheinbaren Blättchen),*

über die das Verdikt schon gesprochen war, sind auf meine Initiative hin erhalten geblieben und zu diesem Zweck fast förmlich an ausländische Museen und Sammler (namentlich auch nach Amerika) verkauft.
18. Oktober 1939

Rolf Hetsch hat auch das 1937 in der Bremer Kunsthalle beschlagnahmte Gemälde „Worpsweder Bauernmädchen“ von Paula Modersohn-Becker vor der Vernichtung retten können, dessen Abbildung die „Bremer Zeitung“ 1935 mit der Unterschrift versehen hatte: „Dieses Bild ist ein Schlag ins Gesicht der deutschen Jugend und besonders der niedersächsischen Jungmenschen, der besten Erbhüter der Nation“. Hetsch konnte den Maler und Sammler Emanuel Fohn veranlassen, das „Worpsweder Bauernmädchen“ innerhalb seiner Tauschverträge für ihn „zu treuen Händen“ mit zu erwerben. Nach Absprache mit dem Kunsthallendirektor Emil Waldmann wurde Hetsch zum „auswärtigen Mitglied“ des Bremer Kunstvereins ernannt, um das Bild als Leihgabe verwahren zu können. Das Gemälde wurde 1945 von Frau Hetsch an die Bremer Kunsthalle zurück gegeben.

„Ich denke, diese Nachrichten werden Sie, lieber Herr Modersohn, sehr beruhigen“, schreibt Hetsch in seinem Brief vom 18. Oktober 1939 weiter. „Unvergeßlich sind die Eindrücke, die ich gerade vor Ihren Gemälden auf einer großen Worpsweder Ausstellung vor zwei Jahren gewann, eine traumhafte Wassergrabenlandschaft (...) stellte alle anderen Bilder ringsum in den Schatten: so unbeschreiblich schön war sie.“

Am 21. April 1938 hatte Louise Modersohn an ihren Mann nach Fischerhude geschrieben: „Im Übrigen bin ich fest in der Malerei wie noch nie, doch brauche ich neue Pinsel und eine Staffelei (...) ich brauche auch Leinwand, wenn ich neue Bilder anfange. Ich habe 2 Landschaften, eine im Tobel und ein Blumenstilleben gemalt und ein Stilleben mit einem toten Hermelin. Ich bin sehr glücklich, daß ich wieder ganz in meinem Geleise stecke, aus dem mich nichts mehr reißen wird. Ich habe das Wohnzimmer abgesperrt und ganz als Atelier eingerichtet.“ Und am 8. Dezember 1938:

Otto Modersohn, 1942

Für mich hat der Gailenberg seine Pflicht erfüllt. Ich selbst bin durch die abgeschlossene Ruhe zu großen Erkenntnissen gekommen, die Buben sind stark und der Zeit gewachsen, die große physische Anforderungen stellt. Das Geistige kann nur um so schönere Blüten tragen. Ich habe große Hoffnung, daß wir immer mehr Freude an ihnen haben werden. Wenn uns nur die Kriegsfurie erspart bleibt. Christian kennt den Ernst und nutzt seine Zeit wo er kann. Ich werde, sobald ich Geld habe, die Portraits, die noch hier sind, photographieren, um sie Dir schicken zu können. Ich freue mich, daß Ulrich im Hause ein gemütliches Atelier hat. Er braucht Ruhe, wenn er ruhiger wird, wird sich sein großes Talent erst entfalten. Christian ist schon jetzt gereift und gefaßt; man möchte ihm alles aus dem Wege räumen.

8. Dezember 1938

Es gibt ein eindrucksvolles Portrait von Otto Modersohn, das der Fischerhuder Künstler-Freund Hans Meyboden zwischen 1938/39 gemalt hat. Es zeigt den bärtigen Maler in seine Arbeit vertieft. Die Utensilien: Pinsel, Palette, Farben, Leinwand. Hinter den schwarzen Rändern seiner Brille kann man den trübe gewordenen Blick ahnen, unter dem schwarzen Samtkäppchen, das Modersohn stets trägt, das schüttere Haar.

Noch vor Kriegsausbruch wurde in Bremen, im Juni 1939, im Graphischen Kabinett in der Rembertistraße eine Einzelausstellung mit Bildern von Hans Meyboden gezeigt, in der auch dieses Portrait von Otto Modersohn zu sehen war.

Zwischen Ende Mai und Ende Juni 1939 hält sich Otto Modersohn zum letzten Mal in Hindelang auf. Es entstehen Zeichnungen in Skizzenbüchern. In Fischerhude nimmt er einige dieser Motive auf und malt drei Variationen des Hirschbachwäldchens im Frühling und eine Abendstimmung bei Hinterstein.

Louise Modersohn nach der Abreise ihres Mannes am 20. Juli 1939: „Ich möchte Dir heute nur sagen, daß ich sehr gerne an die Sommerzeit denke mit den schönen Eindrücken und guten fruchtbringenden Gedanken. Innsbruck, Breitachklamm usw. das waren Höhepunkte. Ich denke mit dankbarem Herzen an all das gemeinsame Gute.“

Mein lieber Otto. Schwere Tage liegen hinter mir und der Ausblick in die nächste Zeit ist auch nicht erfreulich. Darf ich es Dir gegenüber einmal aussprechen, daß ich schwer unter der Last der Zeit leide. Das Seelische ist bei mir mit dem Körperlichen eng verbunden und schlägt sich immer auf das Herz, das will zeitweilig gar nicht mehr. Im Ersten Weltkrieg, oder vielmehr nach seiner Beendigung, sagte ich einmal, ein zweites Mal halte ich das nicht aus und so ist es jetzt. Ulrich hat es mir auch nicht leichter gemacht. Er war schrecklich erpicht, an die Front zu kommen und da es bis jetzt nicht so glückte, voller schlechter Launen, unfreundlich, ungerecht und ungeduldig. Ich habe oft nächtelang keinen Schlaf gefunden und mich tief um ihn und Christian gesorgt. Diese furchtbare Sorge frißt an meiner Gesundheit. Ich kann es nicht ändern – die vielen auftauchenden eisernen Kreuzchen in den Zeitungen rufen trübe Erinnerungen an den Weltkrieg wach. Wenn im Westen aus dem Stellungskrieg einmal ein Bewegungskrieg wird, kostet es Millionen Menschenleben, nicht Tausende, wie im Polenkrieg! Arme, arme deutsche Jugend! Ich konnte nichts tun als mein ganzes Wünschen und Bitten ins 'Positive' zu leiten. Not lehrt beten. Was sagt Dein Bruder Ernst, wie geht es ihm und seiner Familie? Was sagen Deine anderen Geschwister? Endlich fängt Ulrich an, ruhiger zu werden. Er hat sogar mit Malen begonnen. Die ruhige Größe der Natur, die Erhabenheit der Bergwelt bringt alles in das richtige Lot, zeigt die Nichtigkeit menschlichen Wollens, Hastens, Hetzens, das Opfern und Geopfertwerden für materielle Werte (...) Hoffen wir also, daß es einigermaßen militärisch ruhig bleibt und nicht von neuem alle bösen Triebe aufgewühlt werden, daß aller Unrat wieder an der Oberfläche treibt und die Menschen am ruhigen Schaffen hindert. Also, lieber Otto, Glaube, Liebe Hoffnung – das ist die Geduld der Auserwählten, halten wir uns daran, das ist der einzige Stab, an dem man sich aufrichten kann. Du selber hältst Dich auch unbewußt daran. Dein Schaffen ist die Liebe zur Kunst, die Hoffnung und den Glauben daran und die Geduld gab Dir Gott als Göttergeschenk, so kannst Du in Deiner Welt leben, unbeirrt ob die Umwelt in Trümmer geht. Ich selbst habe hauswirtschaftlich gesorgt und die vorhandenen Gartenfrüchte eingemacht, ein ganzer Berg Konserven, die ich

zum Frühjahr, wenn alles knapp wird, aufheben werde (...) Ich wünsche Dir nun weiter Ruhe und glückliche Arbeit und hoffe auf ein freudiges Wiedersehen in baldigem Frieden. Alles Gute Euch Dreien. Eben höre ich, daß die Rationen herabgesetzt werden. Jetzt bin ich froh, daß ich für Euch vorgesorgt habe. Ihr könnt auch noch Wildpret erhalten, das frei ist, bitte schreibe mir darüber sofort. Besprich' Dich mit Fräulein Eißler.
9. Oktober 1939

Ich schreibe Dir ausführlich, wenn wir wissen, was sich für Ulrich entscheidet. Er war z.B mal in Sonthofen. Jetzt hat er in Kempten angefragt.
20. Oktober 1939

„Seit Wochen wütet jetzt der Krieg", schreibt die neunzehnjährige Cato Bontjes van Beek aus Fischerhude am 24. Oktober 1939 an ihre Tante Louise Modersohn ins Allgäu. „Nie wollten die Menschen sich wieder bekämpfen, so schwor man 1918. Alle Feinde lagen sich in den Armen und unter Tränen gelobten sie es sich. 1933 wußte man, daß ein neuer Krieg kommen würde. Er ist nun da. Wie lange er dauern wird, weiß niemand. Alle guten Kräfte und Instinkte werden wieder verlorengehen. Alle bösen Kräfte und Instinkte werden wieder aufkommen."

Cato Bontjes van Beek hat nach einem halbjährigen Aufenthalt in einer befreundeten Familie in England die kaufmännische Fachschule des Lette-Vereins in Berlin besucht und lässt sich inzwischen in Bremen weiter ausbilden. Sie möchte später einmal Keramikerin werden und in der von ihrer Tante Amelie Breling betriebenen Töpferwerkstatt „Fischerhuder Kunstkeramik" mitarbeiten, in der auch ihr Vater, Jan Bontjes van Beek, von 1920 bis 1931 tätig war, bevor er im selben Jahr nach Berlin ging und eine eigene Werkstatt gründete. Bontjes-van-Beek erhielt verschiedene Auszeichnungen auf internationalen Ausstellungen. 1947 wurde er zum Direktor der Kunstakademie Weissensee ernannt, 1953 zum Direktor der Meisterschule für das Kunsthandwerk Berlin-Charlottenburg.

Nach ihrem Reichsarbeitsdienst in Ostpreußen beginnt Cato im September 1940 eine Lehre in der Keramischen Werkstatt ihres

Vaters und wohnt bei ihm und seiner zweiten Frau Rahel am Kaiserdamm in Berlin-Charlottenburg. Cato, für ihr menschenliebendes Wesen und ihren ausgeprägten Gerechtigkeitssinn bekannt, begeistert sich für Literatur und Musik und ist eine passionierte Segelfliegerin.

„Weißt Du, lieber Ulrich", schreibt sie angesichts der sie erschütternden politischen Entwicklungen am 7. August 1940 an ihren sieben Jahre älteren Cousin Ulrich Modersohn, mit dem sie trotz ihrer so grundsätzlich anderen politischen Haltung dennoch eine herzliche verwandtschaftliche und freundschaftliche Beziehung verbindet, „ich suche und suche immer noch nach der Wahrheit. Es gibt doch nur eine, kann es ja nur geben. Wo ist sie? Ich meine sie schon oft gefunden zu haben, aber immer wieder muß ich mich abwenden und wieder vor dem Nichts stehen."

Der 27-jährige Ulrich Modersohn ist inzwischen als Soldat eingezogen worden. Auch sein drei Jahre jüngerer Bruder Christian, ebenfalls Student an der Kunstakademie in München, muß jetzt an die Front und als Artillerist am Feldzug gegen Frankreich teilnehmen.

Otto Modersohn reagiert mit Erschöpfungszuständen auf die Ereignisse und Entwicklungen. Verhandlungen mit Leuten, die zu ihm ins Atelier kommen, um Bilder zu kaufen, strengen ihn so sehr an, daß er sich oft vorzeitig in sein Schlafzimmer zurückziehen und hinlegen muß. Häufig bittet er Johanna Eißler, die Abschlüsse für ihn zu tätigen.

Während des 2. Niederdeutschen Malertages in Worpswede, angeregt durch den Gauleiter Otto Telschow, verleihen die Nationalsozialisten Fritz Mackensen, seit 1937 Mitglied der NSDAP, Otto Modersohn und noch ein paar weiteren Künstlern den Niederdeutschen Malerpreis. Anläßlich einer Otto Modersohn-Ausstellung im selben Jahr in Berlin, die von Gurlitt ausgerichtet wird, erwirbt das Reichspropagandaministerium im Auftrag von Joseph Goebbels drei Bilder. Modersohns Lage ist prekär. Zum einen von den Nationalsozialisten hofiert und ausgezeichnet, sieht er sich andererseits zunehmend mit den Repressalien bezüglich der als „entartet" kritisierten Bilder seiner verstorbenen Frau Paula konfrontiert, deren

Werke – „Stilleben mit blauem Kasten", „Selbstportrait mit Lilien", „Otto Modersohn schlafend" – in seiner Atelierwohnung hängen.

Anfang des Jahres 1940 besuchen Rolf Hetsch und seine Frau Otto Modersohn in Fischerhude. „Es ist für meine Frau und mich einer der stärksten, beglückendsten Eindrücke unseres Lebens gewesen, bei Ihnen sein und mit Ihnen vor Ihren Bildern weilen zu dürfen", bedankt sich Hetsch am 7. Januar 1940 für die „gütig freundschaftliche Gastlichkeit" Modersohns und würdigt den Maler mit einem Aufsatz in der Zeitschrift „Kunst im Deutschen Reich".

„Auch die Berliner Ausstellung in der Galerie Gurlitt, die ich anregte, wird nach Ihren Wünschen stattfinden", schreibt der Referent weiter und teilt dem Maler mit, daß er auch „gestern noch einmal die Frage Ihres Professorentitels im Ministerium angeschnitten" habe. „Ich lasse Sie nicht aus den Augen." In der Reichskammer für Bildende Künste setzt sich Hetsch für die Verleihung des Professorentitels an Modersohn ein. Er sei ein „hervorragender Landschaftsmaler, dem die Worpsweder Künstlergruppe ihren berechtigten, weil über die Grenzen reichenden Ruhm" verdanke, heißt es in der Begründung. Mit dem Argument jedoch, Titelverleihungen seien während der Zeit des Krieges bis auf besondere Ausnahmefälle, zu denen Modersohn nicht gehöre, ausgesetzt, wird der Antrag abgelehnt. Dafür wird er anläßlich seines 75. Geburtstags am 22. Februar 1940 mit der „Goethe-Medaille für Kunst und Wissenschaft" ausgezeichnet, eine Ehrung, die während der Zeit des Nationalsozialismus „für besonders hervorragende Verdienste" im jeweiligen Fachbereich vergeben wurde. Emil Waldmann, Direktor der Kunsthalle Bremen am 25. Februar 1940 in einem Glückwunschbrief: „ Ich wünsche Ihnen, mir und uns allen, daß der Tag nicht fern sei, wo wir in der Kunsthalle unsere Bilder wieder aufhängen können. – Und dann stelle ich mich, wenn alles hängt, im Worpsweder Saal vor die vier Werke Ihrer Hand, die wir besitzen und freue mich daran. Ein Stück meiner Jugend steckt mit darin, denn ich fing an, Kunst zu lieben noch als Schuljunge, als Sie in Bremen Ihre Bilder zeigten und die Kunsthalle dann damit groß wurde."

Zwei Jahre später, am 30. Januar 1942, wird Otto Modersohn – wiederum auf Betreiben von Rolf Hetsch – der Professorentitel schließlich zuerkannt. Das Wirken von Hetsch ist also für die weitere Rezeptionsgeschichte des Malers von durchaus zwiespältiger Natur: So werden Paula Modersohn-Beckers Bilder mit Hilfe von Rolf Hetsch beschlagnahmt und unter seiner Mithilfe vor der Vernichtung gerettet. Otto Modersohns Ehrungen hingegen erweisen sich nach dem Krieg und bis heute als desavouierend, ist er doch dadurch in den Verdacht der Teilhabe geraten.

Der im Reichspropagandaministerium tätige Rolf Hetsch sorgt im Sommer 1942 auch dafür, daß Modersohns 26-jähriger Sohn Christian, der während des ersten Rußlandfeldzugs 1941 als Stangenfahrer und Meldereiter eingesetzt und im August zum ersten Mal verwundet worden ist, jetzt, bei seinem zweiten Rußlandeinsatz, als Maler und Pressezeichner einer Propagandakompanie in Potsdam erneut in den Krieg zieht. Mehr als fünfzig Aquarelle, Zeichnungen und Skizzen entstehen vom Geschehen an der Front, von russischen Gefangenen, von Kirchen, Dörfern und ihren Bewohnern und Landschaften zwischen Don und Wolga. Im Oktober 1942 wird Christian Modersohn in Stalingrad durch einen Granatsplitter schwer verwundet und von drei Russen medizinisch versorgt. Dank ihrer Hilfe kann er dem Inferno entfliehen.

Olga Bontjes van Beek an Otto Modersohn:

Mein lieber Otto! Endlich bin ich imstande Dir zu schreiben über ein schweres Geschick, das uns alle aufs Tiefste getroffen hat. Unsere liebe Cato ist vor einiger Zeit von der Gestapo verhaftet worden aus uns allen unbekannten Gründen. Nun erst, da die Angelegenheit beim Kriegsgericht ihren Abschluß fand und Cato zu der schwersten Strafe verurteilt wurde, sehen wir etwas klarer und haben sofort die Schritte unternommen, die noch einmal alles aufs Genaueste durchprüfen, da wir niemals annehmen können, daß Dodo (Cato) etwas so Schwerwiegendes getan haben kann, daß diese furchtbare Strafe ihr auferlegt werden mußte (...) Lieber Otto, Du kannst Dir vorstellen, wie wir nun immer in unseren Gedanken bei Dodo sind und sie erträgt alles mit solch einer Größe und ihre Haltung ist, wie mir gesagt wurde, bewunderungswürdig (...) Ich wollte Dir einmal darüber schreiben, da ich weiß, wie sehr Du mit uns fühlst. Christian wird Dir auch noch vieles sagen können. Ich hörte, daß er bald zu Dir kommt.

Er hat ja hier mit uns alles durchgemacht. Wir sind hier alle, auch Amelie, versammelt und das gibt mir einen großen Halt (...) Nun ist Tim auch, wie Du wohl schon wissen wirst, seit dem 13. I. in Rußland. Wohin er gekommen, wissen wir noch nicht. Die letzte Nachricht war von der russischen Grenze vom 13. Das ist alles sehr schwer zu ertragen, aber wir wollen hoffen, daß auch dieser furchtbare Krieg bald seinem Ende zugeht. Wie freue ich mich für Dich, daß Christian Urlaub bekam und wo ist Ulrich? Hoffentlich noch in Holland. Und wie geht es Dir und Fräulein Eißler? Habt Ihr ruhige Nächte? Leb' wohl, lieber Otto, hoffentlich können wir uns bald wiedersehen und kann ich Dir persönlich alles sagen, was mich so sehr bedrückt.

6. Februar 1943

Familie und Freunde von Cato Bontjes van Beek ahnen nicht, daß sie im Untergrund aktiv ist und seit Spätsommer 1941 zur Widerstandsgruppe Schulze-Boysen-Harnack in Berlin gehört, die von den Nationalsozialisten als „Rote Kapelle" bezeichnet wurde und deren Ziel es war, das nationalsozialistische Regime zu bekämpfen. Mit ihrem Freund Heinz Strelow beteiligt sich Cato Bontjes van Beek an der Herstellung und Verbreitung von Flugschriften. Im Rahmen einer groß angelegten Verhaftungswelle gelingt Gestapo und Spionageabwehr im Juni 1942 der entscheidende Schlag gegen die „Rote Kapelle". Im August 1942 wird Harro Schulze-Boysen verhaftet und am 20. September auch Cato Bontjes van Beek und ihr Vater Jan in dessen Wohnung am Kaiserdamm 22 in Berlin-Charlottenburg.

Otto Modersohns Nichte Cato als Widerstandskämpferin im Gefängnis, die zum Tode verurteilt ist, sein Sohn Ulrich als Soldat im Krieg, der jüngere Sohn Christian ebenfalls an der Front, seine Frau im weit entfernten Allgäu, die eigenen Bilder als Heimatkunst mißverstanden – die seelischen Belastungen, unter denen der Maler leidet, erfordern ein Übermaß an Kraft. Er stirbt, 78-jährig, am 10. März 1943 an Gallenkrebs. Sein Sohn Christian hält das Profil des Vaters auf einer „Otto Modersohn auf dem Sterbelager, 1943" betitelten Bleistiftzeichnung fest.

Am 14. März 1943 wird Otto Modersohn auf dem Friedhof im Fischerhuder Ortsteil Quelkhorn beigesetzt. Die Inschrift auf seinem Grabstein stand auf dem alten Balken über dem Eingang des Fischerhuder Hauses, in das er 1909 mit seiner dritten Frau Louise eingezogen war: „Deine Rechte will ich halten, verlaß mich nimmermehr." (119 Psalm)

Der Stader Heimatforscher Hans Wohltmann in seiner Abschiedsrede an Otto Modersohns Grab:

Er malte weniger die äußere Erscheinung, seine Augen schauten, seine Seele fühlte in der Natur das geheime Leben und Weben, das uns die Kraft des ewigen Schöpfers ahnen läßt. Mit unerhörter, ja genialer Leichtigkeit und in starkem Schaffensdrang gestaltete er die Bilder, die er in der Natur sah, die seine Seele fast übermächtig erfüllten. So wurde Otto Modersohn nicht ein Heimatmaler in engerem Sinne, er wurde der große deutsche Landschaftsmaler (...) Leid und Glück haben ihn als Menschen reifen lassen und haben ihn in seiner Kunst sich steigern lassen. Bis zuletzt blieb er empfindungszart, immer neuen Eindrücken aufgeschlossen, schuf er Gemälde von stärkstem Stimmungsgehalt. Auf dem Krankenbette noch schaute er innerlich Bilder, Bilder, die er malen wollte; er ahnte nicht, daß der Tod leise herantrat, um ihm, ohne daß er es merkte, den Pinsel aus der fleißigen Hand zu nehmen. Seine Tochter Elsbeth und sein Sohn Christian waren die letzten Tage bei ihm, Fräulein Eißler betreute ihn, seine Gattin weilte in der Nähe.

14. März 1943

„Fischerhude ist so erschreckend leer und Du hast Deinen Vater nicht mehr angetroffen", schreibt Cato Bontjes van Beek aus dem Gerichtsgefängnis an der Kantstraße in Berlin-Charlottenburg am 26. April 1943, dem 2. Ostertag, an ihren Cousin Ulrich Modersohn, der Heimaturlaub hat und sich vorübergehend in Fischerhude aufhält. „Man kann sich gar nicht vorstellen, daß er keine Bilder mehr malen wird (...) Daß ich Dir nun schreibe, geschieht aus großer Liebe zu Fischerhude. Jetzt in den Ostertagen denke ich besonders stark an all das Schöne, das wir gemeinsam erlebten (...)

Christian Modersohn, Otto Modersohn auf dem Sterbelager, 1943

Wäre ich doch nie aus Fischerhude fortgegangen. Aber glaube mir, mein lieber Ulrich, ich bin ebenso – oder wieder – wie Du mich in Fischerhude kennst und von meinem Inneren habe ich nichts verloren. Wenn ich diese Zeit überstehen werde, so habe ich nur gewonnen an innerer Kraft (...) Meme schrieb mir, daß Christian sich später an der Wümme etwas bauen will. Ich weiß den Platz genau und freue mich über seine schöne Wahl. Es geht doch nichts über Fischerhude! Sage Christian auch Dank für seinen Brief Anfang des Jahres (...) so sind wir uns doch immer nah." Ulrich hatte seiner Cousine Cato am 1. Februar 1943 in einem „verspäteten kleinen Neujahrsgruß" geschrieben: „Ich hatte schöne Urlaubstage in Fischerhude, hatte mich gänzlich ins Malen versenkt. Und doch hat mir etwas schmerzlich gefehlt, da ich niemanden von unserer jungen nach der alten Bredenauer Generation fand. Zu Weihnachten kam jedenfalls noch der Christian. Nun sage ich Dir gute Nacht,

Du wirst bald wieder von mir hören. Dein gutes Herz und Deine Gradheit werden Dich immer sicher führen."

Ulrich Modersohn aus Rußland an seine Mutter Louise:

In diesen Stunden, da vielleicht eine ausschlaggebende Entscheidung für uns angefangen hat, möchte ich Dir noch einen herzlichen Gruß und vielen lieben Dank sagen für all Deine liebe Post, für Deine Gedanken und die Gaben. Seit gestern Nachmittag hat ein wahres Inferno in den Lüften und auf der Erde eingesetzt. Heftigste Artillerie-Duelle und Luftkämpfe von unabsehbaren Maschinen.

Was ist mit Dodo. Ich muß immer an sie und auch an Olga, Meme und Tim denken. Hat er nun Urlaub? Und was ist mit Christian?

Wir alle sind ja nur Atome in diesem großen Schicksalsgetriebe und doch hat jeder von uns sein eigenes Herz, seine eigenen Freuden und Schmerzen. Sei immer voll Hoffnung, es wird alles gut werden.

5. Juli 1943

Nur neun Tage liegen zwischen diesem Brief Ulrich Modersohns an seine Mutter und jenem 14. Juli 1943, an dem der 30-jährige in den Wäldern von Bjelgorod in Rußland ums Leben kam. Einen Tag vor seinem Tod, am 13. Juli, hatte Ulrich seine gesamte Korrespondenz zusammen mit letzten eigenen Notizen in kleinen Päckchen an seine Mutter geschickt.

Angehörige und Freunde von Cato Bontjes van Beek versuchen seit ihrer Verhaftung verzweifelt, durch Gnadengesuche eine Vollstreckung ihres Todesurteils zu verhindern. Selbst der Vorstand der Kirchengemeinde Fischerhude reicht ein Gnadengesuch ein. Aber Hitler persönlich lehnt die Begnadigung der jungen Frau ab. Cato Bontjes van Beek wird „wegen Beihilfe zur Vorbereitung des Hochverrats und zur Feindbegünstigung" am 5. August 1943 im Alter von 22 Jahren mit zwölf anderen Frauen und drei Männern in Berlin-Plötzensee hingerichtet.

Otto Modersohns Tochter Elsbeth aus Ilmenau an Louise Modersohn:

Zum Weihnachtsfest möchte ich auch Dir herzliche Grüsse senden und Dir als Zeichen meines Deingedenkens dieses kleine Päckchen senden. Du wirst auch das Fest mit schwerem Herzen feiern. Viel Schweres hat Dir das Jahr gebracht und Ernst und Bedrücktheit ist um uns zu sehen. Aber um so mehr will man da die Weihnachtsbotschaft in sich aufnehmen und die Dunkelheit vom Licht vertreiben lassen. Wenn wir uns an das Licht halten, werden wir eher mit dem Schweren fertig.
12. Dezember 1943

Nach dem Tod von Otto und Ulrich Modersohn überläßt Louise Modersohn die Atelier-Wohnung in Fischerhude ihrer Stieftochter Mathilde. Zusammen mit ihrem Sohn Christian wird sie nach dem Krieg eine Modersohn-Galerie auf dem Gailenberg einrichten, um der Öffentlichkeit neben den Bildern der Familienmitglieder vor allem das Werk Otto Modersohns zugänglich zu machen. Die Galerie wird im Oktober 1948 eröffnet. Wechselnde Ausstellungen, Dichterlesungen und Kammermusikabende machen sie schon bald über die Grenzen des Ostrachtals hinaus bekannt.

Louise Modersohn stirbt am 17. September 1950 auf dem Gailenberg und wird in Hindelang beigesetzt.

Der Schwerpunkt des öffentlichen Interesses an Otto Modersohn beginnt sich zunehmend wieder in den Norden zu verlagern. Im Jahr 1957 verkaufen Christian Modersohn und seine aus Hindelang stammende Frau Anna, geb. Lipp (1921-1997) ihr Haus auf dem Gailenberg an den Wuppertaler Ingenieur Conrad Grebe und siedeln ganz nach Fischerhude über. Auf einer von Christian Modersohn bereits 1943 erworbenen „Eichenwiese“ am Ende der Straße Bredenau entsteht ein Wohnhaus. 1974 wird das Otto-Modersohn-Museum errichtet, in dem das umfangreiche Gesamtwerk des Künstlers archiviert und ausgestellt ist.

Otto Modersohn (1865-1943)

1865 geboren am 22. Februar in Soest/Westfalen, als drittes Kind des Baumeisters Wilhelm Modersohn (1832-1918) und seiner Frau Luise, geb. Heidebrink (1833-1905).

1874 Umzug der Familie nach Münster.

1884 Studium an der Kunstakademie Düsseldorf.

1885-88 Die Semesterferien verbringt Otto Modersohn zumeist in Münster und Soest. Es entstehen zahlreiche Studien vor der Natur, die zu den schönsten Werken deutscher Landschaftsmalerei in dieser Zeit zählen.

1888 Besuch der intern. III. Glaspalastausstellung in München. Anregungen durch „die Franzosen" Daubigny, Millet und Corot. Studium an der Kunstakademie Karlsruhe im Wintersemester 1888/89.

1889 Im Juli erste Reise mit Fritz Mackensen nach Worpswede – Modersohn spricht das entscheidende Wort zur Gründung der Kolonie. Erste Parisreise.

1895 Im Frühjahr erste Ausstellung der Worpsweder in der Kunsthalle Bremen.

Im Herbst großer Erfolg im Münchener Glaspalast.

1897 Ehe mit Helene Schröder.

1898 Tochter Elsbeth wird geboren (gest. 1984).

Paula Becker kommt nach Worpswede.

1899 Austritt aus der Künstlervereinigung Worpswede.

1900 Paula Becker und Clara Westhoff in Paris. Weltausstellung - Modersohn und Overbecks folgen nach. Tod seiner Frau Helene in Worpswede. Freundschaften mit Carl Hauptmann und Rainer Maria Rilke. Verlobung mit Paula Becker. Die große Zeit auf Heinrich Vogelers Barkenhoff.

1901 Ehe mit der Malerin Paula Becker.

1903 Rainer Maria Rilke veröffentlicht seine Monographie über Worpswede.

1906 Letzte Parisreise Paula Modersohn-Beckers.

Nach vorübergehender Trennung folgt Modersohn auf Wunsch seiner Frau für einige Monate nach.

1907 Gemeinsame Rückkehr nach Worpswede.

Geburt der Tochter Mathilde (gest. 1998).

Tod Paula Modersohn-Beckers.

1908 Übersiedlung nach Fischerhude.

1909 Ehe mit Louise Breling.

1911 setzt sich Otto Modersohn gegen Carl Vinnens Streitschrift „Ein Protest deutscher Künstler“ für den Ankauf des „Mohnfeldes“ von van Gogh durch die Kunsthalle Bremen ein.

1913 Sohn Ulrich wird geboren (gest. 1943).

1916 Geburt des Sohnes Christian.

1918 Tod des Vaters in Blankenburg (Thüringen).

1922-25 Studienreisen nach Wertheim und Würzburg. Anschließend erster sommerlicher Studienaufenthalt im Allgäu, ebenso 1926, 1927, 1929.

1930 Erwerb eines Bauernhauses auf dem Gailenberg bei Hindelang im Allgäu, wo er bis 1935 in den Frühjahrs- und Sommermonaten malt, bis ihn eine Netzhautablösung des rechten Auges zur Einstellung der Malaufenthalte im Allgäu zwingt.

1943 gestorben am 10. März nach kurzer Krankheit. Grab auf dem Quelkhorner Friedhof bei Fischerhude.

Index

Otto Modersohns Atelier-Wohnung bei Freese in Fischerhude-Wilhelmshausen, Foto 1943

Kirchgang (Neujahr), 1888
Öl/Papier/Pappe, 21 x 21 cm, dat.u.l.: 1. Jan 88
Otto Modersohn Stiftung

Mädchen im Türrahmen (Kathr. Müller), 1888
Öl/Papier/Pappe, 28,5 x 17,8 cm, bez.u.l.: Delbrück 88, Kathr. Müller
monogr.u.r.: OM, Otto Modersohn Stiftung

Soest, der Große Teich, 1888
Öl/Papier auf Holz, 42 x 26 cm, bez.u.l.: Soest Aug 88.
Otto Modersohn Stiftung

Alter Friedhof bei Soest, 1888
Öl/Papier/Pappe auf Holz, 19,5 x 28,2 cm, bez.u.l.: Soest 9.9.88.
Otto Modersohn Stiftung

Bei Lütkenbeck I (Gräfte bei Lütkenbeck) 1888
Öl/Papier/Pappe, 35,7 x 28,5 cm, bez.u.l.: M. Sept 88.
Otto Modersohn Stiftung

An der Werse, 1888
Öl/Papier/Pappe auf Holz, 40 x 28 cm, bez.u.l.: M Sept 88.
Otto Modersohn Stiftung

Winter in Münster (Blick zur Stadt über den elterlichen Garten), 1889
Öl/Papier auf Holz, 30 x 43 cm, dat.u.l.: Jan. 89
Otto Modersohn Stiftung

Moordamm, 1889
Öl/Pappe auf Holz, 24 x 39 cm unbez.
Otto Modersohn Stiftung

Hammewiesen mit Weyerberg, 1889
Öl/Leinwand auf Pappe, 33,5 x 46,5 cm, dat.u.l.: W.7.89.
Otto Modersohn Stiftung

Die Wolke, um 1890
Öl/Karton, 42 x 58 cm, unbez.
Otto Modersohn Stiftung

Stürmischer Sommertag mit Worpsweder Kirche, um 1893/94
Öl/Karton auf Holz, 60 x 90 cm, sign.u.r.: Otto Modersohn
Otto Modersohn Stiftung

Weg mit dunkler Wolke, um 1890
Öl/Karton, 55 x 40 cm, unbez.
Otto Modersohn Stiftung

Landschaft mit weißer Bank, um 1892
Öl/Karton auf Pappe, 40,5 x 58 cm, sign.u.l.: O Modersohn
Otto Modersohn Stiftung

Tümpel bei Tecklenburg (Frühling), um 1891
Öl/Karton auf Holz, 41,5 x 58,5 cm, unbez.
Otto Modersohn Stiftung

Wolkenberge, um 1892
Öl auf Karton, 49 x 39,5
Galerie Cohrs-Zirus, Worpswede

Birkenstamm, um 1894
Öl/Pappe, 67,5 x 25,5 cm, monogr.u.l.: OM, Otto Modersohn Stiftung

Im Teufelsmoor, um 1896
Öl/Karton auf Holz, 59 x 89 cm, unbez.
Otto Modersohn Stiftung

Sommertag (Malven), 1896
Öl/Leinwand, 58,5 x 90 cm, sign./dat.u.r.: O Modersohn 96
Otto Modersohn Stiftung

Wiesengräser und Blumen, um 1900
Öl/Pappe, 58 x 41 cm, unbez.
Otto Modersohn Stiftung

Birkengruppe, um 1900
Öl/Pappe auf Holz, 58,3 x 41,7 cm, unbez.
Otto Modersohn Stiftung

Elsbeth im Garten, 1903
Öl/Pappe, 41,5 x 58 cm, dat.u.l.: 28.VI.03
Otto Modersohn Stiftung

Moorgraben mit Spiegelung, 1902
Öl/Pappe auf Holz, 40,5 x 57,5 cm, dat.u.l.: V. 02,
Otto Modersohn Stiftung

Blick auf die Worpsweder Kirche, um 1903
Öl/Pappe, 53 x 41,5 cm, unbez.

Boote auf der Wümme, 1908
Öl/Pappe, 40 x 56,6 cm, dat.u.l.: S 08, Otto Modersohn Stiftung

Sonniger Hofplatz, 1908
Öl/Pappe, 41 x 53 cm, sign./dat.u.r.: OM X 08, Otto Modersohn Stiftung

Bauerngarten mit Insel, 1911
Öl/Pappe, 41 x 58 cm, dat.u.l.: X. 11.
Otto Modersohn Stiftung

Sommerliche Wiesenlandschaft mit Abendwolke, 1917
Öl/Holz, 28 x 43,5 cm, monogr./dat.u.l.: OM 17
Otto Modersohn Stiftung

Sommerliche Dorfstraße, um 1920
Öl/Leinwand, 43 x 72,5 cm, sign.u.l.: O Modersohn
Otto Modersohn Stiftung

Sommerhochwasser im alten Dorf, 1924
Öl/Pappe, 61 x 85 cm, sign.u.r.: O Modersohn 24
Otto Modersohn Stiftung

Fensterblick mit Pferdewagen, 1926
Öl/Leinwand, 68,5 x 85,5 cm, bez.u.r: O Modersohn 26.
Otto Modersohn Stiftung

Wertheim (Weißer Turm der Hofhaltung), 1924
Öl/Nessel, 79 x 65 cm, sign.u.l.: O Modersohn
Städtische Galerie Würzburg

Tannen im Schneetreiben, 1933
Öl/Leinwand, 56,5 x 74 cm, bez.u.l.: O Modersohn 33,
Otto Modersohn Stiftung

Abend im Gebirge, um 1933
Öl/Nessel, 47 x 70 cm, unbez., Otto Modersohn Stiftung

Schlittschuhläufer, 1933
Öl/Leinwand, 50,7 x 70,3 cm, bez.u.r.: O Modersohn 33.
Otto Modersohn Stiftung

vorherige Seite:
Schützenfest in Worpswede, 1932
Öl/Leinwand, 40 x 50 cm, bez.u.r.: O Modersohn 32.,
Otto Modersohn Stiftung

rechte Seite oben:
Überschwemmung bei Fischerhude, 1934
Öl/Nessel, 57 x 73 cm, bez.u.r.: O Modersohn 34.
Otto Modersohn Stiftung

rechte Seite unten:
Mondnacht im Moor, 1940
Öl/Leinwand, 50 x 61 cm, bez.u.r.: O Modersohn 40.
Otto Modersohn Stiftung

OModersohn 39

Schäfer, um 1894
Rötel/Kreide, 11,6 x 18,3 cm, unbez.
Otto Modersohn Stiftung

Am Weyerberg, um 1895
Kreide/Rötel, 17,2 x 26,7 cm, unbez.
Otto Modersohn Stiftung

Friedhof, um 1934
Kreide/Rötel/Kohle auf grauem Papier, 15,3 x 21,2 cm, unbez.
Otto Modersohn Stiftung

Wümme im Winter, 1942
Öl/Leinwand, 51 x 61 cm, bez.u.r.: O Modersohn 42., Otto Modersohn Stiftung

Otto Modersohn 42.